U0680259

本书编写委员会

主　任：卢雍政

副主任：胡增印　胡尹庐　李小豹　郗杰英　王　路

委　员：（以姓氏笔画为序）

尹　琳　王永峰　王希玲　任　昕　关　颖

刘东根　刘　燕　孙云晓　张小亮　张齐安

张春娜　张　荆　李　伟　陈卫东　陈　晨

周　晔　姚建平　赵　莉　鞠　青

主　编：鞠　青

副主编：张小亮　陈　晨

撰　稿：（以姓氏笔画为序）

尹　琳　任　昕　关　颖　刘东根　刘　燕

张　荆　张璟雯　李　伟　陈卫东　陈　晨

姚建平　赵　莉　鞠　青

本书由英国救助儿童会赞助出版

中国流浪儿童研究报告

中央综治委预防青少年违法犯罪工作领导小组办公室
中国青少年研究中心

主编：鞠青　副主编：张小亮 陈晨

人民出版社

责任编辑:洪　琼

图书在版编目(CIP)数据

中国流浪儿童研究报告/鞠青 主编　张小亮　陈晨 副主编.
-北京:人民出版社,2008.6
ISBN 978-7-01-006993-7

Ⅰ.中…　Ⅱ.鞠…　Ⅲ.流浪-儿童-研究报告-中国
Ⅳ.D669.5

中国版本图书馆 CIP 数据核字(2008)第 048175 号

中国流浪儿童研究报告

ZHONGGUO LIULANG ERTONG YANJIU BAOGAO

鞠青　主编　张小亮　陈晨　副主编

人民出版社 出版发行
(100706　北京朝阳门内大街 166 号)

北京龙之冉印务有限公司印刷　新华书店经销

2008 年 6 月第 1 版　2008 年 6 月北京第 1 次印刷
开本:710 毫米×1000 毫米 1/16　　印张:17.5
字数:330 千字　印数:0,001-7,000 册

ISBN 978-7-01-006993-7　　定价:40.00 元

邮购地址 100706　北京朝阳门内大街 166 号
人民东方图书销售中心　电话 (010)65250042　65289539

小云南

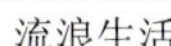

流浪生活

家庭生活

保教中心内的生活

我的梦想

流浪在新疆

儿时的四川

来到新疆，我的生活变了

跟着“锋哥”混

想离开救助站

张强

难兄难弟

我的流浪经历

我的爸妈先后丢下了我

我的愿望是上学

鹏飞

我好像一出生就是一个多余的孩子

帮姐姐乞讨

在广州学习抢劫

在新爸爸、新妈妈家里

救助站帮助了我

小安徽

流浪生活

我的需要和梦想

保教中心内的生活

家庭生活

爸妈不爱

在贵阳街头贴小广告

八岁那年和母亲一起被卖到四川

流浪东进闯成都

为偷窃团伙“望风”

重庆建筑工地当小工

目 录

下　篇

前　言

“中国流浪儿童问题研究”课题背景及研究方法

一、课题背景

20世纪末,流浪儿童问题成为全球性问题。处于经济和社会转型中的国家,如中欧、东欧和中亚,无家可归人口达到了前所未有的数目。在非洲和南美贫穷的发展中国家,流浪儿童已经成为人们现实生活中不可回避的一部分。西方工业化国家也不排除在外,20世纪90年代流浪儿童问题再次引起英国当局的关注。作为改革中的发展中国家,我国同样面临这一问题。据民政部门估计,我国流浪儿童已接近百万人次,在北京、上海、郑州、广州、成都等大型中心城市流浪儿童问题非常突出。我国政府已经开始着手解决这一问题。由民政部牵头,各地政府配合,全国已经建立130多个流浪儿童救助保护中心,同时,民政部与联合国儿童基金会、英国儿童救助会合作,在全国开展救助试点工作。但是,实践当中仍然面临很多困惑和问题,需要进一步研究,为此,中央社会治安综合治理委员会预防青少年违法犯罪工作领导小组办公室(简称“中央综治委预防办”)与中国青少年研究中心(简称“中国青研中心”)合作,启动了“流浪儿童问题研究”项目,作为“预防青少年违法犯罪课题组”2006年年度课题。①

二、研究目的

深入了解流浪儿童,把握全国流浪儿童的总体状况;深入了解政府及民间组织预防和救助流浪儿童的工作机制,分析问题并提出建议。

---

① 2001年,中央综治委预防办和中国青研中心合作设立“预防青少年违法犯罪课题组”,已经先后开展了“闲散未成年人违法犯罪的现状、原因和预防”、“家庭抚养和监护责任履行的社会干预”、“城市社区预防青少年违法犯罪”、“工读教育问题”四项课题研究。

三、研究方法

本课题主要采用文献研究、问卷调查、访谈、实地观察等研究方法。

在课题前期阶段，我们采用文献研究的方法，主要通过检索文献收集相关资料，运用 NVIVO 软件进行归纳和分析，梳理不同的观点，形成研究思路；在实地调研中，我们组织流浪儿童就他们的家庭、流浪生活、救助站里的生活、未来的期望等进行绘画，勾勒出他们的流浪路线图，我们还拍摄照片及影像资料，收集他们的日记、作文等已有资料，这些原始资料辅助我们进行后期的分析和总结工作。

在实地调研中，我们运用了非概率抽样的问卷调查方法。抽样总体是民政系统的 130 多所救助站，抽样框的选择综合了地理位置分布、救助站工作开展情况、站内儿童的流动率以及调研的方便性等因素，最终选择了北京、上海、广州、大连、长沙、昆明、乌鲁木齐、成都、郑州九个城市。由于救助站内的儿童流动性很大，无法采用严格的概率抽样，因此，只在一定的时间范围内，对所有在站的流浪儿童进行问卷调查，形成本次调查的样本，总共调查流浪儿童 364 名。我们运用 SPSS 软件对分卷进行录入统计和分析。

我们同时采用访谈的方法，对象包括：流浪儿童救助站负责人、民政部门分管流浪儿童工作官员、公安部门分管流浪儿童工作官员、民间流浪儿童救助组织负责人、当地流浪儿童问题研究专家以及流浪儿童本人及其家属，共计访谈 73 人次。我们将所有访谈录音转写成文字，运用 NVIVO 软件进行归纳和分析。

	流浪儿童	流浪儿童家属	救助站负责人	民政部门官员	公安部门官员	民间组织	专家学者	其他
北京	5	1	1	3	2	1	1	
上海	3		4	1	1			2
郑州	4	1		1			1	
成都	1	1	1	1	1			
昆明	4	1	1	1	1	1	1	
广州	4		1					
长沙	2		1		1			
大连	4	1	1	1		3	1	
乌鲁木齐	2		1		1			
共计	30	5	11	9	7	5	3	3

在实地调研中,实地观察也是我们此次调研的一个重要方法。主要观察对象为政府救助机构、民间救助组织和街头流浪儿童。调研员或者吃住在救助站观察流浪儿童的日常生活,或者参与送流浪儿童返家的工作,或者对街头流浪儿童的行为进行观察,并以观察日志的形式记录每天的调研工作,包括对象、时间、地点、具体事项、观察记录、体会和思考等。这些都为我们的后期总结工作提供了生动的素材。

需要说明的是,受调研经验、时间、经费等因素的制约,特别是面对流浪儿童这一特殊群体,我们的研究方法存在一定的局限性,很难做到全面、客观、深入反映流浪儿童的状况和问题。

上　　篇

第一章　当前流浪儿童的群体状况

一、流浪儿童的数量和地域分布

（一）流浪儿童数量

1. 流浪儿童总数

由于流浪儿童的不确定性以及统计标准不同，在我国，流浪儿童总体数量始终难以确定而且相差悬殊。

据《民政部2000年流浪儿童救助教育工作进展》报告，“到2000年，全国的流浪儿童已达15万人次”①。

据2003年10月23日至24日在河北省石家庄市举行的“救助流浪儿童国际学术研讨会”报告，“中国约有15万至30万”流浪儿童②。

2003年，国务院妇女儿童工作委员会办公室委托石家庄市保护流浪儿童研究中心课题组对流浪儿童现状的调查报告指出：“根据我们对全国几个样本城市的抽样调查分析和测算，每年全国民政部门救助的流浪儿童总数在51万人次以上。假设实际存在的流浪儿童人数为被救助流浪儿童人数的2倍至3倍，那么，全国每年存在的流浪儿童人数应该在100万至150万之间。”③

2006年尚晓援等撰文指出：“根据民政部提供的资料，全国约有20万左右流浪儿童。如果按照国际惯例，将随父母一起外出务工，白天主要生活在街头，晚上可以回到父母身边，但失去正规教育机会的孩子一并考虑进去的话，中国至少有30万以上的街头儿童。15万左右流浪儿童的数字是在流浪儿童

① 《民政部2000年流浪儿童救助教育工作进展》，中国儿童信息中心网 http://www.cinfo.org.cn。

② 《救助流浪儿童推进社会文明——“救助流浪儿童国际学术研讨会”》，《人权》2003年第6期。

③ 国务院妇女儿童工作委员会办公室、石家庄市保护流浪儿童研究中心课题组：《流浪儿童保护机制和对策研究》，《中国妇运》2005年第6期。

救助中心或收容遣送站接受救助的儿童的数字。”①

我们在前期调查中，访谈了民政部社会福利司的有关官员，他们根据目前全国流动人口的规模以及几个典型城市流浪儿童与流动人口的比例规律，推算出全国流浪儿童大约有100万。

2. 获得救助的流浪儿童数量

2005年，来自救助机构的统计结果是：全国现有流浪儿童救助保护机构130家，自2003年8月至2004年年底，共救助流浪儿童123101人次，占救助生活无着的流浪乞讨人员总人数的16.84%。②

本次调查我们了解到各地救助机构对流浪儿童实施救助的具体情况：

北京在两年多时间里，共救助了1800多人，此外还包括新疆籍的儿童27批共790多人；

湖南省民政和救助管理机构从《城市生活无着的流浪乞讨人员救助管理办法》颁布实施至2006年，对2.4万名流浪儿童实施了临时性的救助保护；

大连流浪儿童救助中心成立四年来，每年救助儿童的数量递增，2003年是171人，2004年是206人，2005年是210人，“十一五”期间，预计大连地区的流浪儿童将达到500人；

辽宁省从2003年至2004年5月底，共救助流浪儿童2440多人次；

昆明从1999年到2006年，先后救助各类流浪儿童37656人次；

上海从2003年8月1日至2006年8月共救助14000名流浪儿童；

广东省少年儿童救助保护中心的流浪儿童来自于广东省20个地级市的流浪儿童救助站或救助中心，每年接纳流浪儿童8000人左右；

新疆维吾尔自治区流浪少年儿童救助保护中心自1999年4月成立以来，为6000多名流浪儿童实施了救助保护；

郑州从1995年启动流浪儿童救助工作开始，仅“救助中心”机构内救助过的8—16岁的流浪少年儿童就有7000多名。

3. 潜在的流浪儿童数量

根据以往的研究和对本次调查资料的分析，流浪儿童的产生主要有三类情况：一是因家庭问题而选择离家的，如家庭冲突、家庭环境不良等；二是因家庭监护严重缺失而离家，如孤儿、被遗弃儿童、罪犯子女以及父母外出

---

① 尚晓援、吴文贤：《对我国流浪儿童教育问题的探讨》，《青少年犯罪问题》2006年第1期。

② 参见王素英、杨安志：《我国流浪儿童救助保护事业取得长足发展》，《社会福利》2005年第3期。

工作或品行问题长期不管孩子；三是儿童外出打工没能找到工作或迷路而流浪的。

中国青少年研究中心2002年对全国10个城市的普通初中生进行了抽样调查，了解到有过离家出走经历的学生占总体的6.6%。2006年，同类的调查了解到的比例为10.8%。2005年，民政部课题组调查发现，全国18周岁以下父母双亡及事实上无人抚养的儿童共计57.3万人，其中超过三成没有得到经常性的制度救助，在占总数绝大多数的农村孤儿中，得到的救助比城市孤儿要少得多，不少地方的救助只具有象征意义。截至2005年年底，在我国监狱服刑的156万名在押犯中，有未成年子女的服刑人员近46万人，占在押犯总数的30%左右，服刑人员未成年子女总数逾60万。45.9%的监狱服刑人员表示，孩子目前的生活状况没有保障，原居住地在农村的监狱服刑人员中，有52.8%认为其未成年子女的生活状况没有保障。此外，据2000年第五次人口普查的数据显示，全国流动儿童数量接近2000万，其中14—18周岁的流动儿童接近600万，他们当中很多是独自进城务工。从上述情况来看，我国潜在的流浪儿童数量非常庞大，有几百万人。

据有关研究者预测，流浪儿童人口绝对数会呈现快速上升趋势。流浪儿童是一个庞大的群体。对流浪儿童的保护与救助，不仅关系到他们的生存和发展，也关系到家庭的幸福、社会的和谐与稳定。

（二）流浪儿童的地域分布及流向特点

1. 地域分布

（1）流出

多项调查表明：我国流浪儿童流出地来源广泛，地理范围几乎覆盖全国除台湾、香港地区之外所有的省份。依据民政部提供的数据，全国流浪儿童主要流出省份前10位依次为四川、河南、安徽、湖南、山东、湖北、江苏、贵州、吉林、云南，后10位依次是西藏、天津、北京、海南、上海、宁夏、青海、内蒙古、新疆、福建，具体参见图1—1：

相对于各地人口基数而言，本地流出流浪儿童比率较大的依次是四川、吉林、安徽、贵州、河南、青海、黑龙江、湖南、云南和辽宁，比率较小的依次是西藏、上海、北京、广东、天津、浙江、海南、福建、河北和内蒙古。见图1—2：

从流出地的地理分布看，我国西北、西南边疆及少数民族自治地区，以及东部及沿海地区流浪儿童数量相对较少。

（2）流入

流入省份前10位依次为四川、广东、河南、上海、湖南、江苏、吉林、山东、

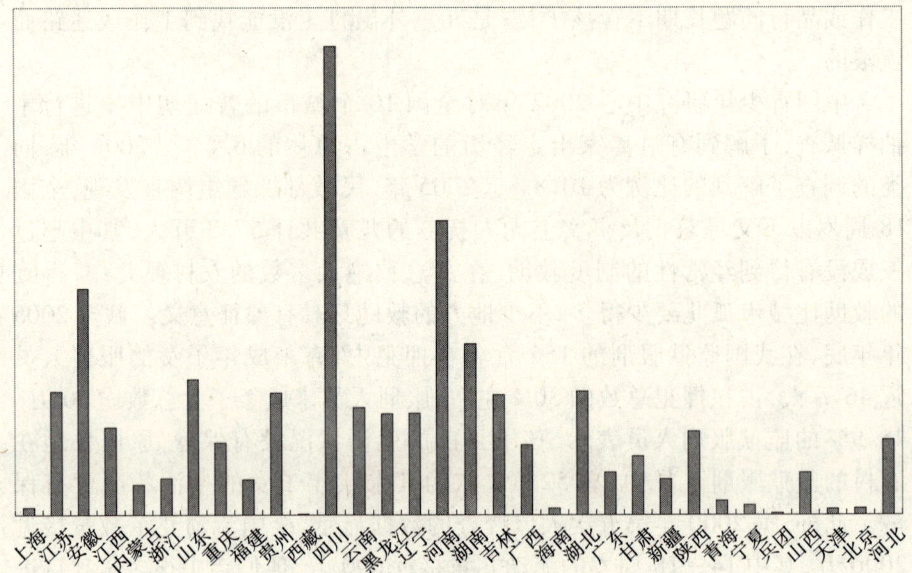

图 1—1　各地流出流浪儿童情况

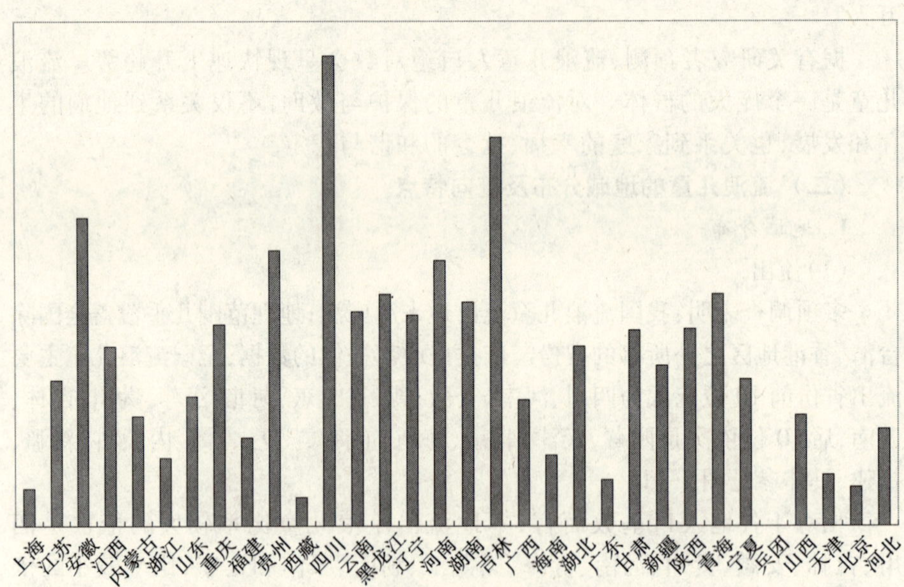

图 1—2　各地流出流浪儿童占本地户籍人口比例

安徽、广西，后十位依次是西藏、内蒙古、青海、宁夏、海南、重庆、山西、黑龙江、新疆、甘肃。见图 1—3：

相对于本地户籍人口规模而言，上海、吉林、广东、四川、天津、北京、湖南是流浪儿童流入比例较高的城市。见图 1—4：

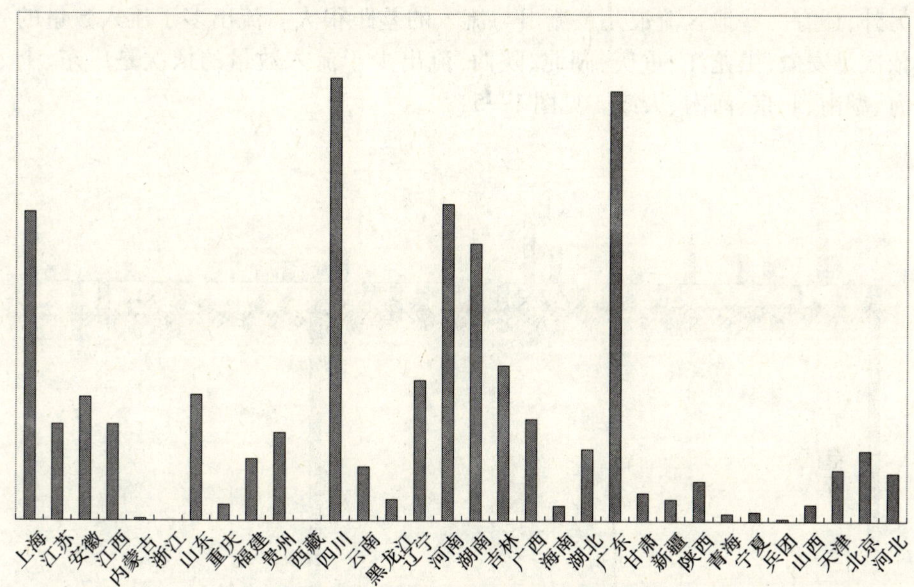

图1—3　各地流入流浪儿童情况

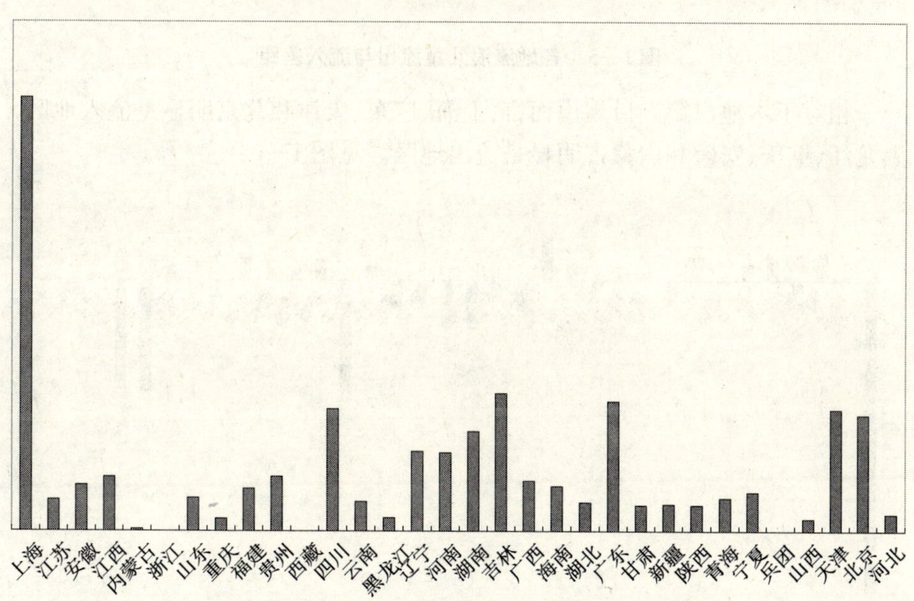

图1—4　各地流入流浪儿童占本地户籍人口比例

(3)流出与流入总体状况

四川、河南、安徽、湖南、山东、江苏流浪儿童流出和流入数量均居全国前列,西藏、海南、宁夏、青海、内蒙古、新疆流浪儿童流出和流入数量处于后位。

另外，还有一些地区流浪儿童流出与流入的差距很大。流出多于流入数量的依次是安徽、黑龙江、重庆、湖北、陕西，流出少于流入数量的依次是广东、上海、湖南、北京、河南、天津。见图1—5：

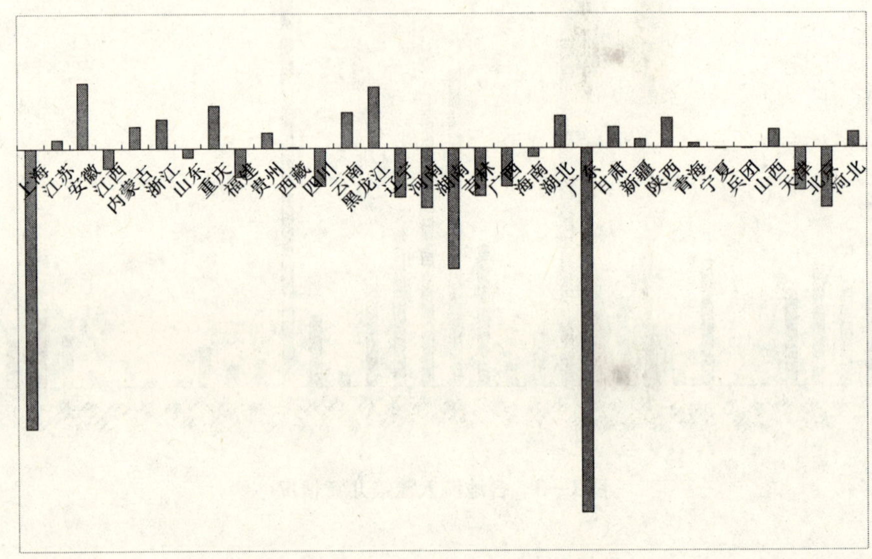

图1—5　各地流浪儿童流出与流入差距

相对于本地户籍人口规模而言，上海、广东、天津和北京明显是流入地区，黑龙江、重庆、安徽和内蒙古明显是流出地区。见图1—6：

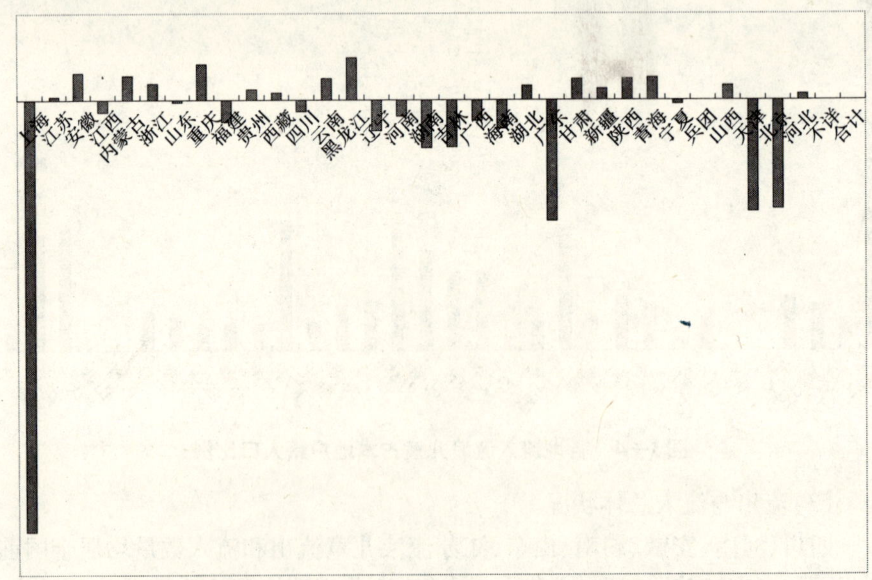

图1—6　各地流浪儿童流出与流入差距相对于本地户籍人口比例

2. 流向特点

一是农村向城市、经济欠发达地区向发达地区流动。据国家民政部门统计，我国流浪儿童从流出地看，来自农村的占83%，来自城镇的占17%。我们此次调查也发现，四川、河南、安徽、湖南、山东、湖北、江苏、贵州、吉林、云南等省市主要是流出地，而广东、上海、北京、天津等省市则主要是流入地。

二是向省会和周边省份流动。一些城市来自地理空间上邻近省份流浪儿童的比例明显较高，本省向省会城市流动的趋向十分明显。如郑州来自河南省的占59.5%；长沙来自湖南的占63.6%；乌鲁木齐来自新疆的占70%；成都来自四川的高达89.4%；昆明来自云南的也有44.7%。据介绍，大连市流浪儿童救助中心2005年救助的210人次的流浪儿童中，主要来自本省和周边省份，辽宁省56人次，吉林省28人次，黑龙江省32人次，内蒙古自治区18人次，这几个省、区的流浪儿童占到总数的71.9%。昆明市救助管理站儿保中心救助过的流浪儿童中，以四川、重庆、贵州、湖南、新疆等周边省份居多。北京的流浪儿童主要来自河南、安徽、新疆、河北、山东。上海市的流浪儿童来自安徽的比较多，其次是苏北，再次是河南。

三是向大城市流动。流浪儿童问题在一些大城市尤为突出，例如我们此次调研在民政部建议下选择的几个有代表性城市——郑州、成都、广州、北京、上海、长沙、昆明、乌鲁木齐和大连。向大城市流动有其内在规律性。(1)流入经济社会发达城市。上海、广东、天津和北京是流浪儿童大规模流入地区，其外来流浪儿童数量远远超出本地流浪儿童。据北京市儿童救助保护中心负责人介绍，他们接收的流浪儿童，除台湾、香港、澳门、海南、西藏五个地区外，其他所有的省份都有。(2)流入交通枢纽城市。郑州自古就是中原要塞，由于京广铁路和陇海铁路在这里交会，它也因此成为中国最大的陆路交通枢纽。这里自然汇聚很多流浪人口，其中包括了大量儿童。昆明同样交通便利，全国各省以及省内各地区的列车在昆明汇集，流浪儿童往往随着列车到达终点站时留在昆明。(3)流入气候条件相对较好的城市。昆明市自然条件十分优越，夏无酷暑、冬无严寒、四季如春，适于人类居住生存，是流浪儿童理想的过冬场所。我们在访谈中也确实发现有些流浪儿童是为了躲避冬季严寒才从北方辗转来到昆明的。(4)流入旅游城市。大连市是东北地区经济、交通的中心城市之一，同时也是全国著名的旅游城市，因此也成为流浪儿童在东北地区的主要流入城市。每年特别是四月到十月的黄金旅游季节，在大连市内四区的流浪儿童数量明显上升。

四是跨国流浪。本次调查发现，近年来在昆明、上海等城市出现了来自缅甸、越南等周边国家的国际流浪乞讨儿童。

二、流浪儿童的群体特征

我国现有的流浪儿童,依据其外出流浪的原因基本上是五种类型:①

一是外出原因主要是打工赚钱的流浪儿童,流浪生活对他们的负面影响和消极作用不大。他们是不幸的流浪儿童群体。

二是非打工赚钱的纯粹流浪动机的儿童,流浪生活对他们身心伤害和负面影响是致命性的。他们是真正意义的流浪儿童,是社会工作者干预和提供服务的主要对象。

三是那些因暂时和偶然性因素离家出走,流落街头的儿童,流浪生活对他们的负面影响和消极作用不大,他们是短暂的流浪儿童群体。

四是因非本人意愿影响而流浪街头,失去家庭温暖的儿童,他们一般渴望回到家庭和家乡。他们是无辜的受害者和可怜的流浪儿童群体。

五是具有纯粹的流浪动机并且染有偷窃和盗窃恶习的长期流浪儿童,他们虽然数量上不多,但是他们对其他类型流浪儿童的负面影响和消极作用巨大,例如长期流浪的惯流。他们常与青少年犯罪、黑社会(有组织犯罪)和团伙犯罪密切相关。这是最危险的流浪儿童群体。

本次调查所显示的流浪儿童的群体特征与以往相关调查结果基本吻合。

(一) 性别:男性为大多数

以往的研究发现,流浪儿童性别比例基本上是女孩占流浪儿童总数的5%—20%。② 国家民政部2000年的一份报告中显示,全国流浪儿童群体,从性别上看,男性占70%,女性占30%。③ 本次调查显示,男性占79.8%,女性占20.2%。

(二) 年龄:12—16岁居多,14岁是最高峰

本次调查显示:流浪儿童以12—16岁的孩子居多,占77%;14岁达到各年龄段的最高峰,占21.2%,其他依次为15岁占20.6%,16岁占13.9%,13岁占11.1%,12岁占10.3%;不满12岁占11.4%,17岁及以上占11.8%;年龄最小的只有7岁。流浪儿童的年龄分布如图1—7:

---

① 参见刘继同:《中国城市流浪儿童问题——郑州市流浪儿童状况调查报告》,《社会福利》2002年第5期。

② 参见刘继同:《关注中国流浪儿童》,《中国福利》2002年第5期。

③ 参见孙莹:《儿童流浪行为分析及其干预策略》,《中国青年政治学院学报》2005年第6期。

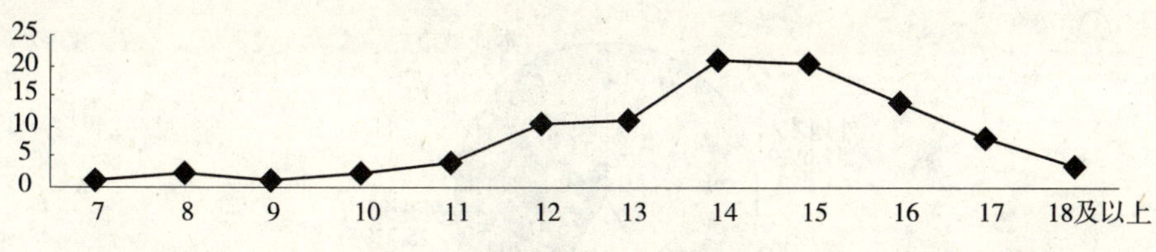

图1—7　流浪未成年人的年龄分布

刘继同在“郑州市流浪儿童状况调查报告”①援引郑州市流浪儿童保护中心档案资料的分析结论是：流浪儿童的年龄结构以14岁为最高峰的塔尖，并向两边下降。流浪儿童年龄结构主要集中在11—16岁中间，6—10岁和17—18岁两个年龄段的人数相对较少。如果按照6岁上学，小学6年制计算的话，14岁刚好是上初中的年龄。如果小学是5年制的话，13岁刚好是上初中的年龄，这基本说明了为什么流浪儿童的年龄主要集中在13—16岁之间。这种发现同我们在农村了解的情况基本吻合一致，为我们对流浪儿童年龄结构的解释提供了有力的佐证。这意味着从教育的角度看，中国农村小学向初中的过渡时期是最容易产生流浪儿童的关键时期。

（三）民族：汉族为主，新疆维吾尔族问题突出

流浪儿童以汉族居多，少数民族儿童数量少，但是，来自新疆维吾尔族流浪儿童问题非常突出。上海嘉定工读学校共救助流浪儿童770人，新疆籍186人，汉族籍584人（近年因为新疆建立了特殊教育机构，在沪新疆流浪儿童中所占比例大幅下降）；北京市未保中心在成立的两年多时间里，救助新疆籍的儿童27批共790多人。

（四）地源：绝大部分来自农村，近七成来自外地

据国家民政部门统计，我国流浪儿童从流出地看，来自农村的占83%，来自城镇的占17%。② 有研究者调查分析指出，绝大部分流浪儿童来自农村，占75%左右；③据大连流浪儿童救助中心介绍，流浪儿童流出地是农村的占到88.5%。

本次问卷调查显示，救助机构中的流浪儿童多数来自农村，占58.9%，来自城市的占40.9%；来自外地农村的占41.6%，来自外地城市的占25.7%，二者合计为67.3%。地域分布情况如图1—8：

① 参见刘继同：《关注中国城市流浪儿童》，《社会福利》2002年第5期。

② 参见孙莹：《儿童流浪行为分析及其干预策略》，《中国青年政治学院学报》2005年第6期。

③ 参见赵维泰：《关于中国流浪儿童问题的调查分析》，《中州学刊》2005年第4期。

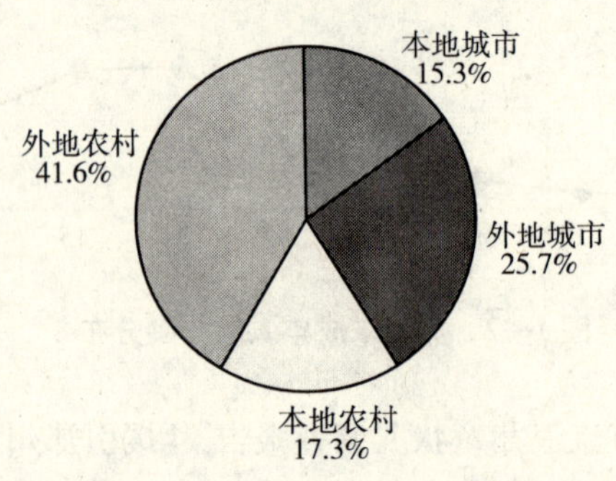

图1—8 流浪儿童地域分布

(五) 学业状况:近九成没有完成义务教育,一半以上没读完小学

本次调查显示,有87.1%的流浪儿童没有完成义务教育,没有读完小学的在一半以上。其中读到一至五年级的比例分别是10.8%、11.1%、11.1%、11.7%、9.5%,共占54.2%;读到六年级的占11.4%;读到初一至初三的分别是12.6%、9.5%、10.2%;有2.1%读到高中及以上。

(六) 身体智力:三成以上有受过伤害痕迹和有生理缺陷

据调查人员观察,有22.1%被调查的孩子身上有受过伤害的痕迹;有4.9%的孩子有残疾;有7.6%的孩子反应迟钝。

三、家庭背景

家庭是儿童社会化的主要场所,不仅仅为孩子提供生存必需的衣食住行、医疗、安全等基本保障,还提供不可替代的情感支持和成长支持。正因为如此,我国多部法律都明确规定了父母对未成年子女抚养教育的义务。未成年的孩子脱离家庭在社会上流浪,往往与家庭问题有着千丝万缕的联系。家庭的经济状况如何?环境是否温馨?父母关系是否融洽?是否对孩子尽职尽责?教育方式是否得当……与孩子对家庭的依恋程度,或者说与家庭对孩子的“向心力”有着很强的相关性。那么,他们的家庭状况是怎样的呢?

(一) 经济状况:“非常贫困”和“比较贫困”占四成

如前所述,流浪儿童大多流出自贫困地区。本次调查我们进一步了解了流浪儿童对自已家庭经济状况的评价:“与周围人相比,你们家的经济状况怎么样?”(去掉12.9%表示“说不清”的个案)认为“很富裕”和“比较富裕”的分别是2.3%和10.9%,“一般水平”占46.6%,“比较贫困”和“非常贫困”分别是22.2%和18%。

一个云南孩子是辍学后开始流浪的，谈到辍学时他流露出对父亲的埋怨和对学校生活的留恋："我记得有时候为了六块钱的学费我都辍学，辍学好长时间。他是农村人么，可能见识比较短一点。他总感觉认识自己的名字，到哪里认识个路牌就可以了。他不会考虑到不让我上学可能会影响我以后的人生什么的，他可能也不想。当时家里并不是特别穷，穷是很穷，可是没穷到连五六块钱都拿不出来这种地步，那时候我家还养着羊和牛，拉一只羊去卖也不只六块钱。所以说他就为了这五六块钱让我辍学我真的很伤心。因为我上学的时候毕竟成绩也不是很差，虽然不能说拿个一二名吧，我还是在上等。"

（二）父母状况：一半以上父母关系不良或离异

调查中，我们询问了"你的亲生父母属于哪种情况"，如表1—1：

表1—1　亲生父母情况（有几项选几项）

父母情况	人　数	百分比（%）
父母双方在一起生活，关系融洽	110	30.8
父母双方在一起生活，但感情不和	60	16.8
父母离婚	80	22.4
父母因感情不和分居	26	7.3
父母因工作原因分居	11	3.1
父母都在外地工作，我和其他人一起生活	34	9.5
父母一方或双方死亡	64	17.9
父母一方或双方入狱	10	2.8
不知道自己的父亲或母亲是谁	22	6.2
父母一方或双方离家出走	30	8.4
父母一方或双方患有重病	17	4.8
其他	27	7.6

依据上述调查结果，流浪儿童父母的情况大致分为三类：

（1）"父母双方在一起生活，关系融洽"的只有不到三分之一（30.8%）；

（2）父母关系不融洽或关系破裂的有52.8%。如"父母离婚"（22.4%）、"父母双方在一起生活，但感情不和"（16.8%）、"父母因感情不和分居"（7.3%）等；

（3）由于主客观原因父母对孩子监护责任缺失的有52.7%。如"父母都在外地工作，我和其他人一起生活"（9.5%）、"父母一方或双方死亡"（17.9%）、"父母一方或双方入狱"（2.8%）、"不知道自己的父亲或母亲是谁”(6.2%)、“父母一方或双方离家出走”(8.4%)、“父母因工作原因分居”(3.1%)、“父母一方或双方患有重病”(4.8%)。

夫妻之间关系不融洽,动辄吵架,对孩子产生了极为不良的影响。一个女孩在外流浪两年了,至今清楚地记得从家里出来的日子。下面是访谈员跟她的一段对话:

“你能告诉我你现在离开家有多长时间了吗?”——“应该有一年吧。”

“那也就是去年的什么时候从家里出来的?”——“应该是2005年3月16日来的吧。”

“你把这一天记得这样清楚,这一天很重要吗?”——“很重要。”

“为什么呢?是什么事情让你记得这样深刻?”——“因为家里吵架。”

“是吵得很厉害吗?”——“是。”

“后来呢”——“然后我就觉得很那个,我就出来了。”

“你心里很不舒服?你害怕他们吵架吗?”——“害怕,心里很不舒服。”

“就是因为害怕你跑出来了?”——“是的。”

“他们经常吵架吗?”——“经常吵。”

“那么为什么以前他们吵架你没有出来,而这一次你出来了哪?”——“因为吵得很烦恼,所以就出来了。”

“那天是不能忍受了是吗?”——“是。”

“是爸爸、妈妈在吵架吗?”——“是爸爸、妈妈在吵架。”

女孩说,她读到二年级就不想读了,“因为家里的事太烦恼了,我不想读书。”

(三)家庭结构:近三分之二不与亲生父母共同生活

与父母状况相联系,进一步统计分析我们看到:流浪儿童的家庭存在明显的结构上的缺陷,单亲家庭、重组家庭、隔代家庭等占到将近三分之二。

流浪儿童在家中与亲生父母二人在一起生活的仅有32.2%;

与亲生父母一人一起生活的单亲家庭占20.5%;

生活在“重组家庭”和“继父母家庭”占10.5%;

家中没有父母,与祖辈或者与兄弟姐妹和其他亲属一起生活的分别有15.1%和11.4%;另有其他情况(如与朋友生活等)占10.2%。

在调查数据分析和访谈中我们了解到,不与亲生父母共同生活的孩子,更多地受到家庭成员的排斥或忽视。突出的问题有:

一是父母离异后不尽对孩子的抚养教育义务。“我3岁时,父母亲就离了婚,在7岁之前我和父亲生活在一起。父亲喜欢喝酒,他喝完酒就打我,我无法忍受就跑到母亲那里。母亲让我上学,上到了3年级,10岁时,我就离开了学校,到一个饭馆里当学徒。母亲做小生意,没有再嫁人,我们住在姨妈家里，她的大儿子经常欺负我，骂我是没人管的野孩子。我不敢顶撞，只会哭，妈妈也同我一起哭。”

二是重组家庭矛盾重重。由于父母离异或一方死亡家庭重组后孩子受继父继母排斥的情况在流浪儿童中相当普遍，有时候孩子被夹在亲生父母与继父母之间很是为难。郑州救助站的小陶5岁的时候父母离异，谈到自己离家原因时他说：“不想在家里待着，因为父母离婚了，不管我了。那个家没有温暖，没有爱，感觉生活在里面很压抑。”他告诉我们：“我7岁的时候我爸找了个后妈，然后一直生活到16岁，14岁的时候我亲妈结婚了，因为她没有钱，她就让我向我爸要钱，然后我就把我爸叫到我亲妈那儿去了，把后妈撇在家里独自过了一段时间。因为我觉得我的继母在生活上对我还算可以，我也不是那种不讲人情的人，我就把我爸爸给弄回去了，我爸爸也就回去了，结果我妈妈也不要我了，我妈说我没良心，因为我觉得我亲妈只认识钱，不认识别的。我爸爸也不要我了，说我和我妈妈一起来骗他。”

三是父母双亡，孩子寄人篱下。15岁的小安徽，5岁时便父母双亡，幼小的心灵永远地埋下了那抹不去的阴影：“我母亲有外遇，老爸知道了，打她，就给爸爸毒死了，妈妈被判了死刑……”“我们家有一笔钱，就是遗产没人继承，我爸爸的哥哥就是我大伯还有爸爸的弟弟他们两个争夺财产，当时是这么说的，谁带两个孩子，谁就多拿一份财产，后来我大伯就带了两个孩子，多拿了一份财产。我跟我姐姐去了，后来我姐姐跑掉了，然后爸爸的弟弟就把我姐姐领去了……我在大伯家我大伯婶婶对我特别坏，天天打我，后来就跑出来了。跑出来的时候跑得并不远，就隔一个村子左右，然后又把我找回去了，后来过了一两天又跑出来了，这次跑得就远了，一跑就跑到现在没回去了。”

（四）子女状况：多出自多子女家庭

在我国，农村的多子女家庭明显多于城市。与此相联系，流浪儿童多来自农村的多子女家庭。本次调查显示，流浪儿童是独生子女的仅占6.3%。出自2个以上多子女家庭的占到93.7%，其中在家中排行老大的占29.2%，排行第二的占33.6%，排行第三的占17%，排行第四以上的占14.3%。

多子女家庭孩子往往更容易受到父母忽视。一个云南孩子他家有9个孩子，他说：“我是第九个。我哥哥大的年龄太大了，大的都有小孩了，结婚了就分家了，虽然名义上是兄弟。妈妈在我很小的时候就跟别人跑了，我爸爸太操劳了，所以脾气暴躁。他打我们的时候乱打，手上有什么就拿过去……”

（五）亲子关系：三成以上与父母关系不好

流浪儿童本人自述本人与父亲、母亲之间的关系“不太好”和“非常差”之和分别为33.8%和33.6%，略低于“非常好”的比例，与家中其他人之间的关

系"不太好"和"非常差"的比例不到两成。也就是说,多数流浪儿童背离家庭并非本人与父母和其他人的关系问题。见表1—2:

表1—2 流浪儿童的家庭关系 (%)

关系类别	非常好	一般	不太好	非常差
你与父亲的关系(n=319)	36.1	30.1	16.9	16.9
你与母亲的关系(n=300)	42.3	24.0	15.3	18.3
你与其他人之间的关系(n=317)	32.5	47.9	14.2	5.4
其他人之间的关系(n=317)	24.3	53.6	14.2	7.9

(六)抚养教育:监护缺失与粗暴管教并存

抚养教育未成年子女是父母作为监护人不可推卸的责任。当我们在调查中列举流浪儿童离家前一年内在家里的经历,从孩子们的回答中我们了解到,属监护缺失的情况最为严重。"没人照顾"、"家人漠不关心"、"被独自留在家里"的发生几率相对最高。据成都市救助保护中心介绍,四川省是外出打工人员大省,有着较多的空巢村、空巢家庭。由于父母外出打工,孩子交由老人看管,可是老人自身都难保。外出打工一方面赚到了一些钱;另一方面由于地区的极大差异性,思想开始发生了变动,有些打工人员不愿意再回到自己的家,这又导致了家庭的破裂。受害最深的就是孩子。

有个14岁的男孩,母亲6年前就去世了,他告诉我们:"我妈死的时候我爸就一直不在家了。四五年了,他一直没回家,就去年过年回过一次家。"男孩跟爷爷、奶奶、婶婶、弟弟住在一起。他说:"我爸不在家没人管我,生病也一样。我自己有张银行卡,我自己到银行取钱看病去。爷爷、奶奶只管我的生活,其余的不管。就是只管吃的喝的,别的不管……我不想让他们管。"谈到离家原因,他说:"我心里想什么就干什么,在家里不能。"

与监护缺失并存的是"受到辱骂"、"受到严厉斥责"、"受到体罚"等父母教育方式方面的问题。

在个案访谈中,许多孩子谈到自己挨打的经历,15岁的安徽男孩说:"我发现我比待在家里还要舒服,在家里天天都挨打,在外面起码有的时候不怎么挨打,在外面有的时候一个月都不挨打,有时候一年才挨一次打,所以比在家里还要好。在外面自己赚钱,赚得多了就能吃好一点,赚的少了就吃差一点,在家里每天都吃那种东西,连肉都没有。"他觉得在外面有的时候还能过上好日子,在家里就根本没希望。有的孩子说:"只要爸爸、妈妈不再打我,我就回家"。

表 1—3　流浪儿童离家前一年内在家处境　（%）

是否有下列经历	从来没有	很少有	有时有	经常有	平均值	标准差
家里没人照顾你（n=336）	37.8	21.1	13.1	28.0	2.31	1.239
家人对你漠不关心（n=326）	37.7	21.8	12.9	27.6	2.30	1.234
受到辱骂（n=341）	34.6	22.3	21.1	22.0	2.30	1.161
被独自留在家里（n=330）	38.2	20.6	20.9	20.3	2.23	1.163
受到严厉斥责（n=341）	37.8	23.5	20.2	18.5	2.19	1.134
目睹家人吵架（n=338）	37.3	25.1	20.1	17.5	2.18	1.116
受到体罚（n=342）	41.5	23.7	20.8	14.0	2.07	1.087
目睹家人打架（n=329）	51.1	18.8	19.1	10.9	1.90	1.065
目睹家人破坏和摔砸东西（n=329）	53.5	18.5	17.0	10.9	1.85	1.061
受到暴力伤害（n=331）	56.8	16.0	15.1	12.1	1.82	1.084
在家里受到意外伤害（n=334）	57.8	19.5	14.1	8.7	1.74	1.000
被遗弃（n=318）	68.2	12.9	6.6	12.3	1.63	1.051
受到性侵犯（n=323）	87.6	7.1	3.7	1.5	1.19	0.569

当出现上述情况时，有32.5%的孩子通常是“默默忍受”，15.7%选择了“逃避”，7.1%对不利做法表示“反抗”，主动“报警”或向“亲戚、邻居、朋友求助”的仅有6%和4.9%，“劝导父母”的占5.6%，采取其他方式的有7.8%，另有20.5%的孩子表示“不知道该怎么办”。

问卷调查中，我们请孩子们描述了其父母的教育方式。与上述在家“受到辱骂”、“受到严厉斥责”、“受到体罚”等不良处境相联系，无论是父亲还是母亲“什么都管，比较专制”的比例都是最高的，父亲达到43.8%，更高出母亲21.3个百分点。而“尊重我，比较民主”的父亲和母亲分别只有15.5%和22.6%。事实上对孩子管束过多、干预过度，漠视孩子的兴趣和意见，反而造成孩子不服管的逆反心理。

表 1—4　流浪儿童父母的教育方式

教育方式	父亲		母亲	
	人数	百分比（%）	人数	百分比（%）
什么都管，比较专制	124	43.8	86	32.5
尊重我，比较民主	44	15.5	60	22.6
主要随我自己，比较放任	47	16.6	48	18.1

续表

教育方式	父亲		母亲	
	人数	百分比(%)	人数	百分比(%)
任我发展,从不干涉	43	15.2	45	17.0
其　他	25	8.8	26	9.8
合　计	283	100.0	265	100.0

14岁的小胖曾经是个学习不错的孩子,但他小学四年级辍学,至今已经有5年的流浪经历。谈到为什么离家,他从一声叹息中开始:

"咳,我父母对我学习要求非常严格,我想要自由了,他们就说我自作主张,说我,有时候也骂我,反正看见他们挺怕的。我是什么时间都没有,整天逼我学习。我原来成绩很好,全班能排第四、五名,本来我对学习挺感兴趣的,也爱看书。但是后来爸妈打我,他越打我,我越不学。我对学习有自己的安排,想看一会书然后写语文和数学作业。我爸看我在看书,就问我作业写完了没有,我说没有,他就开始打我。他们要求我每次考试都要考第一名,只要做错了题他们就打我,怎么说都没有用。我实在受不了就出来了。三年级的时候我离家出走过一次,郑州救助站把我又送回家。回家后,其实我爸妈根本就没有找过我,我回去他们还把我打了一顿。"

有时候,父母管孩子以为是为了孩子好。事实上,对孩子过度管教、过多的限制和过高的期望,也成为孩子背离家庭的重要原因。

四、学校生活

被调查的流浪儿童从来没有上过学的是极少数,但是他们中没有完成义务教育的高达近九成。许多孩子是在家庭和学校等多重不良因素的作用下选择流浪生活的。那么在上学期间他们的学业状况如何呢?

(一) 学习成绩:好中差均在三成以上

在流浪儿童离开学校前,自认为学习成绩属于"上等"的有11%,属于"中上等"的有19.9%,属于"中等"的有37.5%,属于"中下等"的有13.2%,属于"下等"的有18%。从总体上看,他们的学习成绩好、中、差的比例差异不大,处于"下等"和"中下等"的与处于"上等"和"中上等"的比例基本持平。

我们了解到,由于对学习失去兴趣而辍学进而离家出走的孩子不在少数。一个男孩告诉我们:"我上学后,刚开始时学习还比较用功,成绩也属于中等。但在小学三年级,我渐渐迷上了弹玻璃球,当时农村小学可以玩的东西并不多，男生主要是打纸包、弹玻璃球、玩弹弓。我刚玩玻璃球的时候总是输，后来一有时间，我就苦练基本功。慢慢地，很多同学都玩不过我。但是学习成绩也下降得厉害，老师经常告诉我家里人，爸爸、妈妈也总是经常打骂我。我对学习逐渐失去了兴趣，对爸妈的打骂也觉得比较烦。上初中一年级的时候，学校附近有录像厅、桌球台，我又成了这些地方的常客。初一下学期，我对学习和父母的打骂实在烦透了，也想走出大山，看看外面的世界是什么样子的。有一天，我趁家里没人，从家里拿走了一点钱，买票坐火车到了昆明。"

本次调查结果显示，三成以上学习成绩不错的孩子也选择了离开学校，这一现象值得进一步深入探讨。

（二）学业状况：六成以上曾有过旷课逃学经历

流浪儿童在上学期间有63.5%的人有过旷课逃学的经历，没有的占36.5%。在有旷课逃学经历的孩子中，有过一次的占26.7%，有过二次的占13.9%，高达59.4%的人有过三次及以上的旷课逃学经历。很多孩子是从旷课逃学发展为放弃学业。

（三）旷课逃学主要原因：学习问题和校内不良刺激

在调查中，我们向流浪儿童询问了旷课逃学的具体原因。如表1—5：

表1—5　流浪儿童旷课逃学原因（有几项选几项）

逃学原因	人数	百分比（%）	逃学原因	人数	百分比（%）
想出去玩	83	38.6	被老师体罚	27	12.6
感到学习压力大	80	37.2	被同学讥讽嘲笑	25	11.6
厌恶学习	70	32.6	家长不让上学	24	11.2
感到学习枯燥	49	22.8	和任课老师闹矛盾	23	10.7
和同学闹矛盾	38	17.7	被学校处分	21	9.8
和班主任闹矛盾	34	15.8	被学校点名批评	21	9.8
老师处事不公	33	15.3	被老师讽刺挖苦	19	8.8
被同学、校外的人欺负	32	14.9	被同学排挤	17	7.9
想离校赚钱	32	14.9	其他	12	5.6
犯错误怕受到处罚	30	14.0			

如果将流浪儿童对逃学原因的全部回答作为100%，可以看到逃学的几大类原因和所占比重分别是：

学习原因："感到学习压力大"、"感到学习枯燥"、"厌恶学习"占29.6%；

校内不良刺激："被同学/校外的人欺负"、"被同学排挤"、"被同学讥讽嘲笑"、"被老师讽刺挖苦"、"被老师体罚"、"老师处事不公"、"被学校处分"、"被学校点名批评"占28.9%；

自身受外界吸引："想出去玩"、"想离校赚钱"占17.2%；

人际关系不良："在学校和同学闹矛盾"、"和班主任闹矛盾"、"和任课老师闹矛盾"占14.2%；

另有"犯错误怕受到处罚"、"家长不让上学"以及"其他"原因占9.9%。

事实上，逃学原因不是单一的，往往是多重原因和各种因素交互作用的结果。上学期间经常旷课逃学进而离开学校，与背离家庭流浪于社会上互为因果，也是流浪儿童产生的直接原因之一。

长沙15岁的女孩小刘的经历比较典型。她说："我在学校读到五年级，但因为贪玩，迷恋电子游戏，多次旷课，学习成绩非常不好，也因此被同学讥讽嘲笑，和班主任闹矛盾，被老师体罚，被学校点名批评，也被学校处分过。我妈妈在我就读学校的食堂做工，看到我学习不用功，成绩很差，感觉自己面子上不光彩，对我也非常失望，经常责骂我，有时也打我。爸爸虽然对我比较好，但也感觉我太不争气。我对学习实在没有兴趣了，就在读到五年级时离开了学校，在社会上混了两三年，主要时间是在电子游戏厅度过的。妈妈见我不学好，打骂更加频繁。我实在忍受不了，就于2006年5月第一次离家出走了。"

（四）被迫辍学

流浪儿童离家出走与辍学常常紧密相连、互为因果。

一个男孩离家的原因就是家里人不让他上学了。他说："爷爷、奶奶不让我上学，我爸爸也不让我上学。""本来爷爷、奶奶说的，考不上初中就不让上学，能考上就上，这样说的。今年不知道怎么了，我也考上了，他们还是不让。他们说读书也没用吧，就那种话，叫我不要上学了……我就把那张银行卡里的钱一次性全取出来，当天晚上我就跑了。"

五、离家情况

（一）离家年龄：小学高年级和初中是首次离家出走的高峰期

流浪儿童第一次离家出走时的平均年龄是11.71岁，12岁的比例最高。具体分布情况是：年龄在6岁及以下的占5.8%；7岁到10岁分别是1.9%、4.8%、7.7%、7.7%，共占22.1%；11岁以后比例明显增加，11岁到15岁分别为11.6%、17.4%、14%、15.9%、10.1%，总共占到近七成，为69%；16岁和17岁分别只有2.4%和0.5%。可见，小学高年级和初中阶段是儿童首次离家出走的高峰期。见图1—9。

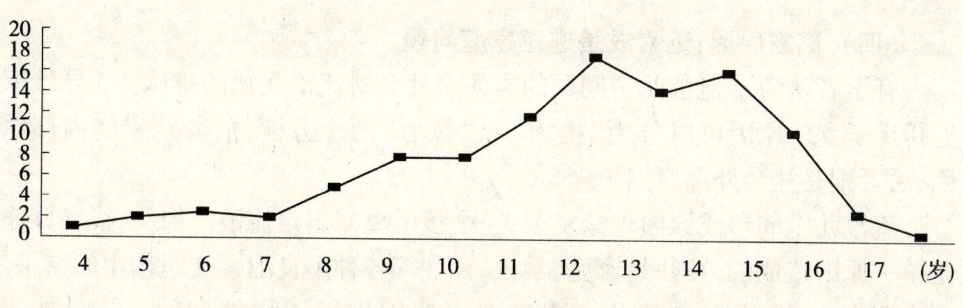

图 1—9　流浪儿童首次离家年龄分布

（二）离家经历：一半以上有过两次以上离家出走的经历

55.4%的流浪儿童此前曾经有过离家出走的经历，其中离家1次的占39.2%，离家2次的占22%，离家3次的占9.6%，离家4—8次的共占24.8%，有4.3%的流浪儿童曾经离家10次以上。

从江西上饶到北京的女孩周某只有12岁，据本人和家长说她经常外出流浪。她说：自己“就是不喜欢在家待着，他们（妈妈、姐姐）对我不好。妈妈老打我，开始我忍着，打死我算了，反正我不是她养大的……后来我觉得自己不应该在家一直受他们欺负，我可以出来的。所以每次妈妈打骂我之后我就跑出来，我已经跑出来很多次了，不过这次是最远的一次了。”

15岁的江西女孩只身到过上海、广州、长沙，她毫无掩饰地告诉我们：“别看我是个女孩子，胆子小，但我这已是第四次离家外出流浪了。”

（三）离家时间：超过一年的高达40%

流浪儿童外出流浪时间存在显著差异，有的短短几天，有的长达数年。在调查中我们了解到，多数孩子在进入救助机构之前，已经在外漂泊了很长时间。不到一个月的不足20%，半年以内的43.7%，一年以内的60%，超过一年的高达40%，其中三年以上的有15%。见表1—6：

表 1—6　本次流浪离家时间

离家时间	人　数	百分比(%)
不到一个月	72	19.9
一个月以上，不到半年	86	23.8
半年以上，不到一年	59	16.3
一年以上，不到两年	52	14.4
两年以上，不到三年	38	10.5
三年以上	54	15.0
合　　计	361	100.0

（四）离家原因:近六成是逃避家庭问题

有学者认为,“流浪儿童问题的本质是社会对流浪儿童的排斥。”①导致家庭排斥子女的原因可以分为“推力”和“拉力”两个方面,前者是家庭内部原因,后者则是社会外部原因。

流浪儿童的形成原因十分复杂,一个孩子离家出走流浪于街头,往往并非是单一原因造成的,往往是家庭、学校、社会等各种不良因素交织作用的结果。本次调查中,我们对流浪儿童本次离家原因进行了详细询问。结果如表1—7:

表1—7 本次离家原因(有几项选几项)

离家原因	人数	百分比(%)	离家原因	人数	百分比(%)
想出去打工赚钱	100	28.3	和家人赌气	42	11.9
在家里受到打骂	83	23.5	家里没人关心我	38	10.8
想出去见见世面	73	20.7	自己喜欢流浪	37	10.5
家庭贫困	72	20.4	在家无人照管	34	9.6
父母离异	61	17.3	与家人关系不和	31	8.8
父母关系不和	60	17.0	没能找到工作	30	8.5
不想上学	55	15.6	出来找亲人	30	8.5
家里管得太严	53	15.0	被别人引诱/拐卖	29	8.2
家庭生活压抑	46	13.0	迷路走失	19	5.4
被家人遗弃	45	12.7	违法犯罪	12	3.4
其他	19	5.4			

仅就此次调查的内容,为了便于分析,我们将流浪儿童离家原因的全部选择作为100%,并归纳为三大类,即:

逃避家庭问题:共占58.3%。包括“家庭贫困”、“父母离异”、“父母关系不和”、“家庭生活压抑”、“家里管得太严”、“在家里受到打骂”、“在家无人照管”、“被家人遗弃”、“家里没人关心我”、“与家人关系不和”、“和家人赌气”等。

主动选择流浪:共占33.5%。包括“想出去打工赚钱”、“没能找到工作”、“不想上学”、“想出去见见世面”、“自己喜欢流浪”、“出来找亲人”等。

意外或其他原因:共占8.2%。包括“迷路走失”、“被别人引诱、拐卖”、“违法犯罪”和“其他”等原因。

---

① 薛在兴:《社会排斥理论与城市流浪儿童问题研究》,《青年研究》2005年第10期。

一个新疆的孩子这样描述他离家的原因："我父母在我两岁时就离了婚。父亲无职业，母亲是一个工厂的下岗职工。他们两人都已再婚。我在6岁以前一直与母亲在一起，除我之外她还有两个女儿。满6岁那年，由于母亲经济状况很差，我就来到父亲那里。继母对我特别不好，经常打我，她甚至把我一个耳朵打聋了。我父亲整天喝酒不管我。在无法忍受继母虐待的情况下，有一天在喀什市艾提尕尔清真寺门口我遇到一个30岁左右的人。他对我说：'想不想干点事？'我问：'什么样的事？'他说让我和他一起去库尔勒给苹果树整枝，给我工钱。听了这个陌生人的话，虽然有些担心，但为了摆脱继母的打骂，我同这个人一起来到了库尔勒。"

访谈中我们了解到，有的孩子是被父母遗弃后不得已而开始流浪生涯的。大连救助站小张的母亲忍受不了丈夫的虐待离家出走再也没有回来。然后，他与爸爸一起生活了好几年。他说："我爸对我非常好，有什么吃的也让着我，有什么钱吃着药也给我花，记得有一次，我爸吃完药出去干点活，然后在内蒙古给我租了一个房子，让我在那儿等着他，给了我10块钱。然后，我就在那等着，一直等着，我爸就没回来，我爸给我租的那个房子到期了。交了一个月的房租，我爸就再也没回来，一个月后房子到期了，房东就把我赶出来了。那时候也就是六七岁的吧，我就自己在外头流浪。"许多年过去了，小张始终没有再见到他的父亲和母亲，也不知道父亲为什么遗弃了他。

那个新疆孩子的话给我们以深深地触动："我在内地待了近两年，我知道偷东西是坏事。但我两年来的小偷生涯决不是情愿的，想起这些日子我感到心疼。如果我父母不离婚，关爱我，我决不会逃离温暖的家庭，会上学。"

（五）离家后与家庭的联系：没联系过的近六成

调查显示，流浪儿童本次离家时，有47.7%家里人不知道。在街头流浪期间39.5%的孩子"经常想家"，"有时想家"的有42.2%，表示"从没想过"家的有18.3%。统计结果表明，离家时间短的孩子想家的比例相对较高，如离家不到一个月"经常想家"的有50%，一个月以上不到半年的"经常想家"的有47.2%，而半年以后到三年没有显著差异，都在三成左右。也就是说，随着时间的推移，流浪在外的孩子对家的怀念之情逐渐淡漠了。有40.8%的孩子离家后曾跟家里联系过，没联系过的有59.2%。

六、街头生活

（一）去向选择：具有很大的盲目性

流浪儿童离开家或家人的时候首先想到去哪里？回答比例最高的是"没有目的，去哪是哪"为37.8%，其他依次是"有熟人和朋友的地方"、"去能打工的地方"、"去城市"、"去好玩的地方"、"去派出所"、"去亲戚家"、"其他"地方。见表1—8：

表1—8 离开家或家人的时候首先想到去哪里（有几项选几项）

首先去的地方（n=352）	频次	百分比（%）
没有目的，去哪是哪	133	37.8
有熟人和朋友的地方	95	27.0
去能打工的地方	89	25.3
去城市	78	22.2
去好玩的地方	77	21.9
去派出所	44	12.5
去亲戚家	33	9.4
其他	12	3.4

按照回答人数将上述全部选择作为100%，主要有三类情况：

第一类是完全盲目的。本次调查中表示"没有目的，去哪是哪"的占23.7%。

第二类是有一个大致的想法，但没有确定具体的去向，共占43.5%。其中有15.9%表示想"去能打工的地方"，13.7%"去好玩的地方"，13.9%"去城市"。

第三类是有具体的目标，共占30.6%。其中有16.9%表示想"去有熟人和朋友的地方"，5.9%"去亲戚家"，7.8%"去派出所"。

另有2.1%是其他情况。

总的来看，流浪儿童离家时的去向选择具有很大的盲目性。

（二）交通方式：主要是购票搭乘公共交通工具

流浪儿童搭乘过的主要是陆路公共交通工具，公共汽车比例最高，占到68.5%；客运火车其次，占到50.6%；搭乘货运火车和货运汽车的分别是16.1%和6.7(14)%，另有6.7%和2.1%搭乘客运轮船和货运轮船，还有其他的占2.1%。

流浪儿童在搭乘交通工具时，"自己买票"或者由"别人帮忙购买车票"的分别有47.7%和20.2%；也有一些孩子"不买票混在其他乘客中"（25.7%）、"藏在车船上"（16.2%）、"招手拦车"（10.7%）、"在车船上帮忙干活"（5.8%）或其他方式（9.2%）。

（三）生活伙伴：一半以上和其他人一起生活

调查发现，流浪儿童在街头流浪时，"一个人独自生活"的有45%，"和另外一个或几个流浪儿童一起生活”的有 24.8%，“和一个或几个成年人一起生活”的有 15.8%，“和流浪儿童及成年人一起生活”的有 7.7%，与“其他”人一起生活的有 6.8%。可见，流浪儿童与其他人搭伴一起生活的多于独自生活的，但是总体差异不是很大。

访谈中我们了解到有些家长携带子女或让子女单独外出务工，盲目外流，以致有些儿童因缺乏谋生手段而流落街头。也有的父母为了解决家里的经济问题，在利益的驱使之下将自己的孩子租借给不法之徒，从事一些不正当的行业，在这种状况下，由于不堪长期恶劣的生存状况，于是这些孩子逃离租借者的魔掌，但身无分文，便流落街头。

（四）住宿场所：公共场所到处栖身

以往的研究表明，流浪儿童的地理空间分布和主要聚集地分为四种基本类型：一是城市商业中心区和繁华地带的大型购物中心和商贸城、地下通道、火车站、长途汽车站和公共汽车站；二是城乡结合地区，这主要包括各类市场、建筑工地、涵洞、娱乐场所和城郊商贸中心；三是适合少年儿童的公共娱乐场所，主要包括录像厅、游戏厅、卡拉 OK 厅、网吧和公园；四是城市中心区和城郊地区个体和私营的商业、服务业企业，这主要包括：餐馆、饭店、旅馆、市场中门面和店铺、花店、服装店和存车处之类的地方。①

据北京市未成年人救助保护中心负责人介绍：在大街上流浪的孩子，主要是集中在北京站、西客站等昼夜开放的、可以栖息的场所，尤其是天冷的时候，栖息地方比较集中。到天热的时候，就无所谓了。北京的各处立交桥也多，桥洞底下，也凉快，流浪的孩子晚上走到哪里就用报纸铺上睡觉。夏天的时候在那个地方多一点，冬天的时候，聚居地相对集中。②

问卷调查结果显示，在街头流浪期间 31.9% 的孩子住过“车站、码头”，32.8% 住过“路边空地、空房、下水道、地铁、涵洞、建筑工地”，39.7% 住过“出租屋、旅馆”，34.5% 住过“娱乐场所、录像厅、卡拉 OK 厅、游戏厅、网吧、公园”，住过其他地方的有 11.8%。

（五）生活来源：大部分流浪儿童依靠正当手段谋生

12 周岁的女孩周某离家出走已经不下 10 次，这次从江西上饶来到北京。她家里的条件还可以，她说：“我每次出来时都拿了家里面的钱，不过每次都是从我爸爸那里拿的，就是爸爸对我还好。所以每次出来我都能够自己买到吃的东西，不用乞讨。”这种情况在流浪儿童中是少数，绝大多数孩子生活无着，处境艰难。流浪在街头的孩子靠什么生活呢？

---

① 参见刘继同：《关注中国城市流浪儿童》，《社会福利》2002 年第 5 期。

② 2006 年 10 月 20 日，刘畅访问北京市未成年人救助保护中心主任杜国仕。

调查结果显示：排在第一位的是“打工赚钱”（包括发小广告、卖花、擦皮鞋），占41.4%；其次是“偷、骗、抢劫”，占30.3%；排在第三位的是“捡垃圾”，占26.6%；排在第四位的是“乞讨”，占16.6%；其他依次是“街头或其他场所表演”、“贩毒”和“卖淫”，另有13.4%是靠“其他”方式生活。

通过访谈我们了解到，大部分流浪儿童都是尽可能去找正当合法的谋生方式，但是，因为他们年龄小，特别是没有身份证件，很难找到稳定合法的工作。而另一方面，街头犯罪团伙和不良分子游荡在他们周围，伺机拉拢、诱惑、强迫和利用他们，他们往往是为了一口吃的而走上了违法犯罪的道路。值得关注的是，交互分析结果显示：独自生活的孩子靠“偷、骗、抢劫”为生的只有15.7%，而与“成年人一起生活”和与“流浪未成年人及成年人一起生活”的，比例分别是47.9%和47.8%，说明流浪儿童的违法犯罪行为在很大程度上与成年人教唆有关。

（六）受害经历：一半以上有过受害遭遇

流浪儿童是社会上最为弱势的群体，往往成为某些成年人的侵害对象。如虐待、拐卖流浪儿童，强迫流浪儿童行乞，教唆流浪儿童进行诈骗、偷窃等违法犯罪活动，利用流浪儿童贩毒，伤害甚至杀害流浪儿童等。

调查显示，一半以上的流浪儿童有过不同程度、不同方面的不良遭遇，其中最多的是“被辱骂”、“被殴打”和“钱物被人抢走或偷走”，有过这样遭遇的达到61.1%、51.6%和43.5%。流浪经历给这些儿童的身心发育造成无法弥补的伤害。见表1—9：

表1—9 街头生活经历 （%）

街头生活经历	从来没有	很少有	有时有	经常有
被殴打（n=316）	48.4	25.3	17.1	9.2
被辱骂（n=316）	38.9	24.7	24.1	12.3
自己的钱物被别人偷走或抢走（n=313）	56.5	22.7	15.3	5.4
受到性侵犯（n=309）	88.7	6.5	3.2	1.6
被强迫去强讨强要（n=311）	83.3	7.1	5.8	3.9
被强迫去偷、抢、骗（n=318）	73.0	9.4	9.4	8.2
被强迫卖艺（n=312）	93.3	2.6	1.9	2.2
被拐卖（n=312）	84.6	5.8	8.7	1.0
被强迫倒卖车票、卖花等（n=314）	88.9	6.4	2.9	1.9
被人故意致残（n=295）	88.1	8.8	2.0	1.0

不满18岁的男孩小赵是因为厌烦学习和不能忍受父母的打骂离家出走的，流浪期间被迫偷抢并经常受到教唆者的打骂。他说："有一天，我趁家里没人，从家里拿走了一点钱，买票坐火车到了昆明。刚开始，我还找了一个小旅馆，但没过几天，我带的钱就花光了。我只好睡在公园的凳子上，厕所、桥洞也睡过。我靠乞讨来填饱肚子，有时也偷些东西。没多久，有一位大哥找到了我，说是管我的吃住，我当然很高兴。但很快我发现自己上当了。这位大哥第二天就逼我去偷东西，还让我去抢人家的包。我胆子小，不敢干，他就用皮带、棍子狠命地打我，我只好按他说的去做。偷抢到钱后，除了大部分上交给大哥外，我就用剩下的钱下馆子，找录像厅、舞厅等地方玩。我还学会了抽烟、喝酒。刚从家里出来时，我睡在外面确实有点害怕，也想家。但是慢慢地，我喜欢上了在外流浪的日子，自由自在，不用去想学习的事情，也不用忍受爸妈的打骂。但是，大哥的打骂和狠毒经常让我害怕，我搞到的钱自己也只能拿一点，我在昆明大概混了三个月，有一天，我趁大哥看得松，就爬上了开往广州的火车。"

（七）不良行为：近四成有不良习惯和违法行为

流浪儿童脱离家庭、脱离父母或其他监护人的管教，缺乏必要而正常的物质生活保障。他们为了生存，有的难免被不良成年人利用发生社会越轨行为。即使没有受到不良成年人威胁利诱的流浪儿童，他们中许多人自身也难免作出种种社会越轨行为。① 张潘仕在《流浪儿童问题与越轨行为研究》一文中列举的越轨行为有：强行乞讨、打架斗殴、扰乱公共秩序、小偷小摸、结伙犯罪、杀人、携带管制刀具、强行索要他人财物、参与赌博、卖淫嫖娼、吸食贩卖毒品等。

如前所述，在本次调查的流浪儿童中，靠偷、骗、抢劫和贩毒、卖淫等违法犯罪行为谋生的达到三分之一（32.9%）。在街头生活期间，有过各种不良行为的也不在少数。如表1—10：

表1—10　你是否有下列行为（有几项选几项）

不良行为（n=314）	频　次	百分比（%）
打架	133	39.6
抽烟喝酒	132	39.3
迷恋网吧、电子游戏	130	38.7
偷东西	126	37.5
其他	66	19.6

① 参见张潘仕：《流浪儿童问题与越轨行为研究》，《青少年犯罪研究》2003年第6期。

续表

不良行为(n=314)	频　次	百分比(%)
参加帮派	51	15.2
抢东西	50	14.9
赌博	36	10.7
看黄色书籍/光盘	27	8.0
与异性发生关系	24	7.1
吸毒	11	3.3

一个新疆的孩子说:“11 岁的时候我就开始出来混,因为有时候没有饭吃,就偷别人的,敲诈、勒索学生的不给就打。以前我在外面混的时候别人就欺负我、打我,勒索我,敲诈我。他说,如果你不给我拿钱的话就什么时候,什么时候不要让我看到你,说见你一次就打你一次。后来我也这样,慢慢地就再也没有人来欺负我了。和别人再把关系拉好了,也就没有人来欺负我。在外面混到还会抽烟、喝酒。我觉得自己从那时候开始学得越来越坏,后来我都不知道自己干了多少坏事。”

流浪儿童的不良行为和违法犯罪行为有几种不同的情况:

一是为了生存不得不违法犯罪。调查中我们了解到不少类似的情况:一个从贵州到昆明的 12 岁男孩因为忍受不了父亲的暴力三次离家出走。他露宿街头、吃别人的剩饭,为了填饱肚子与同伴一起偷过食品,偷自行车卖钱,砸过报刊亭。他第一次偷东西偷的是口香糖和饼干,唯一的理由就是“肚子太饿”!

在上海救助机构,一个来自安徽的孩子对我们说:“让我来跟社会比,社会可能觉得我是坏的;你要是说对于那些吃过苦的人,也偷过的人,你问他们这些是好的还是坏的,他们会说这是为了一口饭,并不是为了什么。对,我觉得自己并不坏,只是为了吃一口饭。”

特别需要指出的是,有相当多的有偷、抢等不良行为的流浪儿童在很大程度上是因为他们的基本生活得不到保障,便以侵害他人权益的手段来满足自身的需求;有的孩子在家里经常受到父母的打骂和无端干涉,得不到应有的爱护和尊重,造成心理和行为上的扭曲,便到家庭以外寻找发泄的渠道,他们打架、抽烟喝酒、迷恋网吧电子游戏便不足为奇;也有的孩子流浪在外,没有父母等亲人的呵护,出于安全的需要便在社会上寻求“保护”,参加帮派组织、参与团伙犯罪、与异性为伍甚至发生性关系……也就是说,流浪儿童的不良行为在很大程度上折射出他们的基本权益受到侵害的现实。

二是流浪中被人教唆、强迫。流浪街头的孩子吃住没有保障,有些不法之徒正是利用了孩子们强烈的求助心理,教唆和强迫他们发生了不轨行为。

一个孩子所描述的自身经历就颇具代表性:“在广州火车站的时候,一般都是捡那些瓶子,到了晚上找地方睡觉。我在那里遇见两个哥哥,叫我过来去他们那里睡觉,我就去了,因为他们那里有被子,又有毯子,就在他们那里睡觉。到了第二天,有一个胖胖的叔叔,就说带我去找一个好爸、好妈。我说好,就跟他去了,他还给我买了个菠萝。坐了去广州新市口的火车,下车的时候在新市口菜市场那里,有个叔叔来接我,把我接回家,买些东西给我吃,我就在他家睡觉。在那个早上六点多钟的时候,他就说让我去抢别人的东西。然后我就跟着他去。他是带着两个人去的,在那里抢东西,然后我学会了,他第三天就带我去抢。抢了一把假项链给他。我们一起在番禺市大桥、菜市场那里抢。然后去了亲戚那里,他的亲戚在那里开了个饭馆,然后住了一天多,后来又去抢的时候,抢了人家的项链,就被人抓到了,自己还被当场打了一顿,然后就打了电话把我送到派出所,派出所的同志又把我送到番禺救助站。”

三是有组织犯罪。本次调查中我们了解到,流浪儿童违法犯罪最为突出的是新疆籍儿童的有组织犯罪。据上海市公安部门介绍,新疆籍儿童违法犯罪占全部流浪儿童犯罪的50%左右。其主要特点是,以成年人幕后操纵的形式,组织特点日益突出,目前已逐渐发展成为带有职业化色彩的犯罪集团,并且随着各地打击力度的变化情况流动作案。据新疆救助机构介绍,一些被拐卖到内地的新疆流浪儿童多是以带出去打工为由被骗出来,又由于自己不懂普通话,无法求助,成为被犯罪团伙利用的工具。

一个14岁的新疆孩子在饭馆打工时被人骗到郑州。他告诉我们:“在那里有20个左右孩子在当小偷。到郑州后的第二天,我们的头儿问我会不会玩街,我问怎样玩街,他说明天与这个孩子一起上街你就知道了。第二天我与那个孩子一起上了街,但没有偷到什么东西。晚上,头儿用绑有两根棍子的弹簧来打我,第二天我们又上街,仍然是空手而归,又挨了一顿打。到了第三天,我想躲开后面监视我的人逃跑,但没有跑成,抓回来后我又挨了一顿毒打,第二天我疼得动不了身,但他们仍然拉我上街去偷东西。”

另一个孩子说:“他们教我们怎样翻别人的包,怎样偷东西。到这时我才明白,我不是被带来给苹果整枝,而是来当小偷。我哭闹着说要回去,他们根本不在乎我的哭,凶狠地对我说:‘你回哪里?我们花了很多钱把你带到这里,最起码你要为我们把这个钱挣回来。’他们扒光我的衣服,用带刺的树条打我。无奈之下,我开始当小偷了。我们每个人每天有2000元的任务,如果完成了这个任务,我们的头儿会奖给我们零花钱并带我们大家到动物园去游玩,此时我们都会很高兴。但如果完不成任务,我们会受到严厉惩罚,他们会脱光我们的衣服用电线或皮带抽打我们。”

(八)流浪感受:大部分流浪儿童不喜欢街头流浪生活

调查中,有 29.6% 的流浪儿童表示喜欢街头流浪生活,70.4% 表示不喜欢。

1. 好的方面:最大的好处是自由、自主

近三成表示"喜欢"街头流浪生活的孩子,尽管他们在流浪生活中风餐露宿、缺吃少穿,甚至受到路人欺负、歧视,但还是有相当多的孩子说出了流浪生活的种种好处。其中,流浪生活"自由自在"成为流浪儿童的首选,问卷调查显示,选择这项的比例达到62.9%,其次是"自己的事情自己作主"为44.6%。表明精神上的满足和人格上的独立最受流浪儿童青睐。而这些多出自农村贫困家庭的孩子,对流浪生活中物质生活需求的满足感则相对较低。如"吃得比家里好"、"住得比家里好"仅为15%和10.4%。见表1—11:

表1—11 流浪生活好的方面有哪些(有几项选几项)

好的方面	人 数	百分比(%)
自由自在(n=240)	151	62.9
自己的事情自己作主(n=240)	107	44.6
不再受家人的打骂(n=240)	68	28.3
刺激有趣(n=239)	58	24.2
有朋友帮忙(n=240)	54	22.5
不用学习(n=240)	51	21.3
吃得比家里好(n=240)	36	15.0
住得比家里好(n=240)	25	10.4
其他(n=240)	20	8.3

如此多的流浪儿童喜欢流浪生活中的自由、自主,也从一个侧面说明在家庭和学校环境中他们的这种需要难以得到满足。他们不得不以在放弃家庭中相对稳定的物质生活条件而选择在流浪生活中满足自身的心理需求,摆脱来自成年人的压力。

从江西来到长沙的15岁女孩刘某说:"我老家在江西宜春的农村,总的来说,我还是比较喜欢街头流浪的生活。因为,街头流浪生活刺激有趣,自由自在,没有大人管着,更不用忍受妈妈的责骂和唠叨,也不用学习,还有朋友给自己帮忙,我自己也能作主,自己的事情自己决定,不像在家里,什么事情都是爸妈说了算。我就是一个不争气,丢他们面子的坏小孩。在街头生活的时候,也经常有好心人帮助我,有些人给我钱,让我买吃和穿的,也有人要送我回家,还有一个阿姨让我在她家住了几天。

流浪街头的孩子最高兴的事是什么？孩子们说：

“就是和那些和我一样出来的孩子玩。和他们一起打牌，我就觉得自己很开心，他们也很开心。”

“车站的叔叔阿姨让帮他叫人什么的，叫到人了，他开车走的时候给我钱，让我买东西吃，那就是高兴、开心的事。”

“其实外边的好人挺多的。我在南昌的时候，我认识了一位‘干爹’，他给了我200块钱，还给我买了票。他对我特别好，他还给了我联系方式，我特别高兴。”

“我觉得开心嘛就是网吧里最开心。在我记忆里面最难忘就是网吧，我天天待在网吧里面，最长一次从下午四点呆到第二天早上七点左右。”

“我在外面过得挺开心的，那些朋友对我都特别好。我们赚了钱一起花，我没钱了他们就给我钱，他们没钱了我就给他们买饭。我想这么认识也是一种缘分，我们说好不做朋友，做兄弟了！”……

从孩子们的述说中，我们看到了他们对自由、对友谊、对真情的渴望。

2. 不好的方面：“不安全”、“孤独”、“被人看不起”排在前三位

在调查中，当我们问流浪儿童“你喜欢街头生活吗？”孩子们的回答是：

——“不喜欢，因为外面不安全。”

——“当然不喜欢！我特别想妈妈，特别特别想。还有我爷爷，以前我爷爷对我可好呢。”

——“不喜欢。吃也吃不饱，有上顿不知道下顿。穿也穿不好，尤其是冬天又特别冷。”

……

尽管相当多的孩子是背着父母和家人自己选择外出流浪的，但当他们流浪在街头，面对一系列生存问题和人们的“白眼”的时候，明确表示不喜欢街头流浪生活的孩子高达七成以上。当问及他们：“你觉得街头流浪生活不好的方面有哪些？”问卷调查的结果是：

表1—12　流浪生活不好的方面有哪些(有几项选几项)

不好的方面	人　数	百分比(%)
不安全(n=321)	175	54.3
孤独(n=323)	157	48.8
被人看不起(n=321)	141	43.8
吃得不好(n=322)	137	42.5

续表

不好的方面	人　数	百分比(%)
住得不好(n=321)	132	41.0
受人欺负(n=321)	123	38.2
容易被别人操纵控制(n=322)	95	29.5
生病没法治(n=321)	91	28.3
其他(n=321)	15	4.7

毕竟,人要生存就离不开衣、食、住、行等基本的生活条件、医疗服务和安全保障,这也是流浪儿童的基本需要。未成年的孩子独自在外生活,脱离了成年人的保护,没有良好的物质生活环境,最大的威胁就是难以抵御外界不良因素袭击,安全受到威胁,有一半以上的孩子感到"不安全",是流浪儿童认为流浪生活"不好的方面"比例最高的。人身安全、财产安全、交通安全和住所安全是他们在家庭生活中不曾遇到的问题,离开家人之后的孤独感以及被人看不起的不良心理感受也油然而生,甚至高于吃、住等物质生活方面的问题。

当调查中被问及流浪期间"你最伤心的事是什么?"

有的说:"最伤心的事是想妈妈!""我最想我奶奶!"

有的说:"一天没吃饭,晚上又累,又没地方睡觉,那个时候就特别觉得伤心。"

有的说:"让我伤心的是,我在福建的时候多了几个朋友,但是后来我们走失了。"

也有的孩子说:"那些不好的朋友,他们就打那些小的,然后我就去帮忙打人,然后我就觉得自己不好,打人是不对的,这是最让我难受的一件事情。"

对一些孩子来说,家人曾经给过他们不小的伤害,但当他们背井离乡过着漂泊不定的生活的时候,想家又成了他们非常强烈的心理感受。这是访谈员与一个云南孩子的对话:

小云南:离家好几年了,也不知道家里什么情况。

访谈员:想家吗?

小云南:想。

访谈员:你说你想家,那么想不想回去?

小云南:想家就是想家里的人,其实如果跟他们生活在一起的话可能也不大习惯,只是毕竟是自己的亲人嘛,不见一段时间心里想,想的时候真的特想,有的时候想着想着会哭啊!在老家的时候他们对自己毕竟也不是很好,所以想个一两天有时候一段时间，自己又会回到现实当中。

从孩子们的表述中我们了解到，他们对基本生活条件的需求、对亲情、友情的渴望、对自身不良行为的忏悔……

七、受助情况

（一）街头受助

1. 实际受助情况：过半流浪儿童得到过社会爱心救助

当调查中被问及流浪儿童"在街头生活期间，有人帮助过你吗？"20.4%的人回答"从没有过"，23.8%的人回答"很少"，"有时"得到帮助和"很多"时候得到帮助的分别是38%和17.8%。

那些得到过别人帮助的孩子得到过哪些方面的帮助呢？回答"有人给吃的"51.8%，"有人给钱"45.7%，"有人送我去或帮忙联系救助机构"44.7%，"有人给穿"的35.7%，"有人送我回家或帮我联系家人"30.5%，"有人给住的地方"30.5%，得到"其他"方面帮助的有9.3%。

2. 最希望得到的帮助：学习知识和本领

事实上，流浪儿童所需要的帮助不仅仅是物质方面的。调查中我们询问了他们在流浪期间希望得到哪些帮助，结果发现与他们事实中得到的救助还是有些差异。孩子们最希望得到的帮助是"教我知识和本领"，占到48.1%，将近一半比例。应当说，流浪儿童表达的这一需要与我们目前能够提供的救助服务之间还存在很大的距离。

表1—13　在街头生活期间，你希望得到哪些帮助？（有几项选几项）

希望得到哪些帮助(n=345)	人　数	百分比(%)
教我知识和本领	166	48.1
有人给钱	148	42.9
让我吃饱穿暖	146	42.3
帮我联系家人或送我回家	139	40.3
有人和我说说话	132	38.3
有人给住的地方	128	37.1
有人保护我的安全	122	35.4
不要让别人歧视我	104	30.1
有人帮我治病	84	24.3
其他	14	4.1

（二）机构受助

我国目前官办流浪儿童救助机构有130多家，此外，还有少量民间组织活跃在这个领域。我们此次调研的主要对象是政府福利机构，只在大连和昆明两个城市涉及民间组织。

1. 受助次数：约三成孩子被救助过两次以上

与前面所述有过离家出走经历的孩子超过六成是两次以上离家出走大情况相联系，目前在救助机构中有34.4%的孩子此前曾经在救助机构生活过，其中有过1次的占45.9%，有过2次的占33%，有过3次的12.8%，有过4次及以上的占8.3%。这一结果说明在目前重复救助、反复救助的问题非常突出，由此反映出我们的救助工作不足以解决儿童流浪的根本问题。

15岁的江西女孩先后4次离家出走，进过两次救助站，她说："说实话，我不太喜欢救助站里的生活。这里虽然生活有规律，吃穿不愁，叔叔、阿姨对我也比较关心，但是没有自由，也学不到知识和技术。他们就想着怎样尽快把我送回家，可我最不愿意的就是回家。如果我在街头遇到困难的时候到这里生活几天，然后又可以自由地回到一同流浪的朋友中去，那就好了。"

2. 救助途径：大部分流浪儿童是被动救助

街头流浪的儿童进入救助机构，警察发挥了最主要的作用，"警察劝说后被护送来的"和"警察劝说后自己来的"共占到50.9%；其他按比例多少依次是"被强制收容进来的"、"自己主动找来的"、"被救助机构里的人发现后带过来的"、"群众劝说后被护送来的"、"群众劝说后自己来的"和其他情况。

从总体上看，除3.8%其他情况之外，有75.9%的流浪儿童是被动进入救助机构的，20.3%是主动来的。具体情况如表1—14：

表1—14 你是怎么来到这个救助机构的

怎么来到这个救助机构	人 数	百分比(%)
自己主动找来的	36	11.4
警察劝说后自己来的	18	5.7
警察劝说后被护送来的	130	41.1
群众劝说后自己来的	10	3.2
群众劝说后被护送来的	12	3.8
被强制收容进来的	67	21.2
被救助机构里的人发现后带过来的	31	9.8
其 他	12	3.8
合 计	316	100

3. 基本评价:毁誉参半

调查中,当我们问流浪儿童"你喜欢现在这个救助机构里的生活吗?"57%的孩子回答"喜欢",回答"不喜欢"的有43%。孩子们对救助机构感到满意的方面依次是"受到关爱"、"有很多朋友"、"住得好"、"可以学到知识、技能"。但是,我们调研的感受是,孩子们喜欢这里是相对于"充满问题的家庭"以及"不安全的街头"而言的,救助机构本身还是有很多问题。

孩子们对于救助机构的评价见表1—15和表1—16:

表1—15　救助机构好的地方(有几项选几项)

救助机构好的地方(n=316)	人　数	百分比(%)
受到关爱	180	57.0
有很多朋友	169	53.5
住得好	158	50.0
可以学习知识、技能	158	50.0
生活有规律	149	47.2
吃得好	142	44.9
生活有趣	87	27.5
其他	24	7.6

表1—16　救助机构不好的地方(有几项选几项)

救助机构不好的地方(n=275)	人　数	百分比(%)
限制自由	157	57.1
吃得不好	98	35.6
生活枯燥	91	33.1
受到体罚、责骂	79	28.7
学不到知识、技能	59	21.5
受到同伴的欺负	58	21.1
住宿条件差	53	19.3
没有人关心我	46	16.7
其他	43	15.6
受到歧视	40	14.5
受到性侵犯	13	4.7

通过调查分析,我们感到救助机构存在的主要问题是:

首先,“限制自由”和“生活枯燥”,目前政府救助机构基本上还是封闭式管理,活动场所有限,孩子们每天的活动不得不处于工作人员的监管之下。

其次,“吃住条件不好”。很多孩子反映在救助站里吃不饱,吃不好,我们在调查中也发现,大部分救助站孩子的用餐标准低于工作人员的标准,在个别地方甚至有孩子吃工作人员的剩饭。

再次,“受到体罚和责骂”、“受到同伴欺负”。目前救助机构工作人员的素质有待提高,工作方法有待改进,特别是对流浪儿童内部的欺凌现象要加以重视和解决。

最后,“学不到知识、技能”。目前仍有一些救助机构不具备教育功能,即使有一些可以开课的,也往往是非常规的间断性课程。

17岁的男孩是从贵州农村来到长沙的,从上初一的时候开始多次离家出走,他第一次进救助站是偷东西时被抓,警察把他送来的。回忆起当时的情况,他说:“在救助站里,我住了大概有一个星期,刚开始,我没有告诉救助站我的家庭住址。后来,我看救助站里的人对我还可以,也没有打我,还管我吃住,就告诉他们我家在六盘水,但是具体的我说自己不知道了。后来,救助站把我和其他大概十几个人一起送上火车,还有两个人陪着我们。在常德,救助站的人让我下了车。我住的救助站,虽然吃穿住的条件比我在外面流浪的日子要强多了,也不用担心其他大孩子和大人的欺负,但是日子过得太无聊了,又不让随便出去,我还是不喜欢那里面的生活。我不想回家,他们还非得把我送回家。”此后,这个孩子再次流浪、再次被抓,并被判劳动教养一年半。这个孩子说:“我暂时结束了流浪生活,但一年半之后,我会不会还去流浪、干坏事,我也说不好。”

一个在北京救助站的孩子说:“在街上的时候最怕警察了,怕他们把我送进救助站,救助站的生活太可怕了,吃的都是已经发霉的食物。我和王×有一次送进了救助站,最后我们受不了就翻墙逃出来了。”

在访谈中,也有孩子对救助站管理的看法颇有见地:

小云南:“实际上在这里面也不能够说太好,举个例子,这里面有的是因为偷东西进来的,有的是因为抢东西进来的,还有些是乞讨的,像那边8岁的小孩,跟我们在一起就不大合适,虽然他年纪小,不过他已经清醒的记得现在所承受的一切,遇到的好人或坏人,本来他是在外面好好的一个人,没做什么坏事,一进来这里面耽误自己,像我们这样我敢说好坏自己能分的清楚,像他那样太小了,真太小了……所以说进来也是坏事情。我想政府应该早点把他放出去。”

从国际非机构化福利理念的发展趋势来看,我们需要对目前封闭式的流浪儿童救助工作模式进行反思和重新设计。

（三）对各种人的评价:对社会上流浪的人印象最差

本次被调查的流浪儿童基本上是在救助机构中生活的孩子,他们对这里的工作人员评价最好,其次是警察,再次是社会上的普通人和保安。而对于与他们同类的“社会上流浪的人”印象最差,认为这些人“好”的比例只有16.9%,而“不好”的比例是所有被评价的人中最高的,达到33.8%。这也从一个侧面反映了流浪儿童渴望帮助、寻求安定生活的心理。见表1—17:

表1—17　你对下列人的总体印象怎么样?　(%)

对下列人的总体印象	好	一般	不好	说不清
(1)警察(n=328)	47.3	18.3	22.6	11.9
(2)保安(n=317)	28.7	26.8	27.4	17.0
(3)社会上的普通人(n=314)	22.6	41.1	15.3	21.0
(4)救助机构里的工作人员(n=323)	63.2	17.6	8.0	11.1
(5)社会上流浪的人(n=320)	16.9	20.3	33.8	29.1

八、自我认识及未来规划

（一）自我评价:多数正面肯定

流浪儿童的自我评价结果令我们颇感意外。与社会上人们对流浪儿童的看法不同,流浪儿童自身的感受并非很糟糕。从问卷调查结果总体上看,流浪儿童的自我评价积极的方面高于消极的方面。如表1—18:

表1—18　你觉得自己是怎样一个人　(%)

自我评价	很不符合	不太符合	比较符合	非常符合	平均值	标准差
我是一个健康的人(n=309)	9.1	12.3	30.7	47.9	3.17	0.968
我是一个普通的人(n=313)	8.0	12.1	41.9	38.0	3.10	0.902
我是一个快乐的人(n=314)	17.5	19.1	30.9	32.2	2.88	2.019
我是一个生存能力很强的人(n=312)	14.1	26.0	32.4	27.6	2.73	1.016
我是一个苦命的人(n=317)	19.2	26.2	26.2	28.4	2.64	1.090
我是一个好孩子(n=317)	11.4	35.3	35.6	17.7	2.60	0.908
我是一个乐观向上的人(n=315)	16.5	27.9	34.3	21.3	2.60	0.999
我一个自由自在的人(n=322)	23.0	25.5	28.0	23.6	2.52	1.089
我是一个自食其力的人(n=314)	22.9	27.4	34.4	15.3	2.42	1.006

续表

自我评价	很不符合	不太符合	比较符合	非常符合	平均值	标准差
我是一个没有文化的人(n=319)	28.2	33.2	21.9	16.6	2.27	1.047
我是一个被别人看不起的人(n=313)	33.5	32.9	19.5	14.1	2.14	1.037
我是一个没有前途的人(n=317)	32.8	36.3	16.4	14.5	2.13	1.030
我是一个坏孩子(n=317)	31.2	45.1	16.1	7.6	2.00	0.882
我是一个罪犯(n=312)	70.2	16.7	6.7	6.4	1.49	0.878

上述调查所涉及的全部14个方面选择按照流浪儿童选项，经统计以平均值的排序结果是，排在前九位的除了"我是一个苦命的人"之外，都是积极的评价。依次是："我是一个健康的人"、"我是一个普通的人"、"我是一个快乐的人"、"我是一个生存能力很强的人"、"我是一个苦命的人"、"我是一个好孩子"、"我是一个乐观向上的人"、"我一个自由自在的人"、"我是一个自食其力的人"。

排在第十位以后的都是消极的评价，依次是："我是一个没有文化的人"、"我是一个被别人看不起的人"、"我是一个没有前途的人"、"我是一个坏孩子"、"我是一个罪犯"。

在访谈中，问卷调查的这个结果得到了进一步印证。

一个15岁的男孩两年前从云南到上海，现在嘉定工读学校所设的上海市流浪儿童保护教育中心。他说："我是做过一些坏事，但如果说我是坏人吧，我自己觉得不是坏人，我不觉得自己坏，因为没办法，是为了生存。自己也做过自己不想做的事情，只不过是为了当时情况所迫，很不愿意做。我敢说如果我真的有这个条件的话，跟上海的小孩比起来也许我并不比他们差，只是他们的命比我好，生活条件比我好，家庭比我好，他们有父母有家庭，而我什么都没有，如果换个角度让他自生自灭，站在同一条线上的话，我感觉我绝对不比他们差。"

一个曾经多次离家的女孩说："我觉得我自己不是一个太坏的孩子，也不是一个没有前途的人，我也想多学点知识，干一番事业，但现在还没有对以后有什么具体的打算，只想自己独立谋生，多挣些钱给家里。哪一天，我不用再流浪，妈妈也不再骂我就好了。唉，谁让自己不爱学习，只想玩呢。"

（二）未来的打算：多数积极进取

流浪儿童辍学离家在外漂泊，经历了诸多的不良生活境遇。但是当调查中问道"你将来打算做什么"时，我们听到的是绝大多数孩子对自己未来的美好憧憬。

表1—19　你将来打算做什么?(有几项选几项)

将来打算	人　数	百分比(%)
我想多学点知识(n=335)	293	87.5
我想干一番事业(n=329)	274	83.3
我想多挣些钱给家里(n=318)	238	74.8
我想回家(n=335)	211	63.0
我想在这个城市里安家(n=317)	180	56.8
我想出去自己独立谋生(n=330)	172	52.1
我想生活在救助机构里(n=328)	96	29.3
我还没有作什么打算(n=324)	91	28.1
我的人生没有希望,不需要打算(n=313)	39	12.5
我想一直过街头流浪生活(n=328)	37	11.3

按照选择人数由多到少排序,我们看到流浪儿童对未来打算的几个鲜明层次:

一是有强烈的进取打算的是绝大多数,“我想多学点知识”、“我想干一番事业”都在八成以上。

二是有较为积极打算的有五至七成,如“我想多挣些钱给家里”、“我想在这个城市里安家”、“我想出去自己独立谋生”。

尽管由于种种原因这些孩子背离了家庭、远离父母,但是在他们心底里依然有着强烈的对家的怀念和对父母的感恩之情。一个三年前由于父母离异开始流浪生涯的孩子说:“现在我15岁了,变大了,回到了故乡要给自己找出路。我对修摩托车感兴趣,今后我要学习掌握这个技艺,通过劳动来挣钱,来赡养我的母亲。”一个在上海救助站的孩子说:“我最想做的一件事就是,我想让我妈跟我一起回去。毕竟她人也老了,五六十岁了,像这样又没子女在身边,没个照应,她应该回去,跟我们生活在一起。”

三是被动的态度不到三成,如“我想生活在救助机构里”、“我还没有做什么打算”。

四是消极的态度只有一成多,如“我的人生没有希望,不需要打算”,“我想一直过街头流浪生活”。

也有的孩子态度彷徨。有个孩子说:“我最害怕说我走到这里,以后该去哪里,以后该怎么办,以后有什么打算什么的。”

个案采编 1

我不想流浪

他给自己起了一个名字叫“鹏飞”，他说因为他想像鸟儿一样自由的在天上飞翔，而且他还是做一只大鸟！

他说，在他的记忆里，他今年应该有 14 岁了。

他长得没有同龄人那么高，因此看上去不到 14 岁的样子。他反应十分灵敏，像个小精灵，许多经历过的事情他都记得，而且描述得就像发生在眼前。他没有上过学，却能写许多字，而且还写得很工整。他还能用很简单的线条和他认为适合的颜色，画出他流浪生活中的记忆，多么聪明的孩子，要是在学校里，可能是一个学业不错的学生。

可是他是在流浪生活中度过了 9 年的时间，这正是他应该接受义务教育的 9 年呀！

他说，他要把自己的故事讲给其他的小朋友听，他想告诉大家，有家，有爸爸、妈妈才是幸福的，能上学才是最快乐的。

下面请大家和我一起来听听鹏飞的故事……

我好像一出生就是一个多余的孩子

我始终不能明白，为什么我的爸爸、妈妈一把我生下来，就让我和爷爷奶奶一起生活，好像我是一个多余的孩子。我的爷爷在我还是很小的时候就死了，我就跟着奶奶生活。

这是我奶奶家，我用了红颜色的笔画我奶奶的家，是因为奶奶是爱我的，奶奶家虽然房子和家具简单，但是奶奶是喜欢我、疼爱我的，奶奶从不打我，奶奶家是温暖的，我喜欢奶奶家。

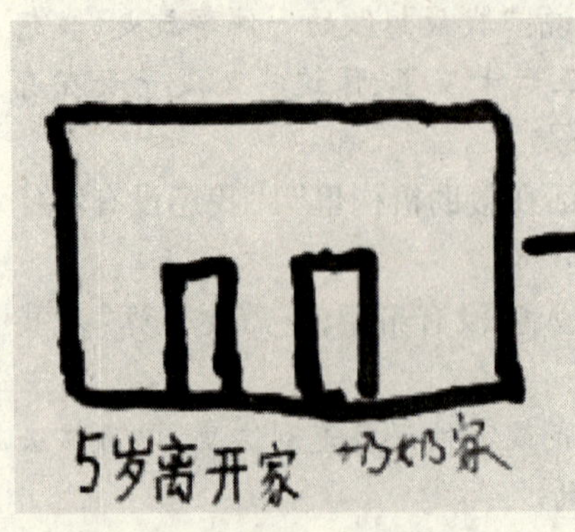

我 4 岁的时候奶奶送我到学校去上了学前班，上到 5 岁就不上了。

在我 5 岁那年的一天，我和一些小朋友在外面玩，还去河里洗了澡，又去帮助奶奶把水缸打满了水，还去放了牛，奶奶还夸我能干活。就在那天的晚上，奶奶倒在那里，我怎么叫她她也不动了，我就叫我叔叔那些人过来，他们说奶奶死了，我当时还不知道奶奶死了对我会有什么影响。他们宰了家里的一头牛,就把奶奶埋了。

后来我才发现,我饿了,没有奶奶给我做饭吃;到了晚上,我困了,没有奶奶陪我睡觉了,这时我才知道,家里没有奶奶了,我没有亲人了。我只好去我叔叔家里住,可是叔叔他们好像不喜欢我,我有一点错,他们就总是拿棍子来打我。有一次我去河里洗澡,回来后我叔叔又拿起棍子来打我,我就想这地方再也不能待下去了,我必须离开这里。

我去哪里呢?我想我可以去找我的亲爸爸和亲妈妈呀!

我知道爸爸、妈妈住的那个地方的名字,我就自己偷着去了火车站,混在人群里上了去爸爸、妈妈家方向的火车。我想我一定要找到爸爸、妈妈。

在火车上,我遇到了一位好心的阿姨,她问我去哪里,我告诉她我去找我的爸爸、妈妈,那位阿姨问我爸爸、妈妈在什么地方,她还给我吃的东西。到了一个车站她带我下了火车,又把我送到了一个汽车站,告诉那里的售票员我要去的地方,把我送上了汽车。最后我到了爸爸、妈妈所在的村子,那已经是晚上了。我又遇到了一位好心的阿姨,她给我吃的,然后就问我爸妈的名字,可我忘记了,她就问我的名字,然后就帮我找到了我爸妈。我爸妈从家里出来把我带回了家。爸爸、妈妈家里还有一个弟弟,我想我会和小弟弟玩,我会自己照顾自己,不会给爸妈找麻烦的。

爸爸、妈妈见到我,没有说什么,做了一些饭还有肉给我吃了。我特别高兴,我终于见到了爸爸、妈妈,我想这回我可有家了。没想到,到了第二天早上,爸爸带着我走出了家门,坐上汽车、火车把我又送回到奶奶家。

这是我爸爸、妈妈的家,我用了黑颜色来画,是因为我那么想念它,投奔它去了,可是爸爸、妈妈却不要我,不让我待在那个家里,它没有让我感觉到一点的温暖。

我哭了,我要跟爸爸走,回自己的家,可是爸爸不理我,他们不要我了,爸爸把我放在奶奶家那间空房子门前,头也不回地就走了。任凭我怎么哭,爸爸还是走了。

后来我只好自己又来到叔叔家,叔叔他们看到我,脸色很不好,他们都不理我了。

我想,走吧,我奶奶也都死掉了,就剩下我一个人也没意思,这里不能待下去,走!就在爸爸送我回奶奶家的当天,我跑出来了。

我再次来到火车站,我想爸爸家我不能去了,就随便上个什么车,走到哪算哪吧。

我又混进了人群,谁也不知道我是谁家的小孩,我又坐上了火车。

也不知走了多远,火车停下来,听人们说这里是南京,所有的人都要下火车了,我也跟着大家下了火车。

帮“姐姐”乞讨

南京火车站的人可是真多,我不知道该去哪,只知道饿了,我就去找人要东西吃。一直玩到晚上八点多钟,我出了车站,碰见一位姐姐在那里坐着,还一边抽烟,我过去就说:“姐姐,你好!”然后她就说:“小弟弟,你没有爸爸、妈妈吗?”我说:“有。”她说:“我要带你去玩,我会教你怎样弄到钱,好吗?”我说:“好。”她给我买了饭,然后就带着我和她一起爬到火车上去要钱。

上了火车后,姐姐说:“你就跟着我,不用说话,让你跪下你跪下就行了。”

我跟着她走到一个叔叔的面前,她给那位叔叔跪下说,家里爸爸病了,我是她的弟弟,也到了上学的年龄,可是家里没有钱了,没有让弟弟上学的钱,求叔叔行行好,给点钱拿回去让弟弟上学,然后叔叔就同情她,把钱给了她。就这样,我们一直在火车上要钱。

到了杭州火车站,我们下了火车,姐姐让我在一个地方等着她。到了第二天姐姐带着她的爸爸来了,她爸爸上上下下地看看我,就让姐姐领我回家了。

后来我去了她家。她家有三个儿子,两个女儿,然后我在她家吃,每天帮她要钱给她。

就这样我在她家里待了有一年多了。每天不是到旅游景点去要钱,就是到火车上去要,我觉得这样的生活不好,没有意思,我想还是走吧。

有一天早晨,趁着她们家的人还没有起来,我就偷偷地走了。

我又来到了火车站。

被人冤枉让我好伤心

在火车站里,我不知道应该去哪里,也不知道该坐哪趟火车,也怕那个姐姐来找,就想找个地方先躲起来,晚上的时候再上火车。我找了个凳子睡下了,就在我睡醒要起来的时候,我发现凳子下面好像有东西,看上去像是钱,我把东西捡起来一看,真是钱,是两张卷在一起的100块钱。我想这下好了,我有钱买车票了,我也能吃饭了,离开那个姐姐家,我照样可以吃上饭。

但是我还是问了旁边的人是不是丢了钱,他们都说没有。可是我刚想拿这个钱去买车票,有一个人就蹿上来说我的钱是偷的。其实那钱肯定不是他的,他也是一个要饭的,可是他大喊大叫,就说我是小偷,让我心里特不好受。没办法,我就给了他一百块钱,他才不喊了。可是我不是小偷,我也不愿意当小偷呀。除了这一次,有时候在火车站要到钱,别人也会诬赖我是偷的,我不得不拿出一半的钱给那些人,他们才不敢和我吵了,这是最让我伤心的事了。可是在外面跑来跑去,这种事情会常有,我经常觉得自己是被人看不起的。

别人欺负我,我也欺负别人

我随着人群,又上了一列火车,这次,火车把我带到的地方是青岛。在青岛我就一直在火车站附近,靠捡废品、要饭过活。在那里,我认识了一些和我一样的小朋友,我们在一起要饭。有时候我们能凑在一起打打牌,那就是我最快乐的事情了。

记得有一次,是一天的早上,起来以后想去买东西吃,一看钱都不见了。肯定是那些和我一起住的人里,有不好的人把我的钱偷走了!我特别着急,这可是我一天的饭钱,我就在那里哭起来。有一位好心的叔叔,看到我在哭,就买了一盒面给我吃,我很感激他。吃饱了我就赶快去捡些废品,好卖些钱买东西吃。

就是那些不好的朋友,他们还经常打那些年龄更小的孩子,我要是不帮忙他们会不喜欢我,我只好就去帮忙打人,事后我就觉得自己不好,我心里明白打人是不对的,这是最让我难受的事情。

还有,就是在街头,如果你不小心踩到那些人的脚,那些人还会打你。

在外面和很多像我一样的人在一起,人们之间也是有规矩的,比如睡觉的时候不准吵,你要是吵到别人,特别是那些年龄大些的人,他们会打人的。就是要饭的时候,如果你要到钱了自己去花了,那就是做错了事情,就要挨打。一般我们都喜欢到火车站、公园里去要,每一次在公园里面要到的钱,才能自己花。

一段时间后,我觉得青岛也不好,就去德州了。

在新爸爸、新妈妈家里

在德州的时候我先是捡废品,捡了一些废品就去卖。后来我就认识了一些人,我就和这些人一起捡废品了。我还碰上一个和我一样高的小孩,还有一个比我矮一点的小孩,他们让我跟着他们走,他们把我带到德州花园里面,那是一个洗澡堂,有一个小孩说他爸爸是这里的警察,他要我帮他要钱,或者是去捡废品给他。我在这里人生地不熟的,我就同意帮他了。

就在第二天去要钱的时候,那个说他爸爸是这里警察的小孩,被那个火车站的公安局知道了,就把他抓起来了,他的爸爸哪是什么警察,他是骗我的。可是他被带走了,我该怎么办,正在我不知去哪的时候,一位叔叔走了过来。

这位叔叔把我带回他的家,还给我买了一套新衣服。可是不知道为什么,我不喜欢这个叔叔,不愿意待在他那里,我就自己跑出来,去了另一个叔叔家。

那个给我买衣服的叔叔就和后来我去的那个叔叔家的叔叔打起来了,我也不明白他们为什么要因为我打架,我想帮忙,又不知帮谁好,我就觉得是自己不好,在这里又给人家惹事,惹麻烦了,这样不好,我还是自己走掉了吧。于是我就走了,离开了他们。

在德州后来的日子里,我遇到了一位叔叔和一位阿姨,他们看我这么小,就问我愿不愿意找一个爸爸、妈妈,我出来也好几年了,天天这么乱跑,吃不饱,睡不踏实的,也想有一个安定的家,我就说我愿意。于是这两位叔叔、阿姨,就把我带上了汽车,走了一段时间,来到一家的门外。叔叔、阿姨先进去了一会儿,然后就从里面出来了另外一位叔叔和一位阿姨,他们看看我说,进屋吧。带我来的那两位叔叔、阿姨说,让我管这家的叔叔阿姨叫爸爸、妈妈,说他们就是我的新爸爸和新妈妈。我有新爸爸和新妈妈了,当时我说不出来是担心还是高兴,不管怎样,我又有了一个家,我很珍惜这个家,很愿意在这里好好生活。可是事情好像没有我想得那么好。

这就是我新爸爸和新妈妈的家,我用了灰颜色来画它,就是因为他给我留下的是这种冷冷的感觉。在这个新爸爸和新妈妈的家里,他们没有别的孩子,我以为这下好了,我找到家了,他们会好好待我的。开始的时候,他们的确对我还可以,可是后来,他们就嫌我淘气,犯点小错就打我,打得最厉害的时候,把我吊在树上用鞭子抽打,也不给我买衣服,骂我更是经常的事了。

一年多以后,我终于忍不住了,我决定离开这个让我感到痛苦的家。

在广州——学习抢劫

这一年,我有10岁了,我听人说广州好,好要钱,也好捡废品,好生活些,我决定再次坐上火车去广州。

就这样我坐火车直接去了广州。到了广州我先是住在广州火车站附近,在那里我一般是捡那些瓶子,到了晚上找地方睡觉。在那里我的生活是每天五点起床,然后洗脸,洗完脸以后就去要钱,要完钱就去捡废品,捡完废品到了晚上的时候,就去爬火车,去要钱。要到钱就自己花。

在广州火车站的时候,遇见了两个哥哥,他们说看你这么小,来和我们一起睡吧。我就去了,因为他们那里有被子,又有毯子,可以睡得舒服些。到了第二天,有一个胖胖的叔叔来了,他问我愿意不愿意找一个好爸爸、好妈妈?我一想这回可能真的能遇见一个好爸爸,好妈妈。我就说:好吧。我就跟他去了。在走的路上他还给我买了个菠萝。

坐了去广州新市口的火车,下车的时候在新市口菜市场那里,有个叔叔来接我,把我接回家,买些东西给我吃,我就在他家睡觉。在那个早上六点多钟的时候,他就说让我去抢别人的东西。他是带着两个人去的,在那里抢东西,让我看着跟着学。

回家后,还教我如何抢项链,然后怎么带着抢到的项链往巷子里跑,跑了就坐摩托车,去找他,找到他就把那个项链给他。我学会了。

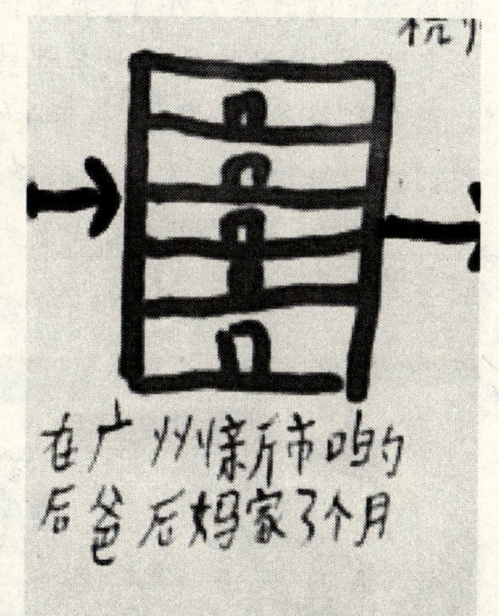

第三天他就带我去抢。抢了一条假项链给他。我们一起在大桥、菜市场抢。然后去了亲戚那里,他的亲戚在那里开了个饭馆,我们在那里住,白天又去抢。有的时候我也会担心,拉人家的项链、耳环会把人伤到的,想到这些我就不愿意去抢,可是如果不抢后爸、后妈会不喜欢我的,不过我还是不去抢耳环,怕就怕把别人的耳朵拉坏,拉出血什么的,那样不好。我抢到项链他们给我的奖励是给我一些打游戏的钱,有时我会拿这些钱打上一天的游戏。

这是我的后爸、后妈的家,我用了粉红色画这个家,是因为,这里的人不打我,每天都给我好吃的,给我钱打游戏,我在这个家里是快乐的。但是这个家也给我带来许多疑惑和危险,还教我学做犯法的事,所以,它更像是一个美丽的陷阱。

后来终于出事了,有一天我抢了人家的项链,就被人当场抓到了,自己还被打了一顿。身上挨打,痛我不怕,可是他们还骂我“小流氓”什么的,让我心里特别难受。然后就有人打了电话把我送到派出所,派出所又把我送到救助站。

救助站帮助了我

派出所的叔叔把我送进了救助站,我开始不知道救助站是怎么回事,很担心。

后来知道了,在救助站里有一些叔叔、阿姨,他们特别关心我们,对我们特别好,那些叔叔有的带东西、吃的给我们,又照顾我们,有那么好的条件,有病就看病,过节的时候就给我们买些鸡腿什么的,吃饭也吃得蛮好,成天都有肉和白菜什么的,白菜是我最喜欢吃的,就感觉到自己的条件特别的好。

特别是我在这里还能学习知识,学习电脑的使用。我们每天还举行升国旗的仪式,还做广播操,像那些学校里的孩子一样。

特别是这里的叔叔、阿姨、哥哥、姐姐,还教育我们不能做那些不好的事、违法的事,我想想,幸亏我被送到救助站来,虽然后爸、后妈对我好,但是如果我再和他们一起抢东西,我就成了违法的人。

我要找爸爸和妈妈,我要回家,我要上学

从我来到救助站,叔叔、阿姨们就一直在帮助我寻找我的爸爸、妈妈,因为我离开家的时候太小了,我只记得我好像是哪个省的,也不记得爸爸妈妈叫什么名字,能记起的具体地名都被查过了,没有找到我的爸爸妈妈。我有时会在梦里梦到爸爸、妈妈,我告诉他们我长大了,可以帮助他们干活了,让他们来接我回去。每次醒来才发现是梦。

如果有人能帮助我,我最大的希望是能帮我尽快查到我家人的地址,送我回去。

我要找到爸爸、妈妈,我想我现在长大了,我爸爸、妈妈看见我时不会再讨厌我,我要回家。

我在流浪的时候也想过上学,不过我的钱总是不多,没办法上学,也不知道找谁才能上学。现在我都14岁了,和我一样大的小朋友都该上初中了,我要上学,我要上正规的学校,接受正规的教育,长大了能找一个好工作。

我想,总有一天我会长大的,我希望学地里种田的知识,那样可以帮助爸爸、妈妈种田,或者学习给人治病,当个医生什么的。就是打个比方,我自己出去挣了钱,我就去帮助那些有困难的,那些流浪的少年,让他们有饭吃,能上学,能找到家,就是把自己挣的钱都是给他们花。还有就是关心那些老人,那些爷爷、奶奶,让他们吃好、住好。

我要和想离家出走的小朋友说

如果现在让我回到要饭、抢东西、捡废品的那种生活,或是让我在救助站里生活,或是让我回到家里像别的孩子一样过正常的生活,这三种生活我会选择回家生活过正常的生活,因为我不想流浪。

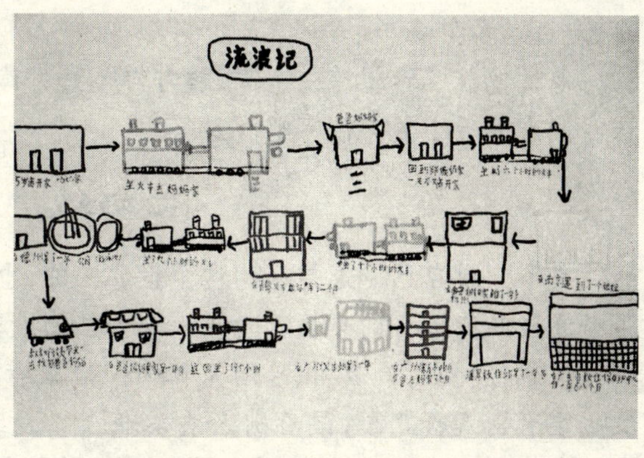

因为在外面流浪都是不好的，那不应该是一种习惯，在外面流浪一般别人认为你是在乞讨，是乞丐，很伤自尊心，我在外面已经经历过一次，就不想再过那样的生活了。还是上学学到些东西才是正确的。

如果有小朋友要离家出走，我会告诉他还是不要离开家，在爸爸、妈妈身边是最安全的。如果有的小朋友像我一样离开家了，我要告诉他不要乱跟人跑，不要跟人学抢东西，那是不好的，也不要和人打架。要记住爸爸、妈妈的姓名和自己的住址，可以去找公安局、救助站求助。

最好还是回家去，能找到爸爸、妈妈就赶快回去！

个案采编2

我是谁？我的家在哪里？

他是一个非常不幸的孩子。从记事起，他就在火车站生活。他不知道亲生父母是谁？也不知道自己来自何方？更无从知道家在哪里？

他说他今年10岁。在这十年中的前四年是和一个老奶奶在火车站度过的。后六年被一个人收养。养父同样没有自己的家，带着他到处流动，有时住旅社，有时住朋友家，有钱了还租房子。后来，养父因为偷摩托车被抓去劳改。之后，他就没有人管了。

他有一个名字叫吴××，但这是养父亲生儿子的名字。当年养父收养他的时候曾经说过他有一个亲生儿子叫吴加健，后来他老婆带着他的儿子离开了他。因为常常想念自己的亲生儿子，所以把这个名字给了他。

与人说话的时候，他总是下意识地避开别人的眼神，让人感觉他总是想刻意隐瞒什么。但是和你聊到深处时，又能非常动情地将细微的情节表达出来。

尽管小小年纪经历了这么多痛苦，但是从他的外表很难看出来。相反，他是一个比较聪明乐观的孩子。他爱唱歌。在救助管理站的孩子中，他会唱的歌最多。唱歌时他非常投入，歌声中明显透露出内心的惶恐和悲伤。他最爱唱的歌是《流浪歌》，歌中唱道："流浪的人在外想念你，亲爱的妈妈，流浪的脚步走遍天涯，没有一个家，冬天的风啊夹着雪花，把我的泪吹下，走啊走啊走啊走,走过了多少年华……”

他说他非常希望有一个家,非常希望好好读书,将来能够上大学。下面就让我们来听听小吴的故事吧。

老奶奶

我不知道自己是怎样来到这个世界上的,也不明白为什么会来到火车站。可是我最早能记得的事情就是在人来人往的火车站捡瓶子。刚开始的时候看到什么就捡什么,捡饭啊、捡烟壳啊……后来看到别人捡瓶子能够卖钱,于是我也学着别人捡瓶子,跟着别人去卖瓶子。没过多久,我就碰上了我的老奶奶。老奶奶也是捡垃圾的,她住在火车站的楼梯底下。那时候老奶奶看我挺可怜的,就经常拿东西给我吃,帮我卖瓶子,渐渐地我跟老奶奶熟悉起来。后来,我就认她做我的奶奶,和她生活在一起。

白天我和老奶奶一起捡瓶子,她教我分辨不同的瓶子,一个瓶子一角钱的也有,两角钱的也有,还有那种啤酒瓶是三角。通常我都将自己捡的瓶子交给老奶奶,让她一起卖。吃饭是捡别人倒掉的饭,晚上睡觉大都是在火车站楼梯间,有时候在商店门前,立交桥下。老奶奶对我特别关心,有好吃的总是自己不吃给我吃。我生病了,她会给我买药。晚上睡觉怕我着凉,总是把自己的被子给我盖。我记得有一天晚上,天气特别冷,我和老奶奶睡在立交桥下。老奶奶把被子盖在我身上,自己只盖衣服。半夜我突然醒来,看见老奶奶冻得发抖,我就说我穿着衣服不冷,要把我的被子给老奶奶盖,可老奶奶就是不同意。于是我们两个人推让了好几次都不行,最后我感动得哭了,眼泪止不住地流出来,把被子都弄湿了。

老奶奶经常告诉我要当心陌生人,别听那些坏人的话,别人叫你去什么地方你都别去,不然会被人卖掉的。如果被坏人拐走了,很可能会把你身体里面值钱的东西挖出来卖钱,或者把你的手脚弄坏了,然后把你弄到街上乞讨,讨不着他们还会打你。我听了之后非常害怕,所以一直记得老奶奶的话,从不随便跟别人走。有一次,一个卖挂件的人(卖项链啊什么的)说要带我去一个好玩的地方,叫我跟他走。我想起了老奶奶的话,觉得他是坏人就不同意。可是他就抓住我的手,强迫我跟他走。后来我就大声喊,趁他不注意逃跑了。

尽管火车站的生活很艰苦,但是这段时间却是我人生记忆中印象最深刻的,酸甜苦辣至今仍然历历在目。我记得跟老奶奶在一起让我最高兴的事情是有一次我捡到100元钱,把它交给了老奶奶。老奶奶给我买了一袋牛奶和几块面包,晚上她还带我到旅社住了一个晚上。我以前从来没有喝过牛奶、没有吃过那么好吃的面包,也从来没有睡过像旅社那样温暖舒适的床,当时我觉得真是太高兴了。在碰到危险的时候,总是老奶奶保护我。有一次,我在火车站碰到几个专门拎别人包的小混混。他们看见我就追过来向我要钱。我吓得赶快跑，最后还是让他们逮住了。我说我没钱，他们就撒了一泡尿在地上让我吃掉。我不吃，他们就打我，还拿一把菜刀架在我脖子上，叫我把钱交出来。我说我没有钱。他们就说，没有钱，信不信今天晚上就把你杀掉。我说信的，他们就用力抵着我，我脖子都让他们割出血来了。当时我吓坏了，以为自己没命了。后来，老奶奶听到我的喊声过来了，不停地求他们，最后他们才把我放了。这时候老奶奶自己也没有钱了，她就去找那些乞讨的人要了几角钱给我买了创可贴把伤口贴住，还买了碘酒给我擦伤。

那时候每天晚上都是老奶奶抱着我入睡的，早上睁开眼看到的第一个人总是老奶奶。大概是在我4岁的一天早上，当我醒来时发现老奶奶不在我身边了。刚开始我还以为老奶奶是去捡瓶子了。可是我到处找、到处喊、到处打听就是找不着。这时我才意识到老奶奶可能再也不会回到我身边了。我一下子慌了，觉得以后不知道该怎么办才好。失去老奶奶可能意味着我更加无法弄清楚自己来自何方，更加不知道该去哪里。每次看到大街上别的小孩牵着父母的手逛街，我就会想：我是谁？我的爸爸和妈妈在哪里？我的家在哪里？

养　父

老奶奶离开我之后，我又一个人在火车站捡瓶子。饿了就捡别人倒的剩饭、剩菜吃，吃饱了就在火车站楼梯底下睡觉。那些小混混们还是经常欺负我，每次我见到他们都吓得要命，看到他们过来就远远地躲着。有一天，这些小混混又逮住了我，逼我要钱。我说没有，他们就打我。这时候旁边有一个人站出来说："你们怎么欺负一个小孩，放开他。"然后，上来一掌打倒了一个，其他人吓得放开我就跑了。然后这个人又问我叫什么、家在哪里。我说我没有家，就住在火车站。他就对我说："我看你挺可怜的，这样吧，你跟我走，我认你做我儿子，好不好？"我当时看他不像坏人，就答应了。就这样我有了养父。

养父其实和我一样也没有家。他说他老家在重庆，以前在重庆的时候他有老婆和孩子。后来他老婆跟他离婚了，还带走了他的儿子。他一气之下就自己一个人跑到昆明来。他说他以前的儿子叫吴××，既然我没有名字，那么以后就叫我吴××。他还答应我，等他将来有钱了，要带我回重庆老家。我们平时没有固定的住处，有钱了就住旅社，不少招待所都住过，基本上是这里住一晚那里住一晚。有时候也租房子，住过的地方有南阳村啊、雪花村啊、福德村啊……，但是都住不长久。我们还经常在朋友家住。渐渐地我知道养父是干什么的。他经常白天睡觉，晚上干活，回来时总能带回来一些东西：比如钱包、手机、摩托车等。我知道养父是出去干坏事，心里也挺害怕的。后来养父告诉我不用害怕，他说他以前就干过，还因为盗窃被送去劳改。养父还特意叮嘱我不能学他偷东西，否则他就要打断我的手。养父每次出去干活的时候也从来不带我。因此，我现在也不知道他到底怎么干活的。

养父对我非常好，供我吃供我住，从来不打我，还会带我到外边玩。我印象最深刻的是有一次养父带我去北京。在北京我看见了天安门，参观了故宫。在北京的马路上，我还看见了外国总统的车队。那么多摩托车、小轿车，真是太威风了。我很听养父的话，从来也不烦他。他也经常叮嘱我不能相信陌生人，提防被别人拐跑了。有一次，在养父朋友家的时候，我差点就被人家拐卖了，和我一起差点被拐卖的还有养父朋友家的小妹妹。养父知道这件事后非常生气，狠狠地打了我一顿，把我的鼻血都打出来了。后来那个小妹妹的家里人看不惯养父打我了，反过来打我养父。当时我吓蒙了，怕他们把养父打坏了，就跪在地上哭着求他们说别打我爸爸，他们才停手。

养父有很多朋友，我知道都是一起晚上干活的。他们经常在一起喝酒、赌钱、打架。我养父是一个非常讲义气的人，无论谁请他帮忙他都会去。养父的朋友中，还有一个朋友对我很好，有时候他没事还来看我。后来，我就认他做我姑爹。姑爹在昆明有房子，我还去过他家。我养父没有钱的时候，经常向姑爹要钱。

我跟着养父到6岁的时候，有一天养父对我说："你该上学了，好好读书，将来考大学，有出息，多挣钱，别像你养父这样。"从那时起我就记住了养父的话，自己的人生目标就是要好好念书，将来能上大学。为了能供我上学，养父带我离开昆明来到了安宁。我们之所以去安宁，是因为养父在安宁能找到接收我的学校，并且在安宁上学便宜，养父能负担得起。刚开始在安宁上学的时候，我学习很努力，学习成绩也非常好。但是学校的教学质量很差。我最不喜欢的是学校经常换老师，一下子姓张的一下子姓李的，几乎每科老师都换过了。我觉得学校的老师不太负责任，渐渐地对学习失去了兴趣。养父知道情况后曾经对我说，等他筹到钱，要把我带到他的老家重庆供我上学。我听了很高兴，可是这个愿望到现在也没有实现。

在安宁我一直读到四年级。由于学校教学质量的问题，我的学习成绩很不稳定，有时好得不得了，有时又差得不得了。后来养父说他有朋友在昆明火车站，想到昆明去找点事情做。这时候我对上学也没有了兴趣，于是养父就带着我来到了昆明。刚到昆明的时候，在火车站找到几个打工的，跟他们一起住了几天。后来养父又到一个叫“草铺”的地方去找他的朋友，但是没有找到。过了一阵子，养父的钱花完了，没有办法，他去找我姑爹借钱。姑爹开始的时候给了他，但是后来姑爹说他一个月的工资都被我养父用完了，然后就不再给了。养父又去找朋友借，朋友也借给他一些钱，但养父很快用完了，朋友也没钱借给他了。最后养父没办法，只好去偷。

那天，养父喝了一点酒，他带着我来到大街上，叫我在街的对面等着，叮嘱我千万别过去。然后他自已来到一辆摩托车跟前，拿了一把钥匙，扭一扭几下就开了。打着火之后，养父骑上就跑。他本来可以直走，但喝了酒后就一弯一弯的，还撞倒了路边的东西。摩托车主人听见摩托被撞的声音，从屋里出来刚好看见养父偷他的摩托，就一直在后面追着。养父骑着摩托在拐过一条街的时候，被警察和联防队员按翻在地，养父就被抓了。

家馨中心

养父被抓后，我就去找养父的朋友，跟他一起去派出所打听情况。开始的时候，派出所的工作人员说没有这个人。后来我们又打电话过去问，他们告诉我有这个人，但是已经因为盗窃罪被送到看守所去了。我没有办法，只好跟着养父的朋友，在他们那儿住了两三天。后来我跟他们到大街上的时候，跟着跟着就跟丢了。等我回到旅店找他们时，他们已经不在那里了。

养父没有了，养父的朋友也找不见了，我一下子又好像回到几年前老奶奶离开我的那天早上。我的大脑一片空白，我不知道要去哪里，也不知道要找谁，只好一个人在大街上没有目的地走，越走越远，越走越迷茫。就这样在大街上走着，饿了就捡点东西吃，有时候也想到去偷东西，但是又觉得不敢。有一天，我走到大街旁边的一条胡同里，抬头看见一个院子的门边挂着一个牌子，上面写着“家馨社区儿童救助服务中心”。我在门口站了一会儿，心里琢磨里面不知道是干什么的。这时候，有几个孩子从里面出来，看见我就问：“你是不是新来的”。我说：“不是”。然后我就跟他们聊起天来。他们告诉我里面可以免费吃饭、睡觉、洗澡，还可以上学。我就问那几个孩子我进去行不行。那几个孩子告诉我这里是救助中心，当然可以的。然后有一个孩子就进去叫了一个老师出来。我问她要不要钱呢？她说不要钱。然后我就去救助服务中心了。

第一天进救助中心的时候，因为跟其他的孩子不太熟悉，也不知道要做什么。我看见别人上课也跟着上课，看到别人玩乒乓球，我也想玩。可是那些孩子说我太小了，不让我玩。我就去跟老师说，老师叫他们给我玩。他们给我玩了一会,老师走了又不让我玩。救助中心的地方很小,别的孩子因为不熟悉也不跟我玩,我觉得待在中心没有什么意思,我就想出去看看能不能找到养父的朋友或者是姑爹,也许他们能帮助我。第二天,我去找老师请假。老师问我出去几天。我说四五天吧。然后她交代了我一些事情,比如让我在外面注意安全,不要干坏事,要是有什么问题随时回到中心来。我答应了老师,就从中心出来了。

当我从中心出来走在大街上的时候,我突然发现自己不知道要去哪里。老奶奶不在了,养父和他的朋友找不到了,去福德村找姑爹又觉得不行?这时我觉得这个世界上好像没有一个我可以落脚的地方。我看着大街两旁高楼、飞驰的汽车和来来往往的人群,脑子里一片空白,只知道不停地往前走。白天就是这样毫无目的地走,累了就在路边的凳子上坐一会儿,晚上就躺在商店门前睡觉。因为没有钱,也没有找到什么吃的东西,所以每天都饿得发昏,走路的时候脚都抬不起来。我想去偷,可又不敢偷。想去找朋友,可是找不到。想去南阳火车站的福德村那里去找姑爹,我又没去。还想过去跟老师借点钱,可又不敢借。这样过了大概三四天,我觉得这样下去是不行的,所以决定先回救助中心再说。我记得那天走回救助中心的时候已经很晚了,中心的铁门关了。我本来想敲门,但是又不敢,于是就在救助中心的大门前睡了一个晚上,第二天才进去。

回到救助中心之后,我决定先在中心待下来再说。过了两天,我就跟中心的小孩熟悉起来,其中有三个小孩和我玩得比较多。第三天,他们三个人找到我,对我说:他们来救助中心已经几个月了,待烦了,想出去玩,问我愿不愿意一起出去玩。我想,出去玩几天再回来也没什么,反正大家在一起也不害怕。我又问他们,要是我们没有钱吃饭怎么办。他们说有钱,现在由老师锁在柜子里保管着,如果他们出去可以向老师要回来。我想了想,就答应了。第二天我们一起去向老师请假,老师又交代了一些在外面的注意事项,让我们出来了。

救助管理站

从救助中心出来,大家都很兴奋,因为他们有几个月没出来玩了。而我刚刚从大街上回到中心,倒是没什么。大家一路又蹦又跳,看到哪里热闹就往哪里挤。然后又用钱买了很多好吃的东西,安慰了自己一番。他们还买了一包烟给我抽,我也跟着他们一起抽。大家高高兴兴玩了一整天,一直到天快黑了。这时候,大家觉得应该找个地方睡觉。因为他们三个人好久不在大街上过夜了,所以一时想不起来有什么好地方。这时我说:“咱们去火车站吧,那里的楼梯下面很舒服,我以前在那里住过。”大家一听都觉得很好。于是我们一起坐车来到火车站。到火车站时已经很晚了,我进去之后一会儿就睡着了。

第二天早上,大概六点多钟的时候,突然来了一个女警察。她把我们叫醒之后问我们在这里干什么。我们说没干什么,就在这里睡觉。她又问我们从哪里来的。我们说从家馨儿童救助服务中心来的。然后,她就把我们叫到一个房间里,打电话叫来了一部警车。车上下来几个警察说要把我们送到救助站去。我们一听就赶紧说我们不想去救助站,我们想回家馨儿童救助服务中心,赵家堆的那个儿童救助服务中心。但他们还是把我们送到了昆明市政府救助管理站。

一进救助站,我们就没有自由了。救助站儿保中心的大铁门总是锁着,不让我们随便进出。二楼是工作人员的办公室。从一楼到二楼也有一道铁门,如果没有工作人员的允许,我们不能上二楼。因此我们的活动范围被限定在儿保中心中间的院子里。大家除了每天看电视之外,没有什么可以玩的。因为太无聊了,所以很多小孩每天都想着逃跑。但是真正要逃跑却很困难,因为儿保中心每时每刻都有工作人员值班。除了大铁门锁着之外,宿舍窗户都用钢筋焊死了。此外,小孩进来的时候工作人员把他们随身所带的东西都锁在柜子了,所以也找不到可以帮助逃跑的工具。尽管这样,我在救助站的时候曾经亲眼看到小孩逃跑。那天中午,值班的工作人员锁上大门去吃饭了。几个大一点的小孩找来一个拖把,然后站在凳子上从铁门上边的钢筋格子中间插下去捅二楼的铁门把手。捅了几下,就把铁门捅开了。几个大孩子迅速跑到二楼,我们也跟上去了。到了楼上后,我们看到楼顶的周围有将近两米高的铁栏杆。几个大孩子很快翻过栏杆,从二楼跳下去逃跑了。可是我们这些年纪小的根本无法翻越栏杆。即使翻过栏杆,我们也不敢从二楼往地上跳,于是只好从二楼回到一楼的院子里。刚从二楼下来,值班的工作人员就回来了。这时有人说逃跑了三个小孩。工作人员一听,赶紧打电话叫人追。没过多久,逃跑的小孩又被追回来了。

救助站差不多每天都有小孩被送进来,然后又被送走。记得我一进救助站,工作人员就问我叫什么,父母叫什么,家在哪里。我知道他们是想送我回家。我也真想有个家,想有自己的爸爸、妈妈,这样我就可以回家,不再到处流浪,可是我没有……但我无论怎么解释,工作人员就是不相信我的话,认为我在骗他们。工作人员还问我知不知道一起送进来的其他三个小孩的家在哪里。虽然我们天天在一起,可是通常彼此之间并不会问家里的情况。

又过了一天,工作人员又来问我家在哪里。我突然想到可以告诉姑爹的家在哪里。说不定姑爹会帮助我。想到这里,我就告诉工作人员我有个姑爹在福德村,可以送我去那里。

“回家”

第二天，工作人员告诉我要送我回家。我听了之后，心里反而七上八下的，因为不知道姑爹会不会帮助我。后来再一想，不管怎么样，要是能见到姑爹，打听一下养父的情况也可以啊。想到这里，心里还是有点高兴。

救助站的车载着我和另外两个小孩在大街上穿行，没过多久车在一条很窄的街道边上停下了。工作人员叫我呆在车上别动，然后关上车门，带着我的一个好朋友下了车。我估计我朋友可能找到家了。看着他们下车后走进小巷的背影，我心里感到非常难过。我心想：要是我也有一个家多好啊！有爸爸、妈妈一定非常幸福。想着想着，眼泪就要流出来，不过我还是尽量忍住了。

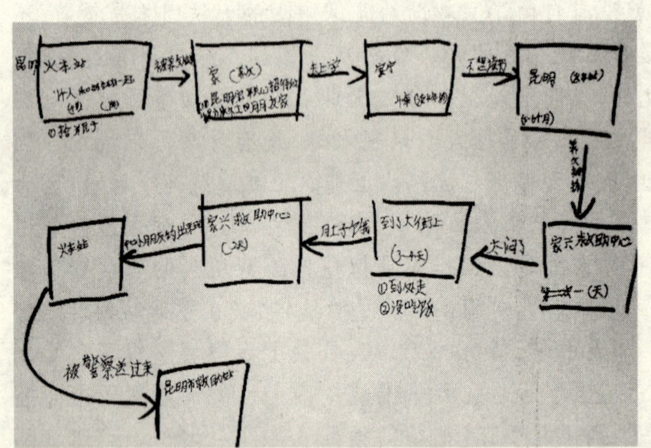

过了大概一个多小时，工作人员一个人回来了，我想我的朋友肯定是找到家了。工作人员上车后对我说：“下一个是你了，你坐到驾驶室给司机指路。”我坐到驾驶室里，指引着司机来到姑爹上班的地方。工作人员把我带下了车。我知道姑爹在这里上班，还在墙上看到了姑爹的照片。进了院子，我指着墙上姑爹的照片对救助站工作人员说：“这是我姑爹。”工作人员一听，对我说：“你先回到车上去，我先了解一下情况”。

回到车上，我心里忐忑不安起来，不知道接下来会发生什么。过了大概半小时，工作人员铁青着脸回来了。一上车就对我说：“你这个孩子，怎么骗人呢，他哪里是你姑爹，咱们走吧。”于是汽车重新发动，载着我们去找另外一个孩子的家。

那一刻我感到无比失望，仅存的一点点希望也破灭了，以后怎么办？我会有自己的家吗？

以下是我的生活经历：

第二章　当前流浪儿童现象的原因分析

在探讨流浪儿童产生的原因时，人们往往习惯于从家庭和学校身上找原因，这是没有错的，因为家庭缺陷和学校教育问题往往是导致儿童流浪的最直接的因素。但是有这样一个问题更加值得思索：那就是为什么中国是在改革开发之后，特别是在20世纪90年代中后期流浪儿童才大规模出现，成为一个突出的社会问题？如果将流浪儿童问题放在人类社会历史的发展进程中来看，我们可以发现这个问题具有明显的时代特征。

一、人口流动

当前中国社会显著特征是处于社会转型进程中。从20世纪80年代以来，传统农业社会向现代工业社会的转变使得农村剩余劳动力开始大规模向城市转移。农民工进城务工为城市建设作出了巨大贡献，也给农民工自己带来了发展的机会。但是，农民工进城务工也出现了很多问题，尤其是在对他们的子女教育问题上。农民工进城之后，其子女无非是两条选择：一是父母进城，子女留在农村，成为留守儿童。二是跟随父母进城，成为流动儿童。据国家统计局的统计，目前全国15岁以下的留守儿童约有1000万人左右，而且种种迹象表明，这个数字也大有逐年增加之势。① 对于流动儿童的数量，目前尚缺乏统一的数字。2003年11月，国务院妇女儿童工作委员会和全国妇联根据2000年第五次全国人口普查结果推算：我国流动人口规模已超过1亿人，其中18周岁以下的流动儿童有1982万人，占全部流动人口的19.37%。0—14岁的儿童已经超过1410万人，占全部流动人口的13.78%以上。② 流动儿童和留守儿童作为我国当前城市化进城中转轨的一代，在他们的生活和教育方面都面临很大的问题，从而成为城市流浪儿童的重要源头。从本次调查的

---

① 参见叶敬忠、詹姆斯·莫瑞：《关注留守儿童——中国中西部农村地区劳动力外出务工对留守儿童的影响》，中国社会科学出版社2005年版，第4—5页。

② 参见项继权：《农民工子女教育：政策选择与制度保障——关于农民工子女教育问题的调查分析及政策建议》，《华中师范大学学报（人文社会科学版）》2005年第3期。

情况来看，流浪儿童中属于流动人口的比例非常高，见下表：

表 2—1　你家住在哪里

	本地城市	外地城市	本地农村	外地农村
人数	53	89	60	144
百分比(%)	15.3	25.7	17.3	41.6

从表 2—1 来看，流浪儿童中本地城市的情况比较少，只占总数的 15.3%，本地农村和外地农村的流浪儿童占到了样本总数的 58.9%。这说明，在城市化进程中，由农村进入城市而成为流浪儿童的现象确实是目前我国流浪儿童的主体，这一点和大量相关同类研究得出的结论比较吻合。但是表中也有大约 41% 的流浪儿童的家在城市，这说明城市居民因为贫困、家庭问题等原因造成儿童流浪的现象也是非常严重的，甚至可以说在某种程度上超出了人们的想象。这一点从流浪儿童的父母职业构成可以得到印证，见下表：

表 2—2　你父亲的职业

	人数	百分比		人数	百分比(%)		人数	百分比(%)
工人	67	20.5	个体劳动者	30	9.2	无业、下岗人员	14	4.3
农民	129	39.4	商业服务人员	5	1.5	企业管理者	4	1.2
国家机关、事业单位干部	1	0.3	自由职业者	24	7.3	专业技术人员(教师、医生等)	5	1.5
军人	4	1.2	离退休人员	6	1.8	其他	38	11.7

从表中可以看出，流浪儿童父亲的职业中，农民所占比例是 39.4%，是最多的。其次是工人，占 20.5%。再次是个体劳动者、自由职业者、商业服务人员(18%)，这些职业往往是进程农民工从事最多的职业。因此，从流浪儿童的父亲职业构成来看，也反映出流浪儿童以农村流动人口为主体，其他城市社会下层(尤其是工人)占重要比例的特点。

笔者在昆明曾经参与护送过三名流浪儿童回家，其中两名就是典型的流浪儿童。第一个流浪儿童的情况是：父母在他 6 岁以前在昆明打工，自己在四川农村老家由爷爷、奶奶监护。6 岁时，父母将他从四川老家接到昆明来上学。但是就在他刚到昆明时,母亲却失踪了。由于父亲忙于工作,没有时间照顾他,再加上他自己生性贪玩,久而久之就成为流浪儿童了。另一个流浪儿童的情况是:2 岁以前父母在昆明打工,自己在贵州农村老家由爷爷、奶奶抚养。2 岁以后,由父母接到昆明。在昆明上学后,由于该儿童爱玩电子游戏,并且有撒谎的毛病,加上父亲管教方式不当,经过屡次离家经历之后,最后成为了流浪儿童。从这两名流浪儿童的经历来看,他们都走过了这样一条人生轨迹:留守儿童→流动儿童→流浪儿童。

除了随父母流动之外,有些儿童还选择了自己流动。这些儿童大部分是出外打工赚钱,由于种种原因(例如,没能找到工作),从而成为流浪儿童。在本地调查中,这类儿童的比例也很大,见下表:

表 2—3　你这一次离开家的原因是什么

	频次	百分比(%)		频次	百分比(%)		频次	百分比(%)
家庭贫困	72	7.4	在家里受到打骂	83	8.6	想出去见世面	73	7.5
想出去打工赚钱	100	10.3	在家无人照管	34	3.5	自己喜欢流浪	37	3.8
没能找到工作	30	3.1	被家人遗弃	45	4.6	迷路走失	19	2.0
父母离异	61	6.3	家里没人关心我	38	3.9	被引诱/拐卖	29	3.0
父母关系不和	60	6.2	与家人关系不和	31	3.2	出来找亲人	30	3.1
家庭生活压抑	46	4.7	和家人赌气	42	4.3	违法犯罪	12	1.2
家里管得太严	53	5.5	不想上学	55	5.7	其他	19	2.0

从表 2—3 可以看出,在所有列举流浪儿童离家的原因中,想出去打工赚钱占到 10.3%,这在所有离家原因中是最高的。因此,儿童自己从农村向城市流动也是流浪儿童产生的一个重要因素,这一点从流浪儿童"离家后,你首先去哪里"这个问题的回答中也可以得到证实,见下表:

表 2—4　离家后,你首先去哪里

	频次	百分比(%)		频次	百分比(%)		频次	百分比(%)
有熟人、朋友的地方	95	16.9	亲戚家	33	5.9	到哪是哪	133	23.7
能打工的地方	89	15.9	好玩的地方	77	13.7	其他	12	2.1
派出所	44	7.8	城市	78	13.9			

从表2—4可以看出，流浪儿童离家后想到去能打工的地方占到了15.9%。这说明，儿童作为独立的个体，以打工赚钱的方式选择从农村流向城市也是流浪儿童产生的重要原因。

与成年人相比，童工非常容易受到成年人的控制和虐待。如果儿童觉得难以忍受打工生活或者被雇主解聘，那么极有可能成为流浪儿童。在这次调查中，就发现了一些童工因为不能忍受童工生活而逃跑。一个13岁的童工这样向访谈者谈到他逃跑的原因和逃跑的过程：

问：你此前在一家工厂干活？

答：是一个私人家的工厂。

问：生产什么？

答：就是潮州搞的那种箔，是那种白的，由三寸打到五寸，由五寸打到七寸，等后来再打成很薄很薄的，一片一片的，我们拜神的那些纸上面就有银色的，那就是箔。

问：那时你几岁？

答：才13岁。

问：然后你就在那里做事了？

答：在那里做，老板对我不好，老板要求太高，我毕竟没有那么多的能力接受他的要求，一天就要做两个，一个就那么高（大约有二三十公分），我一天一个就做不了，还让我做两个，要一张一张的搞，在另外一个地方堆起来，要很整齐，我就做不来，然后他就很失望，很不喜欢我，他们有时就说怎么请一个童工，搞得那么慢的人。从那时开始，我就慢慢做多一点，搞到一天一个半，可是老板又要增加，老加，我实在忍受不住了。

问：那时小姨和你一起做是吗？

答：没有，她在另外一个地方做。我忍不住了，就管老板要了50块钱，那天晚上差不多两三点，我就把衣服、裤子穿好，正好这时老板过来，我就马上把灯关掉，摸黑收拾东西，收好了以后我就睡了一会儿，我脑子里想的全部都是离开这，一定要离开这。在晚上我就惊醒了，我说这个时候我该走了，我就悄悄地把门打开。打开之后我就提上袋子马上跑，我使劲地跑，跑到别人都不知道的地方，连我都不知道的地方。有一个大队，他们是来巡逻的，后来我被他们发现，他们问我，我就对他们说了谎。我心里这么想，他们对我这么好，又帮我找车，为什么我不跟他们说实话呢？可是那个老板实在是太不好了。

二、福利制度改革

大规模的人口流动只是为流浪儿童的出现提供了动力机制，使流浪儿童问题在城市出现成为可能,而传统福利制度的改变却让这种可能成为现实。中国在改革开放前的福利制度安排是国家——单位模式①。在城市,政府奉行的是一种“高就业低工资”的社会保障模式。绝大部分人都通过就业自动获得社会保障。有工作单位的人(包括家属),其生、老、病、死都靠单位和政府解决。而那些孤儿、弃婴和残疾儿童,则由民政部门举办的儿童福利院抚养。在农村,孤寡残幼及其他无依无靠者,可以通过“五保户”制度由集体供养。从某种程度上来看,这是一张非常严密的福利“安全网”。国家—单位的福利模式又同户籍等制度结合在一起,将每一个人固定在他所生活的单位社区里。在这种制度安排下,如果儿童出现因为家庭贫困、疾病等问题而无所依靠的情况,单位社区会自动接管儿童的照顾和监护责任,不可能让他成为流浪儿童。一位专业人士向课题组调研员这样谈到了改革开放前农村福利制度安排如何防止儿童流浪的:

改革开放前那时候,普遍都比较穷。那时候孩子是很难出去流浪的。因为一个呢,孩子即使成了孤儿,集体管着。我20世纪70年代初下过乡。那会儿村里有一个孤儿,因为村里分粮食的时候是按人头,人头要占60%,公分占40%。所以他的基本生活是可以得到保障的。你就是孤儿,你就是不能干活也照样能给你这么多粮食。再一个呢,他也出去流浪过,但是被人送回来了,因为你想当时那个城市管理多严呢?你要是出去你也得有介绍信,住宿你也得开介绍信,你才能到那个招待所住。你要是没有介绍信,即使你露宿街头,发现就给你抓起来了。所以那个时候基本上没有流浪儿童,很少,因为基本生活保障是有的。

但是改革开放以后,政治、经济体制转轨逐渐改变了原有的国家——单位保障福利体制的存在基础。在农村,家庭联产承包责任制的推行彻底改变了集体保障的经济基础,“五保户”制度出现了问题。在城市,由于现代企业制度改革,企业开始放弃原来承担的社会功能,单位保障功能在逐步丧失。特别是20世纪90年代,城市下岗工人问题和贫富两极分化问题,使得城市贫困人口大量出现,加剧了城市儿童流浪的可能。更重要的是城市化和大规模人口流动导致大量农村人口涌入城市,带来了大量的流动儿童。这些进城寻找工作机会的农民群体由于自身文化水平和社会排斥等方面的原因,在城市很容易陷入困境。由于我国在当前的社会保障制度框架下,农村人口在城市难以获得与城市市民同等的社会保障。例如,农村户籍人口无法申请“城市居民最低生活保障”,农民工的子女很难进入公办学校学习等,种种因素使得来自

① 关于国家——单位模式的探讨请参见郑功成:《中国社会保障制度的变迁与评估》,中国人民大学出版社2002年版。

农村的儿童构成了我国当前流浪儿童的主体。

三、贫　困

如果你将“什么原因导致儿童流浪”这个问题去问各地救助机构的工作人员,你得到的答案极有可能首先是贫困。从表2—3可以看出,有7.4%的流浪儿童将自己离家的原因归结为家庭贫困,10.3%的流浪儿童将离家的原因归结为想出外打工赚钱,3.1%的流浪儿童将离家原因归结为没找到工作。在中国,贫困导致儿童流浪很好理解。目前我国尚有592个贫困县,有近5000万贫困人口。这些贫困地区中,很多还没有完全摆脱靠天吃饭的困境。在农闲或者遇到自然灾害时,有些家庭就带子女或者单独让子女外出务工。贫困人口的盲目外流,无法获得稳定就业,造成一些人衣食无着而流落街头。严海波等人在2004年对徐州市流浪儿童救助状况调查发现,徐州市救助站救助的100余名流浪儿童中,有65名来自于全国各个贫困县。① 笔者在北京市未成年人救助保护中心调查时发现,北京市救助保护中心历年来都是救助来自外地的流浪儿童,几乎就没有来自本市的流浪儿童。类似的情况也发生在上海等大城市的流浪儿童救助机构。这在一定程度上能够说明,社会经济的发展程度确实与流浪儿童的产生密切相关。本次调查中,流浪儿童的地域分布情况也发现了这个特点,见下表:

表2—5　流浪儿童的地域分布

	人数	百分比(%)		人数	百分比(%)		人数	百分比(%)		人数	百分比(%)
四川	83	22.8	内蒙古	4	1.1	广东	14	3.8	山西	3	0.8
黑龙江	6	1.6	宁夏	1	0.3	青海	3	0.8	江苏	4	1.1
江西	12	3.3	辽宁	4	1.1	安徽	12	3.3	云南	24	6.6
甘肃	4	1.1	重庆	7	1.9	山东	4	1.1	陕西	3	0.8
湖北	9	2.5	新疆	27	7.4	上海	2	0.5	吉林	1	0.3
河南	46	12.6	河北	3	0.8	贵州	16	4.4	浙江	1	0.3
福建	3	0.8	湖南	33	9.1	广西	4	1.1	其他	31	8.5

① 参见严海波等:《关注中国流浪儿童——徐州流浪儿童调查》,《青年研究》2005年第2期。

从上表可以看出，本次调查中的流浪儿童来自全国27个省市，从地域分布来看明显可以分为三个层次：四川、河南是本次调查流浪儿童最多的，分别占总数的22.8%和12.6%。其次是湖南、新疆和云南，分别占总数的9.1%、7.4%和6.6%。其他省市的流浪儿童都在5%以下，较多的有贵州(4.4%)、广东(3.8%)、安徽和江西(3.3%)、湖北(2.5%)。从流浪儿童的地域分布可以看出，流浪儿童大都集中在中西部不发达省市。北京和天津在本次调查中没有流浪儿童出现，这也印证了北京市未成年人救助保护中心负责人认为，北京市是纯粹流浪儿童接受地的观点的正确性。上海、浙江、福建等经济发达市所占比例都在1%以下。当然，流浪儿童的多少也跟人口因素有关，四川、河南之所以流浪儿童最多除了和经济因素有关之外，还跟这两个省是我国人口大省分不开。同样，西藏在本次调查中没有流浪儿童出现，青海、宁夏等西部省份流浪儿童也较少也和这些省份人口较少有关。

在本次调查中，区域性贫困导致儿童流浪表现最为明显的是新疆、四川和河南。新疆地区因为贫困而导致儿童流浪又主要集中在南疆。南疆地区的少数民族家庭以多子女家庭为主，且父母文化水平较低，经济条件较差，家中未成年子女外出打工挣钱现象非常普遍。一些被拐卖到内地的新疆流浪儿童多是以带出去打工为由被骗出来，又由于自己不懂普通话，无法求助，从而成为了被犯罪团伙利用的工具。李晓霞对新疆流浪儿童的社会调查表明：去内地流浪的儿童大多是来自新疆南部城乡的维吾尔族男孩。在被调查的97名新疆流浪儿童中，维吾尔族儿童占到85%。而在内地流浪的儿童中，维吾尔族儿童更占到了98%。维吾尔族流浪儿童中83%来自南疆，其中76%是来自南疆的喀什和阿克苏两个地区。而喀什和阿克苏恰好又是新疆最贫困的地区。以喀什地区为例，1990年喀什市城镇居民家庭人均可支配收入是乌鲁木齐市的70%，1999年仅为57%；1990年喀什地区农村居民家庭人均纯收入是昌吉回族自治州(与乌鲁木齐市相邻)的72%，1999年仅为33%。①

四川省因为贫困问题导致儿童流浪的现象也非常严重。一个从四川流落到新疆的儿童这样描述他如何在母亲出走，自己因为贫困治不了父亲的病而从家里跑出来的："后来我爸爸病发，我家里什么钱也没有，钱都被我妈妈拿走了。我就去找我姐姐，她也不在，就剩下我一个。我舅舅跟我说，他在一个镇上拿到700块钱，叫我回到家里看好我爸爸。那会儿，我抱着爸爸哭了，我哭了，我也没有办法，不知道我妈妈到哪里去了。到家里找我妈妈，说我妈妈到西藏去了。我把爸爸送到新疆的一个医院，给我爸爸住院，也没有治好，后

① 参见李晓霞：《新疆流浪儿童问题调查——兼论个体行为对族群形象及地区形象的影响》，《西北民族研究》2004年第1期。

面就动手术，半身就瘫痪了，瘫痪后一直就……后来我家里也没有钱了，我就和我表哥借钱，说我家里没有钱了，父亲病了需要钱，然后说了一些好话，后面他就给我拿了一些钱，加起来他一共给我拿了1300多块钱。后来钱也不够，家里面也没有钱了。后来有好心人带我到每家每户走一下，凑了一些钱，凑了刚好600块钱，有的给20块，有的给1块，还有的给50块。就这样，我爸爸的病慢慢地治，家里也没有钱了，也就治到我爸爸可以自己走路了，能自己做饭就行了。后面我把我爸爸带回家，慢慢地休养，现在比以前好多了。我待在家里爸爸也不能养活我，我也不能照顾好爸爸。我就从家里走了，就出来了。"

贫困是儿童流浪的一个重要因素，但是贫困往往和其他因素交织在一起，才最终迫使儿童离开家庭、流落街头。关于家庭贫困如何与其他因素共同作用导致儿童外出流浪问题，河南省郑州市常年从事流浪儿童研究的张明锁教授这样阐述了他的观点：

"贫穷是根本原因。因为从流浪儿童的流出地来看，都是经济比较困难的这个地方。从全国范围来看，因为之前我也做过国家课题，从国家课题来看，流出地大部分就是中部，还有就是西部的，因为西部人口本来就稀少一些。所以主要还是在中部，主要就是河南、湖南、四川、江西、安徽，这几个省份是最多的了。其次就是新疆，因为你在新疆调查以后你就知道，不是北疆流出的儿童多，而是南疆流出的儿童多。也是个经济问题。所以说从根本上解决这个问题还是经济发展，发展经济，这是最根本的了。但是目前来看，这得有个过程，所以我认为中国目前啊，还不能消除流浪儿童问题。"

四、家庭问题

本次调查中，流浪儿童救助机构的工作人员在谈及儿童流浪的原因时大都赞成这样一种观点：贫困是儿童流浪的根本原因，而家庭是儿童流浪的直接原因。这种表述其实包含这样的潜在内涵：贫困是儿童流浪的重要因素，但是贫困并不一定会导致儿童流浪。推动儿童流浪的直接原因是家庭问题。从表2—3可以看出，父母离异（6.3%）、父母关系不合（6.2%）、家庭生活压抑（4.7%）、家里管得太严（5.5%）、在家里受到打骂（8.6%）、在家无人照管（3.5%）、被家人遗弃（4.6%）、家里没有人关心我（3.9%）、与家人关系不合（3.2%）、和家人赌气（4.3%）等选项都与家庭问题有关，总和占到所有离家原因的50.8%。而所有这些对儿童身心造成影响导致他们流浪的家庭问题又可以归结为两类：一是父母离异、丧父或丧母等家庭变故的原因，导致一些儿童无法适应单亲家庭、再婚家庭的新环境，给他们的身心造成严重伤害，最后选择离家出走。另外一些儿童尽管父母健全，但是关系不好，给儿童造成身

心伤害从而导致离家。从本次调查的情况来看,流浪儿童的家庭状况如下,见下表:

表 2—6　你的亲生父母属于下面哪种情况

	频次	百分比(%)		频次	百分比(%)
父母双方在一起生活,关系融洽	110	22.4	父母一方或双方死亡	64	13.0
父母双方一起生活,但感情不和	60	12.2	父母一方或双方入狱	10	2.0
父母离婚	80	16.3	不知道自己的父亲或母亲是谁	22	4.5
父母因感情不和分居	26	5.3	父母一方或双方离家出走	30	6.1
父母因工作原因分居	11	2.2	父母一方或双方患有重病	17	3.5
父母都在外地,我和其他人生活	34	6.9	其他	27	5.5

从表 2—6 可以看出,父母双方在一起而且关系融洽的情况仅占所有选择频次的 22.4%,也就是说大部分流浪儿童都存在种种家庭问题。

家庭问题不管属于哪种情况最后都会通过教育方式失当和家庭暴力这两种形式表现出来,直接作用于儿童,从而导致儿童离家流浪。对儿童教育方式的失当导致儿童流浪可以分为两类:(1)管教过于严厉,简单粗暴。(2)无人管教,放任自流。下表是本次调查中父母对儿童的教育方式:

表 2—7　你父母对你的教育方式是

	父亲		母亲	
	频次	百分比(%)	频次	百分比(%)
什么都管,比较专制	124	43.8	86	32.5
尊重我,比较民主	44	15.5	60	22.6
主要随我自己,比较放任	47	16.6	48	18.1
任我发展,从不干涉	43	15.2	45	17.0
其他	25	8.8	26	9.8

从表 2—7 可以明显看出两个极端,父母管教过严、过于专制情况是所有选项中频次最高的(父亲是 43.8%、母亲是 32.5%)。放任自流、不加干涉的情况也比较严重,选择父亲的频次是 31.8%(16.6% +15.2%),选择母亲的频次是 35.1%(18.1% +17.0%),真正尊重儿童的情况反而是少数。

家庭暴力是造成儿童流浪的直接原因。家庭暴力都表现为打骂孩子,对孩子冷漠、甚至家人之间的吵架都可以看做是家庭暴力的表现形式,因为这些行为都能给孩子的心理造成严重影响。下表是本次调查流浪儿童离家前一年在家受侵害的情况:

表 2—8 离家前一年内,你是否有过下列经历 (%)

	从来没有	很少	有时	经常		从来没有	很少	有时	经常
1. 受到严厉斥责	37.8	23.5	20.2	18.5	8. 目睹家人摔砸东西	53.5	18.5	17.0	10.9
2. 受到辱骂	34.6	22.3	21.1	22.0	9. 家里没人照顾	37.8	21.1	13.1	28.0
3. 受到体罚	41.5	23.7	20 – 8	14.0	10. 家人漠不关心	37.7	21.8	12.9	27.6
4. 受到暴力伤害	56 – 8	16 – 0	15 – 1	12 – 1	11. 被独自留在家里	38.2	20.6	20.9	20.3
5. 受到性侵犯	87.6	7.1	3.7	1.5	12. 在家受到意外伤害	57.8	19.5	14.1	8.7
6. 目睹家人吵架	37.3	25.1	20.1	17.5	13. 被遗弃	68.2	12.9	6.6	12.3
7. 目睹家人打架	51.1	18.8	19.1	10.9					

从上表可以看出,儿童离家出走之前受到身心伤害的情况还是比较严重,参照图 2—1 的聚类图,可以将流浪儿童离家前一年内遭受家庭暴力的情况分四类:

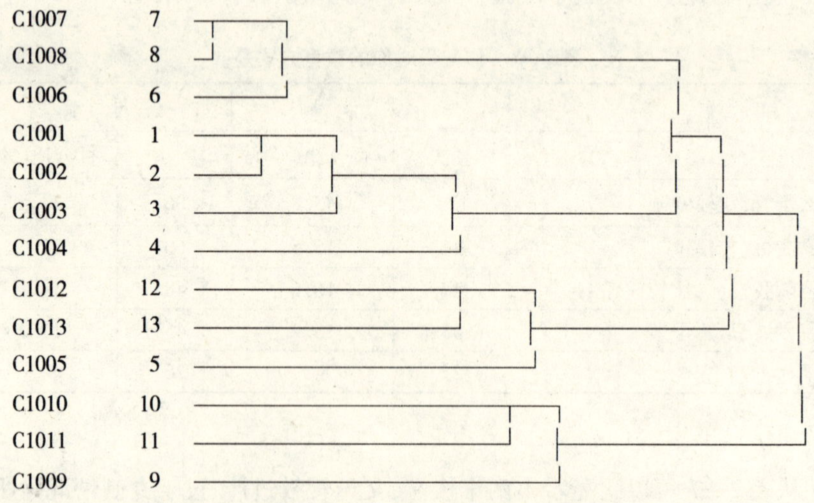

图 2—1 流浪儿童家庭暴力聚类图

(1)家里没有人照顾、家人漠不关心和被独自留在家里三个题项(题项 9、10、11)经常发生的情况均超过 20%,说明流浪儿童家庭暴力中最严重的是缺少关爱。这类儿童可称为"缺少关爱型"。

(2)受到严厉斥责、受到辱骂、受到体罚和受到暴力伤害四个题项(题项1、2、3、4)经常发生的情况在22%—12%之间,说明儿童在家里受到打骂也是导致儿童流浪的重要因素。这类儿童可称为"打骂型"。

(3)目睹家人吵架、目睹家人打架和目睹家人摔东西三个题项(题项6、7、8)经常发生的情况在17.5%—10.9%之间,说明儿童经常看到家人之间的暴力行为也会对流浪儿童产生影响。这类儿童可称为"目睹家暴型"。

(4)在家受到意外伤害、被遗弃和受到性侵犯三个题项(题项12、13、5)经常发生的情况在1.5%—12.3%之间,这类行为一旦发生可能对儿童的身心造成严重伤害。这类儿童可称为"严重受疟型"。

郑州大学张明锁教授也分析了家庭问题与儿童流浪之间因果关系:

"并不是贫困地区的所有孩子都外出流浪,所以直接的原因就是贫穷再加上家庭的问题。流浪儿童流出大部分是家里有问题了。我认为要特别加强对农村家庭婚姻的管理,为啥提出这样一点呢?因为家庭暴力是个很重要的方面,还有一个就是农村的结合比较随便,分离也比较随便。婚姻没有经过婚姻登记,男女婚前同居,孩子一出生就是私生子,同居之后男方跟她分手的也有,所以孩子从一出生就因为身份问题造成对他的歧视。另外就是家庭里夫妻双方突然分手,也没办什么离婚手续,就无影无踪了,他很有可能在另外一个地方又建立新的家庭了。很多流浪儿童是出自这样的家庭。"

五、学校教育因素

学校对儿童流浪行为造成的影响包括两种情况:一是学习压力给儿童造成严重的心里负担,引发儿童离家。一些流浪儿童一般由于成绩不好,在学校里可能是老师和其他同学歧视的对象,在家里父母对他们非常失望甚至嫌弃。于是这些孩子想逃离学校,逃离强迫他们上学的父母。在一些农村地区的学校和城市打工子弟学校,学校的教学内容和方式对孩子们的吸引力不大,当这些孩子的家庭出现问题时,他们很容易逃向社会。从本次调查来看,流浪儿童逃课逃学的情况却比较普遍,见下表:

表2—10　你是否有旷课逃学的经历

	没有	一次	二次	三次及以上
频次	116	54	28	120
百分比(%)	36.5	17.0	8.8	37.7

但值得注意的是，有 37.7% 的流浪儿童认为自己逃课三次及以上，也就是这部分儿童有经常旷课逃学的习惯。

一位流浪儿童这样描述他因学习不好导致流浪："我在学校读到五年级，但因为贪玩，迷恋电子游戏，多次旷课，学习成绩非常不好，也因此被同学讥讽嘲笑，和班主任闹矛盾，被老师体罚，被学校点名批评，也被学校处分过。我妈妈在我就读学校的食堂做工，看到我学习不用功，成绩很差，感觉自己面子上不光彩，对我也非常失望，经常责骂我，有时也打我。爸爸虽然对我比较好，但也感觉我太不争气。我对学习实在没有兴趣了，就在读到五年级时离开了学校，在社会上混了两三年，主要时间是在电子游戏厅度过的。妈妈见我不学好，打骂更加频繁。我实在忍受不了，就于 2006 年 5 月第一次离家出走了。"

学校对流浪儿童的影响还包括另一种情况，即同学之间的影响。同辈群体的影响是一种亚文化，对儿童行为选择有重要导向作用。笔者在做社会调查时发现了很多这种例子：有一个流浪儿童在学校读书时受到同学的影响，经常和学校高年级的同学去向低年级的同学"要钱"（抢钱），然后用抢来的钱去游戏厅玩游戏。这种行为不仅伤害了同学，也影响了他的学习。后来事情被父亲知道了，在一次父亲严厉打骂过后，他选择了离家出走，由此开始了他的流浪生活。另外有些流浪儿童开始的时候并不敢离家很远，并且离家之后会自己回去。但是，如果还有其他的儿童（例如同学）在一起的话，那么就很容易形成长期流浪的情况。因为多个儿童在一起，一是减少了恐惧感；二是增加了生存能力。笔者昆明调查时碰到的个案就属于这种情况：这个儿童由于害怕父亲打骂，加上自己爱撒谎、玩电子游戏，每次犯错之后总是会从家里跑出来。刚开始时总是在母亲的水果摊周围过夜。由于星期一要上学，所以他每次都会在星期一时赶回家去上学。后来受到同学的邀请，开始跑到昆交会、大观商业城等离家很远的地方长时间不回家。在大街上生存方式也开始多样化。当一个人跑出来的时候，他总是捡别人吃剩下的饭菜吃。和同学在一起时，刚开始是花他们从家里偷出来的钱，钱花完之后开始除了捡别人的剩饭剩菜之外还偷饼干、口香糖等零食吃。后来碰上一伙更大一些的孩子，他们开始偷自行车、砸路边的报刊亭。

六、儿童的身心特点

儿童流浪行为的产生也与儿童自身的心理特点有关，特别是一些处于少年早期的孩子，他们逆反心理强，心理素质比较脆弱，主观上有要求家长和社会尊重其个性和独立意识。在这个年龄段，如果学校和家长教育方式失当，很容易导致儿童负气出走。此外，这个年龄段的孩子普遍具有好奇心强，好模仿，容易受到外界的诱惑。从表2—3可以看出，流浪儿童选择想出去见世面而离家的频次占到了总和的7.5%。这说明，外界因素的诱惑也是儿童离家的一个因素之一。这方面最典型的例子就是河南省一些流浪儿童的出走是受到了电影《少林寺》的影响，离家出走学习武术。这在刘继同、张明锁等人的研究中都提到过。①另外，还有极少数儿童具有喜欢流浪生活的特性。从表2—3可以看出，选择喜欢流浪生活而离家的频次占到了总数的3.8%。在他们的观念中，流浪生活自由自在、刺激有趣。下表是流浪儿童认为喜欢流浪生活的原因：

表2—11　你觉得街头流浪生活好的方面有哪些

	频次	百分比(%)		频次	百分比(%)
刺激有趣	58	10.2	自己的事情自己决定	107	18.8
自由自在	151	26.5	吃得比家里好	36	6.3
有朋友帮忙	54	9.5	住得比家里好	25	4.4
不用学习	51	8.9	其他	20	3.5
不再受家人打骂	68	11.9			

从表2—11可以看出，儿童喜欢流浪生活的原因主要是自由自在和自己的事情自己决定，选择频次分别占26.5%和18.8%。其次流浪生活刺激有趣，选择频次占10.2%。

七、犯罪集团的拐骗

在本次调查中也发现了一些被犯罪集团拐骗导致儿童流浪的情况。从表2—3可以看出，流浪儿童离家的原因中有3.0%选择的是被引诱或拐骗。从对流浪儿童的访谈中也发现了这种情况，而这种情况在新疆特别严重。一个新疆的流浪儿童这样向调查员描述他如何被拐走："有一天晚上，我刚走出饭馆就遇见常到我们饭馆的一个人，他问我你会干什么活儿，我说会做饭，他问我干了几年，我说干了近4年，他说他在内地开了一个饭馆，让我去帮他干活儿，他很快从口袋里掏出50元钱给我。我不愿拿，他硬是塞进我的口袋，过了一会儿，他说如果到内地去在他的饭馆里干活儿，每月给我700元钱，可挣到

① 参见刘继同：《关注中国城市流浪儿童——郑州市流浪儿童调查报告》，《社会福利》2002年第5期。张明锁：《为什么流浪——关于郑州市流浪少年儿童的家访调查》，《青年研究》2002年第12期。

好多这样的50元钱。我不知如何是好,他说了声:'考虑一下兄弟',就走了。8月12日晚上9点左右,我关了饭馆的门,与朋友坐在饭馆门前聊天,那个人骑着摩托过来叫我。我虽然害怕见他,但花了人家50元钱,又不好不去。他让我上了他的摩托,把我带到一个非常僻静的小巷里,并给某人打了电话。没过一会儿,来了一辆夏利车,把我们带上就走。我们来到一个屋子里,那里有大大小小的10个人。第二天我们出发去了乌鲁木齐,在乌鲁木齐待了8天,我一直被关在宿舍里。有一天我从门缝听到他们说要把我带到内地去当小偷。我想逃跑来到了楼下,但被他们发觉。他们用皮带狠狠地打了我;后来甚至上卫生间,他们也派人跟上,我没有找到逃跑的机会。第8天我们启程去了郑州。"

本次调查也发现了其他省份的儿童被拐卖,最后沦为流浪儿童的情况。一位大连的流浪儿童这样向调研员述说她如何被人拐走:"我离开妈妈的时候是3岁,离开爸爸的时候是7岁。我们家请了个小保姆,是四川的。有一次我上幼儿园,她来接我,在回去的路上,碰到了两个人,他们说是我爸爸的朋友。我认识他们,确实是我爸的朋友。他们叫了一辆出租车,把我带到出租车上,小保姆开始在后面跑,跟着,后来没跟上就撒手了。"

个案采编1

山茶花开放的地方是我的家

"我喜欢山茶花,我是在山边长大的,小的时候,在我家房后面的山上,长满了山茶树,每年开花的季节,开满了山茶花,那白色的山茶花飘着清香,我多希望我就是山茶花呀!我就给自己起这个名字吧——山茶花"。

山茶花,多美的名字呀!我端详着这个说话如同山间清澈小溪那样轻柔委婉的女孩,一张圆圆的脸上嵌着一对会说话的眼睛,看上去仿佛总是在微笑。我全身心投入地听这位14岁的女孩讲述她自己的故事。

我在山村里长大

我不知道自己出生在哪里,也不记得爸爸、妈妈长什么样子,也不清楚爸爸、妈妈到哪里去了,很多次我都希望知道我是从哪里来的,我真正的家在哪里,我的爸爸、妈妈在哪?他们又去了哪里?可是没有人愿意告诉我,或者他们也不知道。我只认识我小姨,我觉得这应该是我的亲小姨,因为她对我特别好。

我记得那年我好像有3岁或者是4岁,小姨把我带到了一个山村里。我不知道这里是谁的家,也不知道小姨和这里的人是什么关系,但是我知道是小姨一直在别处打工挣钱,寄钱给养我的这个地方,让这里的人来养我,给我吃的,给我穿的。

在养我的这个家里有张爷爷和奶奶,还有好多个爷爷、奶奶,他们分成几家,又住得很近,有时候他们会聚在一起,他们都很合得来。因为我那时还小,不知道应该怎么称呼他们,看他们那么老,我就问她们可不可以做我奶奶,她们都说可以。我把他们排成大奶奶、二奶奶、老奶奶,还有大叔叔、小叔叔,还有一个董叔叔,还有一个表弟、一个表妹。我住在那个对我最好的奶奶家,那个奶奶家里有一个祖爷爷,一个爷爷,还有大叔叔、小叔叔,我在这个家里是唯一的女孩子,一家人都对我很好。我在这里生活得很快乐。

跟小姨回家去读书

在我 8 岁的时候,小姨想让我受到更好的教育,让我长大后起码能找到工作,虽然她对我不要求什么,也不要求什么回报,她只想让我找到一份好工作,能把自己养活了,所以小姨把我带回了她自己的家。潮州是小姨的家,在那里我开始上学了。

小姨家里除了小姨,还有姨夫,一个爷爷,还有弟弟、妹妹。我感觉到姨夫不是那么喜欢我,而且小姨家经济条件又不是那么好。姨夫总嫌我饭吃得那么多。他有时看到我小姨不在的时候就骂我、打我,我弟弟、妹妹做错的事就赖在我的身上。因为小姨有时候会胃痛,她不能受气,一受气的话她会胃痛得厉害。所以我不敢把姨夫对我不好的事告诉小姨,只有默默地忍受着。

在学校里我觉得自己的学习成绩很差,学校的同学对我不好,他们管我叫做"外省人"。我和他们说我是有名字的,不叫"外省人",可是他们总把我当成外省人来欺负,所以我在学校里也没有朋友。我觉得在小姨家我生活得不开心。

偷小姨的钱,我变成了坏孩子

在小姨家从二年级待到上四年级,应该读五年级了,但是因为自己学习不好就留了一年级。这时我开始说谎了。为什么说谎,是因为我的学习成绩不好,小姨很不喜欢,有一次我考的分数太少了,我就偷偷地把分数改了,开始改到六十几分,小姨看了分数没有不高兴,可是后来我改得太多、太明显了,慢慢地让我小姨有些怀疑,我想只要小姨喜欢她就不会骂我,只要以后不要这样就可以了。可是以后我还是这样,终于小姨发现了,她也没骂我,只是跟我讲道理,但是她有一段时间不理我,我特别害怕小姨不理我,我怕小姨不要我了,那时候我心里可难受了。

后来我身边有一个比我大一岁的女孩,她好像发现了我的缺点,就利用我,教我做坏事,教我做偷东西、骗人的坏事,我就跟他们学坏了。这个女孩子老说她有钱,她买东西吃,也给我吃。我就问她,你为什么天天都有钱?她说她爸爸最疼她,她随便拿钱都可以。她就问我,你家里人疼不疼你?我说我小姨最疼我。她说,你也可以从家里拿钱,你小姨又不会说你什么的,反正小姨也是很疼你的。我觉得小姨也很疼我,我就开始拿一两毛钱,后来慢慢就大了。最多一次拿了小姨家的上百块钱,我拿那些钱买东西吃、买好玩的,也给那个女孩买东西吃。

第一次小姨发现后,就只是说我,给我讲道理。第二次就骂我。第三次她还是给我讲道理。不过超过了三次那就不可以饶恕了。我小姨说,你已经第四次,这次她才打我,打了之后还是给我讲道理。每次我做错事的时候,她打我之后,总是给我讲道理。还有一次是我印象最深的一次,我小姨看家里只有一张床,怕我挤,就给我单买了一张床。就是那张床,让我姨夫和小姨吵架了,吵得很厉害,我小姨都不吃饭了,我弟弟、妹妹他们就说我不听话,妈妈还给我买床,妈妈对你比对我们还好,你还这样子对待妈妈。我都不知道怎么说,我就说我不敢了,不敢了,以后再也不敢了。可是不知道我是怎么了,以后我还敢,我还会偷拿小姨的钱。

我记得有一次小姨给我下跪。我小姨说,从来没有大人给小孩下跪的,你还是第一个,她说她为了我变好,只要我能变好,她什么都可以忍受的。可是我一直都没有改变,直到我姨夫找到一个很适当的理由把我赶走。

姨夫说:我天天干坏事,没有一次能改的。这样他们两个就商量了一下,硬叫我小姨把我送走,说如果那边不要我的话,就把我半路扔掉。

他们是在半夜里说的,他们说时我并没有睡着,我听到了他们的谈话,我一直偷偷地哭。我说我为什么这么不争气?难道这个毛病我就改不了吗?就这样伴我一生吗?我老是想我自己,为什么我会这么坏?

后来小姨知道是谁教我的,就禁止我跟那个女孩玩,她一看到我跟那个女孩玩就打我一顿,然后给我讲道理。还说为了让我不学坏,要我跟好的孩子学习,跟坏的孩子学习就不可以,也不能和她玩。可我心里想,好的同学我都交不到,他们都不跟我玩,就算我再努力,也不行。

我最怕的是,小姨会经常不理我,我就觉得会不会小姨以后不要我了,为什么老不理我?连续几个星期没有做一次坏事,小姨就慢慢地理我了,我觉得那就是天下最幸福的一件事。可是我还是碰到什么东西就心痒痒的、手痒痒的,忍不住去拿,一拿就做了坏事。我真觉得我是个坏孩子了,我改不了了。

那天小姨实在是忍不住了,只好把我带出去,但是她怕姨夫伤害我,想把我带到一个姨夫不知道的地方。离开小姨家的那天,天气不那么好,走到半路就下起了很大很大的雨,我一直想哭,我的心里一直在哭,我觉得那雨是上天也在哭时落的眼泪。后来我们就到了一个地方,那里汽车特别多,路也很宽,我小姨就叫我姨夫回去，她就一直在那里看，直到看不到姨夫了，她马上把我带到了另外一个地方。

没办法，小姨送我去工厂打工

小姨看我上学不行，在家又老是出事，就想到给我找工作。她把我带到一个私人家的工厂，她觉得这里的事我还是可以做的。让我做的事就是打那种银箔。是那种银白色的，由三寸大打到五寸，由五寸那么大再打到七寸，等后来再打成一片片很薄很薄的，就是我们那个地方拜神的那些银色的纸，那就是箔。那时我才13岁。

这家工厂的老板对我不好，老板要求太高，我没有那么大的能力接受他的要求，他让我一天就要做两叠，一叠就那么高（大约有二三十公分），要由很多张摞起来，还要摆放得很整齐，我一天连一叠都做不了那么完整，还让我做两叠，我做不来，老板就很失望，很不喜欢我，他们有时就说怎么请一个童工，还做得那么慢。从那时开始，我就慢慢做多一点，敲到一天一叠半，可是老板又要增加，还嫌我慢，还说一些让人不舒服的话，这让我实在不能忍受了。

我和小姨不在一起做事，她在另外一个地方做。我见不到小姨，我有了委屈也没有人去说，这里也没有朋友，后来我就想，我一定要离开这里。

为躲黑心老板，我要逃走

有一天我找了一些理由向老板要了50块钱，那天晚上差不多两三点，我悄悄把衣服、裤子穿好，正好这时老板过来，我马上把灯关掉，摸着黑收拾东西，收好了以后我就睡了一会儿，我的脑子里全部都是离开这里，一定要离开这里。在夜里我就惊醒了，我对自己说这个时候我该走了，我就悄悄地把门打开。然后我还要打开大门，打开之后我就提上袋子马上跑，我使劲地跑，我想跑到一个别人都不知道的地方，连我自己都不知道的地方。

刚跑出来不久，我就遇到了一个"巡逻大队"，我想躲开他们，但是，后来我还是被他们发现了。他们问了我好多问题，我就对他们说了谎。可我心里这么想，他们对我这么好，又帮我找车，为什么我不跟他们说实话呢？可是那个老板实在是太不好了，我害怕要是说了实话，他们会把我送回工厂去的。

我用潮州话和他们讲话，他们问我说你是潮州的，问我在这边干什么？我说我在这边打工。他就问我为什么你在这里，我说，我接到一个紧急的电话，说家里的人病了，我就想急着赶回去。这时大概是六点吧，天已经亮了，他们在那里叫出租车，等了好久，终于等到了一辆车过来，他们马上让我上车了。那些叔叔对出租车司机叔叔说，不用收这个女孩的钱，她家有急事。那时候，我的眼泪真的忍不住了，可是我不能让他们看见，我就默默地忍受，等离开了那里，我就偷偷地掉眼泪了，他们对我这么好。

我去哪里……连我自己也不知道我要去哪里，我就想去湖北的那个我生活过的小山村，可是我又不知道在哪，我就和司机叔叔随便说了个地方。我的表现让司机叔叔有了怀疑，他没有把我送到我说的地方，而是打电话给警察了。后来警察叔叔来了，我下车出租车就一直走，一直走，他们就在我身后一直跟，一直跟。后来，那些警察给我说了一些道理，我才肯跟警察叔叔上车。

我跟着一个警察叔叔来到一个派出所，他们给我饭吃，我说我吃不下，走了太多路，心里慌慌的，我就没吃，我就谢谢叔叔，他们说不用谢。他们就让我去洗个澡，有一个阿姨就带我去洗澡，还换了衣服。后来在另一个院子里，那个阿姨问我都干了什么，我说我去卖花了，然后她就问了我一些问题，可是我全都说了谎，没有一句是实话。后来他们就把我送到一个救助站了。

在救助站的生活

我来到救助站以后，开始一直在抵抗，我也不知为什么，我不愿意待在这里，我还是想去找那个山村里的家，可是我也知道自己已经没有地方可以去，我不能告诉人们我的过去，我的小姨，我曾经住在哪里，所以我一直没有说真话。

我觉得自己在那里待了很久，那里只有一个阿姨听得懂我说的话，我说普通话，可另外一个阿姨说的是潮州话。其实我听得懂，我装听不懂。差不多该有一两个月吧，后来他们叔叔、阿姨说放我走。因为那个说普通话的阿姨很慈祥，我很喜欢那个阿姨。那个阿姨说送我去一个好地方，让我去学习东西，我心里就想，那个阿姨一定不会骗我的，她对我那么好，她一定是为我好的。那个阿姨给我好吃的，让我照看一个小弟弟，那个小弟弟是个哑巴，不会说话，阿姨把东西拿给我，要我在路上给小弟弟吃。我就在路上把东西拿给小弟弟，一直坐车，最后就来到了这个救助站。

刚来到这里就觉得这里很大，小孩也比较多。开始一来的时候，我不太适应。他们把我安排在一个房间里，后来我才知道，每个房间都有一个大一点的小朋友做房长，我的衣服被收起来，被换上这里的衣服。有两次，我自己的东西不见了，我觉得是被有的小朋友偷了。我第一次感觉到，我以前一直都在偷别人的东西，没想到现在别人偷我的东西了。他们的感觉可能也是这个样子吧。我就一直问自己如果我过去不偷别人的东西，一直都在做好事，现在还会被别人偷吗？所以我也没有把这件事告诉这里的阿姨。

刚开始来这里，我还拿过别人几次东西，我想，我对这里也不熟悉，这里的阿姨骂我、打我怎么办？可是他们从来都没有打，也没有骂过我，他们就给我说道理，一说道理我就会想起小姨，就会哭，然后我就没有拿，我也不知道为什么，不知不觉地，以后我就一直都没有拿了，一次都没有。

我在这里还交了一些朋友。其中一个叫小平，她这个人很精明，长得也很漂亮、可爱，她也是不愿意回家，不过她每次想妈妈都会哭，我都会去劝她，其实我心里也很想我小姨，想她担不担心我。

这里还有三个姐姐，我有时也看她们，为什么阿姨那么疼她们呢？有时我就问大姐姐，这里的阿姨是不是你们的妈妈啊？她们说不是，那么为什么阿姨那么疼你们呢？她们就说因为在这里要做好事不能做坏事，你做的每件坏事阿姨都会知道的。我说，嗷，那我过去偷东西的事阿姨们也知道吗？其中的一个姐姐我最喜欢她，现在她在外面做工，每次她回来都会给我们讲外面的事，等她走的时候我们都哭了。

将来我要用劳动来养活自己

有一次我梦见了一个晚上，我小姨在大路边一直叫着我的名字，一直喊我，手上还流着血，忽然她摔了一跤，后面公路上过来一辆车把她撞了，我马上就吓倒了。过了几天，我怕她还在找我，我马上打电话给她。打电话那次，我和我小姨都哭了。本身我知道我小姨的手机号码，不需要打家里的电话，可我记电话的小本子，给这里的一个小妹妹，她扔掉了。后来我只记得家里的电话，我就打过去。第一个人接的是我姨夫，我很怕，我就叫我小姨的名字，他说干嘛，我说有事。他就用潮州话说，后来小姨来接电话，我就说：喂，小姨！她马上就叫着我的名字，一下子就掉了眼泪了，就哭了。听到她的哭声，我也哭了。她说她很担心，不知道我到哪里去了，有没有危险，她想尽办法在找我，她要来看我，问我这边好不好？吃得好不好？冬天穿得暖不暖？我说在这里很好，吃得好，穿得好，住得也好，我就这样说。我有些苦，可我并不让小姨知道，我自己忍受就可以了。

我想我将来，要踏踏实实地做人。我在这里总是听阿姨们、叔叔们、哥哥们给我们讲，人其实是可以用劳动来争取每一件事情的成果的，并不需要用做那种事情，那种犯法的事情。小姨来看我时也经常告诉我，在潮州那边有一个叔叔，他是做衣服生意的，结果他不好好地做生意却因为偷东西坐了牢。所以我不想和他一样，如果我还像以前那样偷人家东西，不但人们不会喜欢我，因为我还小别人也拿我没有办法，可是等我长大了还是一定会坐牢的。

我现在就只想等长大后要像那些大姐姐一样，好好学习，以后出来找工作，边做工边学习，要用自己的劳动来养活自己，还要挣钱养小姨。在这里有文化课，还可以学习电脑，我都很认真地学，阿姨们、哥哥姐姐们都说我很聪明，学习进步很快。

小朋友们，千万别离开家

如果有小朋友也像我似的要离开家，我就会对他们说，你千万不要离开家，你离开家外面的世界并不那么好的。我打个比方给你，如果有人骗你对你好，实际上是想把你卖了，你妈妈呢？那你爸爸呢？最疼你的人呢？他们会怎么样，会拼命地找，不知道你的情况会一直找，就是你死了，他们还会找，因为他们不知道你的情况，他们心疼你，他们爱你，这些你们要知道。如果我在这些小朋友的身边，我会想尽任何办法不让他离开那个家。

如果你万一出来了，你要先找个地方，有饭吃，然后马上给最疼你的人，对你最亲的人、和对你最好的人打电话。不过出来以前，一定要记住你家的地址，这样你就不会迷路了，就可以随时找到家了。

我的绘画作品“山茶花梦中的家”

我喜欢山茶花，因为它洁白、清香，我已经不洁白了，我多希望自己重新成为一朵美丽的山茶花呀！

在我的画中，我画上了我的爷爷、奶奶，我最亲的人，我最幸福的时候。

我们住在山上，周围都是山，我们家在山的中间，天上有一个红太阳，它给我们全家带来温暖，在我们房后的山上，长满了山茶树。我们还有一个很大的场院，在那里我们可以晒稻谷，爷爷、奶奶在稻谷场那里做事，奶奶很严肃。我在山上捡柴，手上还拿着竹笋。路通往河边，河边有很多草，我去河边拔草，一条小路从河边通向家里。还有小姨在洗衣服，小姨的头发很长。还有我的狗叔叔在山里拿着枪打猎，山上有只兔子，大叔叔和小叔叔往家走。所有的人都围绕着这个可爱的家。

这就是我的梦中的家，我需要的这个家有多好，只要有爱我的人在，有我的亲人在，我就觉得是安全的，是被相信的，是快乐的，是最幸福的。

个案采编2

我有一个家,可我却不断离家

他是个非常不爱说话的孩子,在回答问题的时候总是喜欢用最简短的词(而不是句子)。与他人交谈时,眼睛总是半睁半闭,并且总是习惯地避开他人的目光,给人的印象是一副老是睡不醒的样子。但是,每一个见到他的人都认为他是一个非常聪明的孩子。大家对他的评价是:如果这孩子能将聪明劲儿用在正道上,那么将来一定会非常有出息;如果将聪明劲儿用在歪道上,那么将来很可能会对社会造成严重危害。

他今年只有12岁,却对自己的缺点非常清楚。他也知道自己最大的毛病就是调皮、贪玩,有时候说谎话。他有一个假名字,叫黄××。所有的人都不知道这是一个假名字,包括他的爸爸和妈妈、家馨儿童救助服务中心的老师、救助管理站的工作人员,甚至他最要好的朋友都不知道。

他有一个完整的家,爸爸、妈妈和妹妹都很爱他,可是他却多次离家。下面我们来听听黄××的故事吧,看看他为什么离家流浪。

昆明的家

在2岁以前,我并不是在昆明,而是和贵州老家的爷爷、奶奶生活在一起。那时候,爸爸和妈妈都在昆明打工,没有时间照顾我,就把我交给了爷爷、奶奶。后来,在我2岁的时候,爸爸把我从贵州老家接到昆明和他们一起生活。

来到昆明之后,我才知道父母都是做什么的。我爸爸靠蹬三轮赚钱,妈妈是卖水果的,每天很早都要出去摆摊,到很晚才能回家。我还有一个双胞胎妹妹,她的嘴巴特别甜,老是能哄得爸爸很高兴。可是我的嘴巴比较笨,不爱说话,所以爸爸不怎么喜欢我。在家里,我觉得妈妈最辛苦,对我最好。爸爸虽然也很辛苦,可是他特别爱看电视,看完电视就睡觉。有时候连着好几天就是看电视、睡觉、吃饭。他对我要么什么都不管,要么想起来管我就是打我。他虽然也希望我好好学习,但从来不辅导我做作业。学校开家长会都是我妈妈去。我在学校犯错误了、挨老师批评了、和同学打架了,从来都是我妈妈到学校解决。我爸爸管我的方式就是打。我要是稍微犯一点点错误就要打我。开始的时候,我看到他要打我,总是会向妈妈求救或者想办法逃跑。后来他在打我之前,总是会先抓住我,把我拖到房间里,并且锁上门,然后拿出很粗的棒棒来打我。每当这个时候,我会害怕到极点,因为谁也帮不了我,我只能被他打了。因为爸爸对我的管教太严厉,我太害怕了,所以每次回家一见到他,我总是担心他会打我,总是想躲着他。

我知道每次爸爸打我总是因为我犯错误,可是我却很难改正我的缺点。我从小就非常调皮、特别贪玩。爸爸和妈妈为了我不知吵了多少次架,可是我就是改不了。

妈妈的水果摊·游戏厅·搬家公司的车

我第一次不回家是在一个星期五。那天放学之后,我想着天还早,不如先到处玩玩再回家。但是我不敢离家太远,因为太远了可能会找不着回家的路,晚上也不安全。于是我就在妈妈水果摊附近玩,这样可以看见妈妈卖水果,还可以看到其他和妈妈一起卖水果的阿姨。

我背着书包没有目的地到处逛。走着走着我来到了一个网吧门前,看见里边有很多小孩在玩电子游戏。电子游戏的声音吸引了我,我不由自主地走进去。我看着他们玩,觉得很有意思,看着看着就忘记时间了。等我想起来要回家的时候,天已经很晚了。我赶紧往回家的方向走,边走边想:"要是爸爸问我去哪里了,我该怎么回答他。我要是说我去网吧看别人玩游戏了,他肯定又要把我锁起来狠狠地打一顿。"我越想越害怕,不由自主地放慢了脚步。就在拐过一条街道的时候,我看到一辆搬家公司的车停在路边,车厢门是打开的。这时候我突然想到一个注意:为了不挨打我就到搬家公司车上睡觉吧。想到这里,我看看旁边没有人就赶紧爬上去。

第二天早上我睁开眼睛,天已经亮了。我想着今天要是回家的话,爸爸肯定还要打我。哎!还是别回家了。想到昨天那些小孩玩游戏真过瘾,我今天还去看吧。从搬家公司的车上下来,看到路边有很多卖早点的正在做生意,这时我觉得肚子有点饿。我想到上次妈妈给我的零花钱还剩了一点,就用它来买早餐吃了。吃完早餐,我又到处逛、到处玩,当我来到昨天的那个网吧的时候又进去了。到下午觉得有点饿了,我就出来找吃的。快到我妈妈水果摊的时候,我觉得还是别去妈妈那里,因为妈妈看见我肯定要问我昨天晚上去哪里了,回家之后还是要挨打。于是我就向另外一个我认识的、和我妈妈一起卖水果的阿姨要几个水果吃。吃完之后,又去看玩电子游戏。到了晚上,又回到搬家公司的车上睡觉。

就这样星期六过去了、星期天也过去了。星期一早上醒来,我想着星期一该去上学的,于是就背着书包直接上学去了。放学之后,我心想今天不能不回家了,挨打就挨打吧。一进家门,爸爸一见到我果然气得不行了。不容我开口,他一把拽住我,把我拖到房间里,将门反锁了,逼着我说星期六和星期天去哪里了。我不敢告诉他去看玩游戏了,就撒谎说在大街上玩,结果还是被他狠狠地打了一顿。

昆交会

经过这次事情之后,我尽量不再晚回家。但是,我对电子游戏却越来越感兴趣。只要放学早,我一定会去网吧看那些小孩玩游戏。渐渐地,我开始用妈妈给我的零花钱自己玩。后来钱越花越多,零用钱不够了,我就从家里拿。开始的时候总是拿很少的钱,免得被爸爸和妈妈发现。由于玩游戏越来越上瘾,我开始逃学了。我经常白天在游戏厅玩游戏或者在大街上逛,到了下午放学才回家。不久,老师发现我逃学、上课睡觉、成绩不断下降,就让我找家长到学校来。开始的时候,妈妈为了我逃学的事跟老师求了很多情、说了很多好话,老师也原谅了我。但是,我逃学的习惯一点也没有改变。老师最后终于不再容忍我了。他要求妈妈写下一个协议。协议规定:我如果再发生逃学、离家之类的事情,学校将不负任何责任并且我将被要求退学。妈妈最后也没有办法,只好在协议上签字了。

逃学、旷课的毛病并没有因为妈妈在协议上签字而改变。在一次逃学之后,妈妈带着我来到学校。这次无论妈妈怎样说好话、求情,老师都不再原谅我,一定要我退学。妈妈没有办法,最后只好让我退学。后来妈妈做了很大的努力又给我找了一所私立学校,才让我继续上学。虽然换了学校,但是我还是经常旷课,特别是玩游戏上瘾对我影响更大。

为了能够有钱玩游戏,我开始想尽办法从家里拿钱。有一次,学校要40块钱交伙食费,我就对妈妈说学校要交70元钱。但是这件事妈妈觉得有问题,就向我的同学了解情况,结果骗钱的事暴露了。后来爸爸也知道这件事,我感觉不能在家里待了,否则会被打死。由于不回家的次数越来越多,我已经学会了很多在外面生活的经验。这次我想跑得远一点。听别人说,昆交会这个地方很好玩,我决定去那里了。来到昆交会之后发现,这个地方果然好玩。人很多,睡觉、吃饭都很容易解决。在昆交会时,我还交了几个朋友。有一个朋友还带我到他家吃饭。

到了星期一,我又回学校上课了。不过昆交会是我发现的一个很好玩的地方,下次有机会还要来玩。

重回昆交会

放学回家之后,爸爸、妈妈的脸色非常难看。我想这次谁也帮不了我了。不过这次爸爸没有打我,反倒是妈妈难过得哭了,她对我太失望、太伤心了。我一想到妈妈为我做了那么多事情,就觉得心里很难受。为了得到妈妈的原谅,我向她保证,以后再也不贪玩、不逃学了。

昆交会的事情之后,我在接下来的几个月里都做得非常好,没有旷课和逃学,直到另外一件事情的发生。那天放学后,我朋友说他想教训一个人,问我愿不愿意帮忙。我当时觉得帮一下忙又没什么,就答应了。我们来到学校时刚好碰上想要教训的那个同学。于是我们将他按倒在地就打,打完之后就迅速逃走了。

第二天上学,老师把我叫到办公室,告诉我叫家长来解决问题。后来我才知道,我们把同学打坏了,他的父母闹到老师那里去,老师只好出面解决。最后我妈妈到学校向老师求情,并且还赔了一点钱总算把这件事情解决了。学校的问题解决了,但是我爸爸听到这件事情之后更是气得不行了。那天我刚进家门,爸爸铁青着脸冲我大喊:“你过来,老子今天非打死你不可。”我一看事情不好,吓得转身就往外跑。跑了很久,觉得爸爸没有再追了才停下。我想:“今天肯定是不能回家了,去哪里呢?”我突然想起了上次去过的昆交会是个不错的地方,就决定先去那里。

在大观楼做坏事

在昆交会,我又遇上了上次的那几个朋友,我们很快又一起玩。后来,其中一个朋友对我说他要去一个更好玩的地方,问我去不去。我问他更好玩的地方叫什么,他告诉我是“大观楼”。我觉得既然有更好玩的地方,就答应去了。到了大观楼发现,这个地方人很多,吃饭、睡觉也很方便。但是,在大观楼,我们遇上了几个17、18岁左右的大孩子,他们开始教我们偷东西。

刚开始偷东西的时候我很害怕,怕被别人发现,所以只是饿了偷饼干或口香糖。后来几个大孩子要我们去偷单车,还威胁我们如果不干的话就要打我们。我们非常害怕,就答应了。我们年纪小的,只偷没有锁的车。先是白天到处逛,看到哪里有车没有锁,到了晚上就过来把车推走。车偷来之后,通常会找到河边一个专门买这种车的人那里将车卖掉。好的车可以卖到30元,一般车也就是20元钱。卖车的钱最后要交给那几个大孩子。

除了偷自行车之外,还跟着大孩子砸报刊亭。砸报刊亭通常是在晚上,先要确定报刊亭里没有人,然后大孩子负责找石头把报刊亭的玻璃砸开。因为我比较小,就负责进去拿东西。进去之后先找钱,其他只要是值钱的东西都拿。我记得还拿过铜电线,因为这种铜电线能卖四五十元一斤。如果实在没什么值钱的东西,就将就着拿些书。在大观楼的两三个星期里总共砸过两个报刊亭,后来就被警察抓起来了。

重返大观楼

被警察抓走的情况我现在还记得很清楚。那天我们几个人拿着从报刊亭偷来的东西准备到大观楼附近卖掉，因为走累了就坐在路边休息。在休息的时候，我们拿出偷来的书看。这时候警察走过来，他看出我们的书是从报刊亭偷来的，就问我们："书是不是从报刊亭偷的？"我们说："不是，不是"。然后他说他是警察，说我们撒谎，就把我们带到警察局。

因为我还小，警察也没怎么审问我。在警察局关了一个下午就把我放出来了。从警察局出来之后，我又回到了大观楼。在那里待了五六天。在这五六天里，饿了吃别人倒的饭、渴了就捡别人扔掉的矿泉水喝，然后就是玩、睡觉，其他什么都没有做，一直到碰上家馨儿童救助服务中心的老师，他把我带到了救助中心。

在家馨儿童救助服务中心的日子

在家馨儿童救助服务中心的生活是我感到最快乐的日子。这里吃饭、睡觉和洗澡都是免费的。没有人管我，也没有人强迫我干什么，我可以做我自己想要做的任何事情。这里的老师特别好，说话很和气，做事情特别尊重我，从不强迫我做我不愿意做的事情。我跟老师玩得很好，有时候还跟老师开玩笑。救助服务中心的门永远是开着的，我想出去只要跟老师说一声就可以。碰上节日，中心的老师还会组织我们去外面旅游。

这里玩的人也特别多，我这么大的小孩有二十多个。此外，经常还有一些新的小孩进来，另外一些小孩离开。星期一和星期五有人上课，我通常会和其他小孩一起听课。上课的内容比较多，有语文、数学、历史、地理、音乐、美术等等。我喜欢画画，我画的画还被老师贴在展板上给大家看。除了上课以外，还有很多其他活动，比如打篮球、打乒乓球、打羽毛球等等。

就这样在中心待了三四个月。中间有时候也请假出去玩，但是很快就回来了。有一天，我在中心认识的三个好朋友找到我说：他们打算跟老师请假出去玩，问我愿不愿意一起出去。我自己也觉得在中心的日子太久了，有点闷。于是就跟他们一起去向老师请假。老师向我们交代了一些在外边生活的注意事项之后，就答应让我们走了。

救助管理站的生活

从家馨儿童救助服务中心出来之后,我们也不知道要去哪里。后来我的一个朋友提议去火车站。他说他对那里很熟悉,那里不仅人多,而且晚上也有睡觉的地方。就这样我们一起来到了火车站。我们先在火车站玩了一天,到晚上大家找了个地方呼呼大睡。一直睡到第二天很晚我们还没起来。这时就有一个女警察过来了,她问我们:"你为什么要睡在这里?"我们就说:"没地方睡啦,我们找不到地方"。那个女警察也不再说什么,就把我们送到了昆明政府救助管理站。我们本来不想去,可是她偏要把我们送到那里去。

我不喜欢救助管理站生活。救助管理站的铁门老是锁着,不能出去玩,没有自由。生活也非常单调,除了看电视之外基本上没有别的活动。工作人员也比较凶,老是告诉我们不能做这不能做那。大家的活动范围只能在院子里,如果没有工作人员的允许,二楼也不能上去。这里经常有孩子逃跑,不过有的逃走了,有的又被抓回来了。

我们只想回家馨儿童救助服务中心,可是这里的工作人员就是不放我们回去。他们老是问我的家在哪里,想把我送回家。虽然我有点想回家,可是又不敢回家。所以开始的时候没有告诉他们我的家住在哪里。后来我觉得我出来已经好几个月了,有点想回家看看,我就告诉他们了。

回　　家

在救助管理站待了差不多一个星期,工作人员告诉我要送我回家了。那天要和我一起送回家的还有两个孩子,他们都是我的朋友,可是我也不知道他们家在哪里,因为我们彼此之间从来不问家里的情况。救助管理站的车载着我们在街上拐来拐去,也就是二十分钟左右,就找到了我的第一个好朋友的家,并把他交给了他爸爸。车又载着我们在街上开了十几分钟找到了另外一个好朋友的家。可是这次我朋友跟着工作人员下去之后又回来了,我估计因为我朋友骗了工作人员,所以找不到他的家。最后要送我回家了。司机按照我指的路,拐来拐去又开了十几分钟,把我们带到了妈妈的水果摊前。当我和工作人员下车时,妈妈一下子惊呆了,眼泪止不住地往下流。后来救助站工作人员走过来向妈妈了解情况,我才知道爸爸、妈妈为了找到我作出了多大的努力,忍受了多大的痛苦。为了能找到我的下落,妈妈找遍了我每一个可能去的地方,几次到我读过书的学校找老师、同学打听情况。他们还打110报了警,到处贴寻人启事。后来还有人打电话给我妈妈说要准备3万块钱,否则就见不到儿子了。但是此后电话一直没有再打过来。现在妈妈都绝望了,她没有想到我会再回到她身边。看到妈妈伤心的样子,我有点后悔了,后悔真的不应该不回家。

最后，来回顾一下我离家的生活经历吧。

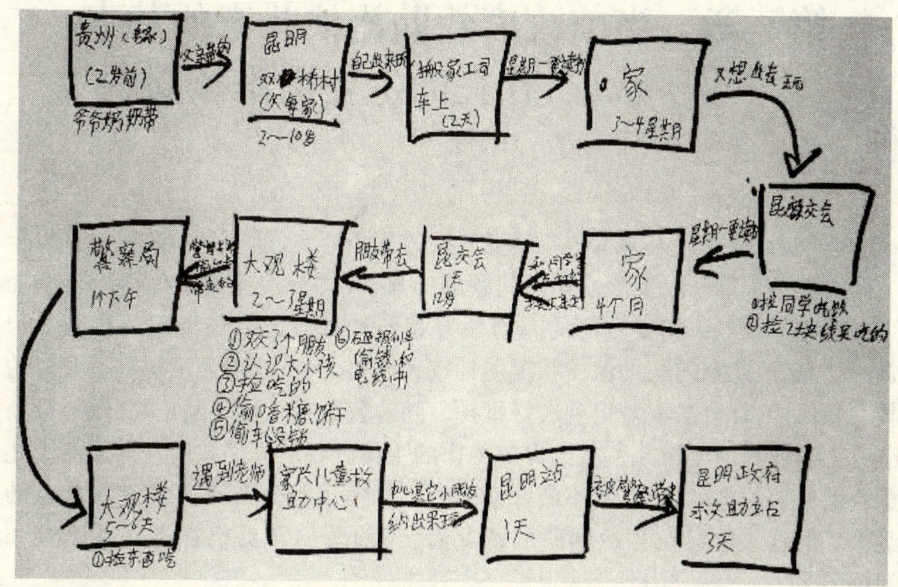

第三章　当前政府救助流浪儿童的基本状况、存在的主要困难及问题

近年来,随着以人为本的科学发展观的逐步落实,随着党和政府对青少年工作的进一步重视以及流浪儿童问题的凸显,我国流浪儿童工作得以不断加强和改善。在各级党委政府的有力领导和各种社会力量与组织的积极参与下,我国流浪儿童的救助保护状况得到较大改善,大批流浪儿童得到了及时的救助和保护,其合法权益得到较好维护。随着公共投入的不断增加,政府救助已成为当前我国流浪儿童救助保护工作的主体。各地党委政府在开展流浪儿童救助保护的实际工作中,不断探索新的工作模式和方法,积累了诸多有益的经验。但就课题组在各地调研的情况看,当前政府救助仍存在某些困难和问题。

一、当前我国政府(中央政府)救助流浪儿童工作的总体状况

当前我国整个流浪儿童的救助保护工作与近年来我国流动人口规模的不断扩大和城市化程度的不断提高密切相关。当前政府对流浪儿童的救助保护工作正是对这一变化的积极适应和对原有工作体系的不断调整。面对新的形势和流浪儿童群体的新变化,当前我国政府救助工作也处于不断的探索与改进之中。一句话,当前我国政府对流浪儿童的救助保护工作总体上仍处于"在路上"的状态,新的工作体系和网络在逐步建立,新的工作模式和方法在不断探索和完善,工作的规范性、针对性和实效性在不断增强。

(一) 完善有关政策法规,不断提高流浪儿童救助保护工作的合法性和规范性

我国政府历来对青少年(儿童)工作都十分重视。自20世纪90年代以来,我国政府先后制订(修改)并颁布了一系列有关青少年(儿童)的教育保护和健康成长的政策法规。最近十几年成为我国青少年(儿童)政策出台的密集期。这一系列政策法规几乎涉及青少年(儿童)工作的方方面面,从总体上

提出了新时期我国的青少年(儿童)工作的目标、指导思想、要求、方法及原则等。这些政策法规提升了包括流浪儿童救助保护工作在内的整个青少年(儿童)工作的法律地位和规范性。

相关链接:最近十几年来我国制定颁布的与流浪儿童救助保护相关的主要法律法规主要有:

(1)1990年,签署《联合国儿童权利公约》,成为《联合国儿童权利公约》缔约国。

(2)1991年12月,第七届全国人大常委会23次会议通过了《中华人民共和国收养法》。该法自1992年4月1日起施行。

(3)1991年,第七届全国人大常委会第21次会议通过了《中华人民共和国未成年人保护法》。这是我国第一部未成年人方面的专门法律。

(4)1998年11月,第九届全国人大常委会5次会议对《收养法》进行了修订。新收养法自1999年4月1日起施行。

(5)1999年,第九届全国人大常委会第10次会议通过了《中华人民共和国预防未成年人犯罪法》。

(6)1999年5月,民政部发布第14号令《中国公民收养子女登记办法》和第15号令《外国人在中华人民共和国收养子女登记办法》。

(7)2003年6月,国务院颁发了《城市生活无着的流浪乞讨人员救助管理办法》。随后,2003年7月,民政部根据《城市生活无着的流浪乞讨人员救助管理办法》的有关规定制定并发布了《城市生活无着的流浪乞讨人员救助管理办法实施细则》。

(8)2003年10月,民政部颁布《家庭寄养管理暂行办法》。该办法自2004年1月1日起施行。

(9)2004年,中共中央、国务院颁发《关于进一步加强和改进未成年人思想道德建设的若干意见》。

(10)2006年,经修订后的《中华人民共和国未成年人保护法》公布实施。

在这些法律政策的指导下,我国制定并颁布了专门针对流浪儿童救助保护工作的一系列政策法规。作为《联合国儿童权利公约》的缔约国,我国政府对流浪儿童救助保护工作予以了高度重视。我国政府一贯坚持"儿童利益最大化"和"儿童优先"的原则,以《中华人民共和国未成年人保护法》和《中华人民共和国预防未成年人犯罪法》为主要法律依据,将流浪儿童救助保护作为未成年人教育保护工作的一个重要组成部分,并列为预防青少年违法犯罪工作的重要方面,从20世纪90年代中期以来先后出台了一系列政策性文件。

1995年,中共中央办公厅、国务院办公厅转发了《中央社会治安综合治理委员会关于加强流动人口管理工作的意见》。该文件提出"对于在社会上长期流浪、无家可归,失去正常生活、学习条件和安全保障的少年儿童,要采取保护性的教育措施。可在流浪儿童较多的城市试办流浪儿童教育中心。"这是我国首次明确提出建立流浪儿童保护中心的政策性意见。

2003 年 6 月,国务院颁发了《城市生活无着的流浪乞讨人员救助管理办法》。该文件对先前我国在流浪人员救助管理方面存在的一系列弊端进行了修正,提出了新的工作思路和目标,包括整个流浪儿童救助工作在内的流浪人口救助管理工作得到进一步重视,进入到一个新的时期。

办法颁布后,民政部提出了建立新型流浪儿童救助保护工作机制,完善流浪儿童救助保护政策法规的工作目标,并采取了一系列落实措施。2003 年 7 月,民政部根据《城市生活无着的流浪乞讨人员救助管理办法》的有关规定制定并发布了《城市生活无着的流浪乞讨人员救助管理办法实施细则》。该细则对如何具体落实管理办法作出了较为详细的规定,促进了各地流浪儿童救助保护工作的迅速开展。

为了配合管理办法和实施细则的施行,民政部、中编办、财政部还出台了《关于实施城市生活无着的流浪乞讨人员救助管理办法有关机构编制和经费问题的通知》,明确了救助站的机构设立、人员编制和经费保障等规定。

在执行管理办法和实施细则的过程中,民政部还针对执法中出现的问题,继续与有关部门通力合作,保障政府赋予的各项职责逐步得以落实。

随着流浪儿童救助保护工作的深入开展,最近,以民政部为主的有关部门正在积极推动我国流浪儿童救助保护政策法规的进一步细化和落实,一批新的政策法规目前正在积极的酝酿和制定中。

(二) 以大城市为中心,建设流浪儿童救助保护中心(站),逐步形成以机构救助为主体的工作网络

民政部副部长李立国在 2005 年 3 月 8 日结束的全国流浪儿童救助保护工作研讨会上指出,截至 2003 年年底,中国政府共投入 1 亿 2 千多万元,在流浪儿童较多的城市建成了 130 多家流浪儿童保护中心。流浪儿童保护中心的救助对象主要是在社会上长期流浪、无家可归,失去正常生活、学习条件和安全保障的少年儿童。流浪儿童救助保护中心的设立,充分发挥了为流浪儿童提供紧急救助的功能,在临时性生存保障、帮助流浪儿童查找家庭、面向流浪儿童开展心理咨询及非正式教育,在与家庭取得联系后让他们尽早返家等方面发挥着积极的作用。同时,在流浪儿童相对集中的地区还以保护中心为依托,辐射社区,救助保护中心还起到了预防和安置流浪儿童的作用。

此外,各地在大城市建立流浪儿童救助保护中心的同时,也在某些街道及中小城市,包括一些县级市设立流浪儿童救助保护站或救助点。目前,我国已初步建立起以大城市(直辖市、省会城市)救助保护中心为中心,以区县救助站点为外延的流浪儿童救助保护机构体系,初步形成了以机构救助为主体的流浪儿童救助保护工作网络。

(三) 加大政府投入,实施项目资助,进一步明确政府的责任

我国在完善流浪儿童救助保护的相关政策法规,建立流浪儿童救助保护机构的同时,不断加大对流浪儿童救助保护工作的投入。

作为流浪儿童救助保护工作的政府主管部门,民政部从1992年起就开始深入探讨新时期我国流浪儿童救助保护工作的新方式和新途径。1995年,《中央社会治安综合治理委员会关于加强流动人口管理工作的意见》颁发后,民政部加大了工作力度,进一步明确民政系统的职责,多方筹集资金,增加经费投入,资助各地建立流浪儿童救助保护中心及救助分站(点)。截至2003年年底,为了在全国建立旨在为流浪儿童提供紧急庇护的救助保护中心,民政部累计投入部本级福利彩票公益金2000多万元,地方配套资金投入上亿元①。

2004年,民政部制定了《流浪儿童救助教育项目资助办法》,从部本级福利彩票公益金中拿出3000万元用于资助各地建立流浪儿童救助保护中心,全年共资助项目84个。通过项目资助,有效推动了流浪儿童救助保护中心及救助管理站的建立,强化了流浪儿童救助保护中心的教育功能。

在中央政府加大投入的同时,一些流浪儿童相对较为集中的省市也加大了地方财政投入。以北京为例,在《城市生活无着的流浪乞讨人员救助管理办法》及《城市生活无着的流浪乞讨人员救助管理办法实施细则》颁布实施后,北京市不断加大对流浪儿童救助保护的投入,在2003年12月建立了第一所功能相对完善的流浪儿童救助保护中心。在此基础上,北京市计划建立第二所流浪儿童救助保护中心。目前北京市政府已投入600多万,预计第二救助保护中心儿童床位数将达到400张。

(四) 多方整合利用资源,积极发展社会救助

在增加政府投入的同时,我国政府还通过多种途径和方式,开展与国际组织和各种社会组织的合作,多方整合利用资源,发展社会救助。

民政部通过与国际组织合作,借鉴国际流浪儿童救助保护工作的成功经验,通过项目合作的方式,推动各地流浪儿童救助保护工作的开展。从1992年开始,民政部与联合国儿童基金会合作,先后在吉林省四平市、黑龙江省佳木斯市、上海市、安徽省合肥市、河南省郑州市和湖南省长沙市等地进行流浪儿童救助保护工作实验,探索救助保护工作模式。从1998年起,民政部与英

---

① 参见民政部副部长李立国:《在全国流浪儿童救助保护工作研讨会上的致辞》,2005年3月6日。

国救助儿童会合作，先后在云南省昆明市、四川省成都市、新疆维吾尔自治区乌鲁木齐市等地进行流浪儿童救助保护实践工作探索。在这些合作中，先后形成和发展了一批颇具实效的实践工作模式，丰富了救助保护工作的内涵，延伸了救助保护工作的范围，创新了救助方法，初步形成了具有中国特色的流浪儿童救助保护工作模式。

一些地方政府在开展流浪儿童救助保护工作中，本着“政府主导，社会参与，事业法人管理”的原则，积极吸纳社会组织和社会力量的参与，取得了较好效果。比如，河北省石家庄市在2002年至2003年一年多时间里通过多方动员，整合各个方面的社会资源，吸纳了200多对“双休日父母”、150多名志愿者教师、近400名大学生自愿者以及价值170多万元的社会捐助。

此外，在上海还有政府培育起来的具有一定专业性的流浪儿童救助保护社团。上海市慈善救助社就是这样的“官方民间组织”。之所以称之为“官方民间组织”，是因为这个组织是由政府培育起来的。政府通过购买服务的形式向这个组织提供资助。从慈善救助社的组织形式看，它对外是一个民间组织，但设在救助管理站中，招聘专业社工从事实际工作。慈善救助社的职能主要包括，第一，向市民宣传救助的法律法规；第二，接受有关救助的咨询；第三，协助公安、城管，对流浪人员进行引导输送。

二、当前政府救助流浪儿童工作存在的主要困难及问题

（一）有关政策法律不够完善

流浪儿童问题很复杂，几乎涉及有关儿童的家庭、教育、福利和司法系统等各个方面。虽然我国出台了《中华人民共和国未成年人保护法》、《中华人民共和国预防未成年人犯罪法》等一系列保护未成年人的法律法规，但是，总的来讲我国尚未形成环环相扣、缜密完善的未成年人政策法律体系，因此，有关流浪儿童的预防、救助和安置等工作缺少一个赖以立足的法律和制度平台。

另外，目前我国尚没有出台一部专门针对流浪儿童救助工作的法律规定。目前通行的依据是《城市生活无着的流浪人员救助管理办法》，这部法律主要针对成年流浪乞讨人员，没有针对流浪儿童的特殊性作出细致的规定和安排，因此导致一些具体的工作不好开展。

1. 救助方式究竟是自愿还是强制

按照《救助管理办法》规定，流浪乞讨人员在救助方面是自愿的，他可以自主决定是否寻求救助，也可以自由出入救助站，而有关机关将不再具有强制性权力。这一自愿性原则的确立明显是本次立法的最具突破之处，可以说是保护人权方面的进步。但是，这一原则在适用到流浪儿童时就出现了问题。

在实际工作中我们发现，工作人员守在救助站里，主动前来求助的儿童寥寥无几，而人们对大街上的流浪儿童视而不见，甚至厌弃打骂。我们不禁反思，完全自愿原则能否笼而统之地适用于流浪儿童吗？按照我国民法的规定，未成年人一般不具有完全民事行为能力，他们的人身、财产及其他合法权益都需要得到监护人的保护。《中华人民共和国预防未成年人犯罪法》规定："未成年人的父母或其他监护人不得让不满16周岁的未成年人脱离监护单独居住。"这些立法的前提假设是未成年人还处于身心发育阶段，不具备独立生活能力，需要得到家庭的照顾和保护。基于这样一个假设，对于流浪儿童这一脱离监护之外的特殊群体的救助应该是必须的。儿童的意志能力不完全，有些儿童被成年人控制，自愿救助只能导致他们无法得到及时救助。我们的救助工作应该更主动，积极想办法救助街头的儿童，否则，是对他们的不负责任！

2. 临时救助的时间规定得过短

根据《救助管理办法》的规定，救助时间最长只有10天，是短期的临时性救助措施。而实际上，绝大多数儿童接受救助的时间都超过了这个规定。许多孩子家里没电话或无法提供电话号码，且大多数家庭居于偏僻乡村，交通不便，不能及时核实求助人员的基本情况，给送人工作带来困难。此类孩子多为家庭遗弃人员，就是能联系上，其亲属大都不愿从救助站将其接回，而以家中经济困难、无力接回为由进行推脱，对一些情况特殊，需要家人接回的，救助站即使承诺承担其来回路费的，其家人也不愿意来接人。因长期在社会上流浪，这些孩子染上了许多不良习气，性格叛逆。有时候，管理他们的老师也会遭辱骂和殴打。救助中心按照法律规定只能是临时救助，但是，短时间内孩子们的问题是解决不了的。

3. 长期安置渠道不畅通

对于流浪儿童的家庭以外的长期替代性安置目前在我国还没有明确的法律依据。例如，有些流浪儿童的监护人和家庭住址实际上已经很难查找，但是《中华人民共和国收养法》规定在未查清儿童的监护人之前不得收养，因此，一些愿意收养中心流浪儿童的人由于不符合法律程序而没有办法收养；再如，有的监护人明显不尽责任，但是依照现有的法律又很难撤销其监护权，没有办法为孩子作出更稳妥的安置。

4. 违法犯罪流浪儿童的强制性矫治

流浪儿童中一部分人有违法犯罪的经历，需要专门的矫治。为此，上海救助站与工读学校合作，新疆专门设立了司法学校来对他们进行强制性矫治。但是这一做法没有法律依据，遭受到合法性方面的质疑。也是这个原因，尽管很多地方都感到违法犯罪流浪儿童问题棘手，但是不敢采取强制性的措施和手段。应该说我国目前的少年司法政策是存在问题的。我们单方面强调司法分流，减少对未成年人的司法干预，但是在少年司法体系之外缺少少年福利体系的配套工作安排。这一政策的本意在于保护未成年人，避免标签效应，但是实际的执行后果是导致犯罪边缘的少年失管失教，一步步走上犯罪生涯。

（二）救助工作缺少全盘规划与地区合作

流浪儿童问题解决起来很复杂，主要原因在于流出地和流入地情况差异很大。流出地多是贫困落后的中西部地区，而流入地多是经济发达的东部省份城市。目前的流浪儿童救助工作经费主要来自地方财政拨款，问题由此产生。流入地政府不情愿出资过多救助流浪儿童，一方面流浪儿童多不是本地人口；另一方面，人性化的救助可能吸引更多的流浪儿童涌入。这也就是各流入地救助工作发展不快，工作不积极主动的原因之一。但是，他们为了把流浪儿童送回家也付出了很大的经济成本，特别是那些反复流浪的儿童。另外，流浪儿童违法犯罪也主要是在流入地实施，扰乱了当地的社会治安。所以，流入地政府是不想管但又不能不管，而且不做好也不行。流出地政府事实上也不情愿出资投入预防、救助和安置流浪儿童工作。一是经济实力不够；二是流浪儿童并没有给当地造成太大的问题。但是，逐渐来自兄弟省份的压力和来自中央政府的压力迫使他们想办法解决好这一问题。

但是，目前还做不到全盘规划，统一部署。城市与农村的救助保护工作发展不平衡，各城市救助保护中心之间发展也不平衡，发展模式不统一，这些在一定程度上导致了救助工作的高成本和低效率。

（三）机构救助存在诸多缺陷和问题

从各地调研情况看，目前相当多的政府救助机构（救助中心或救助站点）仍然只是一个提供临时庇护的场所，许多地方，特别是流浪儿童较多的城市，开展工作更多的是从维护社会稳定，树立城市良好形象的理念出发，很少从儿童自身的需要出发。从流浪儿童对政府救助机构的负面评价中，我们可以发现存在的主要问题。

表3—1 流浪儿童认为救助机构不好的方面（有几项选几项）

	人数	百分比（%）		人数	百分比（%）
限制自由	157	57.1	住宿条件差	53	19.3
吃得不好	98	35.6	没有人关心我	46	16.7
生活枯燥	91	33.1	受到歧视	43	15.6
受到体罚、责骂	79	28.7	受到性侵犯	40	14.5
学不到知识技能	59	21.5	其他	13	4.7
受到同伴的欺负	58	21.1			

1. 相当多的救助机构资源不足

目前虽然各地都成立了流浪儿童救助保护中心，但是并没有独立性，大多隶属于救助管理站，在资源上受到很大限制。例如，场地上各地的流浪儿童救助保护中心大部分都位于当地救助管理站内，基本能够做到儿童和成人相对分开，但是大部分都处于同一楼内，儿童的活动空间相对较小，只有极少数地区的儿救中心拥有独立的楼宇和活动空间。再者，缺乏人员编制和专业师资。由于编制限制，目前救助中心普遍人手不足，除了管好孩子们的吃、喝、拉、撒、睡，很难再深入开展工作。另外，目前从事流浪儿童救助工作的人员都是从原有职工中选配的，即原先从事收容遣送的工作人员，这些人没有经过系统的培训，专业水平和能力不足，影响了他们的工作效果。有的地方长年没有引进大学生，而主要是接受复转军人。

2. 大多数机构的救助职能机械单一

目前各地政府儿童救助机构的主要工作是看好管好，尽快送回家，至于心理辅导和教育矫正，多数机构目前做得很少，或者根本就难以做到。流浪儿童一进中心之后，工作人员就千方百计的想知道他们的家庭住址，而很多流浪儿童其实并不愿意回家，这样就往往导致流浪儿童与工作人员之间的对立情绪。加上绝大多数救助机构是封闭式管理，工作人员的首要责任是管住孩子，不要有逃跑的，不要出意外事故。孩子们的生活很枯燥，每天看电视成了他们活动的主要方式。由于限制自由，又普遍没有娱乐场所和设施，大多数孩子们感到救助中心里的生活枯燥无聊。一个流浪儿童告诉我们：

“我先后进过两次救助站，但说实话，我不太喜欢救助站里的生活。这里，虽然生活有规律，吃穿不愁，叔叔、阿姨对我也比较关心，但是没有自由，也学不到知识和技术。他们就想着怎样尽快把我送回家，可我最不愿意的就是回家。如果我在街头遇到困难的时候到这里生活几天，然后又可以自由地回到一同流浪的朋友中去，那就好了。”

3. 工作人员虐待儿童

救助中心本是福利性质的救助和保护机构，但是在我们的访谈中我们意外地发现了很多虐待和忽视儿童的问题。35.6%的儿童反映在救助站里吃的不好，我们在调研中也发现，有的地方儿童的用餐标准明显不如工作人员，而且他们吃工作人员剩下的饭菜。下面是两个流浪儿童反映的情况：

小安徽：你们领导来的时候就给大肉吃，怕领导检查么，说怎么给他们吃这种东西呀，所以领导来的时候就给我们吃好的。

调研员：那你今天吃到好吃的了吗？

小安徽：没有，就是一点点水煮大锅菜，一点点小肉丁在里面，上次北京大领导来，给我们吃红烧鸡。

李：哦，还是很希望上面领导多来几次？

小安徽：对，领导来得多我们吃得就好。

调研员：是不是希望生活改善到天天能这样？不要只是盼着领导来了，才这样？

小安徽：嗯。这里叔叔吃得比我们好，老师他们都吃鸡肉，有时老师吃剩了给我们吃。

小云南：饭里面有蚂蚁，好多蚂蚁。

小安徽：不知道为什么我们饭里有时候有蚂蚁，有头发，还有毛毛虫。那米特脏，不吃没办法，不吃就饿，大家都抢着吃。不吃饿啊，哪管脏不脏啊，好吃就行了。

此外，儿童反映他们在救助站受到体罚、责骂和殴打的情况也时有发生。一个儿童讲述了他的遭遇：

"我在救助站住了十来天吧，感觉非常不好。他们把我关在一个房子里，房子里有监视器。每天叫我起床的时候，不是踢就是打，还骂人。我和大人混在一起，工作人员和大人都欺负我。记得有一天早上我在那儿睡觉呢，才4点多，一个20来岁的男的工作人员就把我叫起来了。我就跟他说刚几点呢，就把我叫起来了。他说你就别问了，就在这儿坐着吧。我太困，就躺下了。他把我拽起来就是一顿打。他用鞋踹我，拿我头往墙上撞。旁边那些救助的人，都在那儿睡觉，不知道为什么就让我起来。打了10多分钟吧，打完就走了。我很疼，哭了。我就在那儿坐着，我就在那想我犯了什么错了吗？怎么想也想不出我犯了什么错误。旁边的人都不敢去管他。"

4. 流浪儿童之间交叉感染、相互欺负

在救助机构里，各种问题的孩子聚在一起，交叉感染、大家斗殴是难免的。有的地方救助机构的管理也存在一定问题，助长了孩子内部的欺凌和暴力。

小云南：以前我来之前有一帮407的，看谁不顺眼就打。410那个麻子，让小兵（音译）吃过他口水的，心理变态，没什么事就虐待人家。

小安徽：就像以前我刚来的时候有个四川的当组长，天天打我们，我们全都是小孩么不敢还手，后来来了一群大个子，就给他赶下去了，把他组长的位置撤掉了，后来他走了。

调研员：老师看不见？

小云南：叔叔他们也知道，只不过进来的都不是好人。

小安徽：如果你敢告状的话组长就受罚，如果你不敢的话叔叔就是看到了也不管。

小云南：有时候有的孩子真的不听话，所以挨打了他也不管，再说这里面都是些坏人，跟他好好说话他不会理。像我吧，说句实话我在里面并不是不打人，只不过像那种小孩我真的一点没碰过他，像有些人就不三不四的。我是组长么，我说要不就别在这个组里，你在这组里就要听我的，最起码觉得我做的是对的，应该听我的，所以说我并不是不打人，只不过不是那种有事没事……

小安徽：以前那个四川的组长闲着没事干就打人，打的烦了来了好多大个子他们就造反了，把他赶下去了，组长也知道他天天打我们，只是我们不敢告状。我们要告了他也会倒霉的，要受惩罚的，叔叔也会拿橡胶棒打他。我们就要倒更大的霉，打我们打得更狠，所以不告状还好一点。

（四）无法有效安置，长期滞留和重复流浪问题突出

流浪儿童救助保护中心按照法律定性只是一个临时性的救助机构，在流浪儿童的救助和安置上，它所发挥的只是一个中间环节的作用。与其相配套的需要一系列的长期安置措施，例如送回原生家庭、安置在类家庭、送福利院、收养等。但是，目前我们在实际工作中这些渠道并不畅通。

1. 回归原生家庭困难

有些儿童离开家时年龄小，或者流浪时间长，已经记不清自己的家在哪里。我国目前也没有一套信息化系统辅助查找离家儿童，查找家庭占用了救助战工作人员很大一部分精力。有些孩子虽然能找到家庭，但是由于家庭贫困、家庭破裂、家庭暴力等问题使得他们不愿意再回到家里。有的问题家庭甚至拒绝接收孩子，不履行抚养监护义务。

2. 类家庭模式没有推广

在郑州调研我们了解到，类家庭是一种非常好的安置模式。但是，在全国这种模式并没有推广和普及。

3. 救助保护中心与儿童长期养护福利机构工作衔接不畅

我们调研发现一些生活不能自理的先天性弱智或患有疾病的儿童不能及时由福利院接收，造成在中心的长期滞留。

4. 目前法律限制了收养的可能性

《中华人民共和国收养法》规定在未查清儿童的监护人之前不得收养，因此，一些愿意收养流浪儿童的人由于不符合法律程序而没有办法收养，这也一定程度上减少了此类安置的使用。

现实情况导致了目前救助中心普遍的做法是，找不到家的儿童只能长期滞留救助中心，找到家的儿童基本上一律护送回家。这样做的效果非常不好。一方面造成救助站滞留儿童增加，挤占临时救助资源，儿童无法回归正常社会生活，临时救助站办得越来越像儿童福利院；另一方面，带有强制性的遣送回家实际上解决不了家庭原有的问题，送回去之后儿童往往再次离家出走，然后再一次被救助，再一次被护送回家。我们目前的救助工作基本上是这样一个状态。目前在救助机构中有34.4%的孩子此前曾经在救助机构生活过，其中有过1次经历的占45.9%，有过2次经历的占33%，有过3次经历的12.8%，有过4次以上经历的占8.3%。这一结果说明目前重复救助、反复救助的问题非常突出。不仅极大地浪费了政府救助资源，同时孩子像足球一样被踢来踢去，直到他们成年。

（五）导致儿童流浪的主要问题仍未得到有效根治，预防措施有待加强

联合国儿童基金会驻华代表伍德琛博士认为，从世界范围来看，导致儿童流浪街头的突出原因是贫穷、家庭的解体和暴力。我们在前面也分析了我国目前流浪儿童问题的原因，包括贫困、家庭问题、教育问题、儿童福利制度问题、犯罪团伙问题等。应该承认从根本上讲，我国地区经济失衡、贫富差异等问题的解决需要时间，短期内我们不可能杜绝流浪儿童现象，但是不等于说我们除此之外无可作为。例如如何构建适应我国国情的家庭儿童福利制度是可以提上议事日程的，在创建和谐社会的背景下，为城市低收入家庭及贫困农村地区的儿童提供一个社会保护的制度支撑。再如对于操纵未成年人的犯罪团伙问题，我们应当加大打击力度，消除危害儿童的隐患。但是，目前我们总的工作还处于起步状态，预防工作任重而道远，相关联的安置工作也难以扎实有效推进。

三、流浪儿童的心声

我们询问了流浪最希望得到什么帮助，结果发现他们最希望得到的帮助是“教我知识和本领”。下面是对一个流浪儿童的访谈。

问：你想学习了？

答：嗯，想找一个人供我读书，收养我，等长大了，我再回报他们，总的来说就是还想读书，但是我从来没想过回家读书。

问：如果有人愿意收留你的话，你就去读书？

答：嗯。

问：看来你是想读书了，那你们现在不是有文化课吗？

答：有文化课，但这不是正规教育。在这里上学，只要你懂得什么是生活，学会做人，学会生活，学会生存就行了，不像学校那样。在学校毕竟一天都在上课，在这里毕竟只上十来分钟就不上了。

问：还是想上正规的学校。你原先读到几年级？

答：四年级就出来了。

问：那你前四年学习好吗？

答：可以说是中上等。五六岁上学前班的时候就特别差，爸爸、妈妈给我钱买本子，我就去买玩具，小的时候不懂，上小学一年级的时候就知道学习了。

问：你今年13岁了，13岁都要上初一了。

答：我出来的这段时间耽搁了几年，回去也没办法补，补习到底心理上有点烦。你看人家都读几年级了，我才读这一点点，心里有点烦，有时又不想读了。

问：所以一直都很矛盾是吗？

答：对，一直都很矛盾。

四、地方政府流浪儿童救助保护工作模式

（一）郑州模式：与国际接轨，探索专业性救助之路

近年来，郑州市流浪儿童救助保护中心在民政部的配合下，与联合国儿童基金会合作，尝试运用现代社会工作的理念和方法，通过一些具备一定程度专业性的手段和方法，探索全天候、立体性和综合性救助保护流浪儿童的工作模式，取得了较好效果，备受国内外同行的赞誉。

1. 背景

郑州从1995年启动流浪儿童救助工作，在过去10年左右的时间里，仅“救助中心”机构内救助过的8—16岁的流浪少年儿童就有7000多名。2001年，民政部与联合国儿童基金会一致同意，在郑州开发一种新的流浪儿童康复模式：一个以权利为基础、以尊重儿童最大利益为原则的模式。该模式以救助保护流浪少年儿童中心为依托，以社区预防和社会调研为基础，以流动救助车、固定救助亭、全天候救助点、类家庭、家庭寄养、救助小学、技能培训、高校社工合作、跟踪回访、网络服务、定期评估为手段，建立健全综合性、多功能的流浪少年儿童救助保护体系。

2. 郑州市救助保护流浪儿童中心的内部结构

郑州市救助保护流浪儿童中心于1995年成立，承担着对全市整个救助体系的管理与指导，是全市整个流浪儿童救助保护工作的核心机构。目前该中心设置了八个科室，配置十几个有正式编制的工作人员，其内部结构如下图所示。

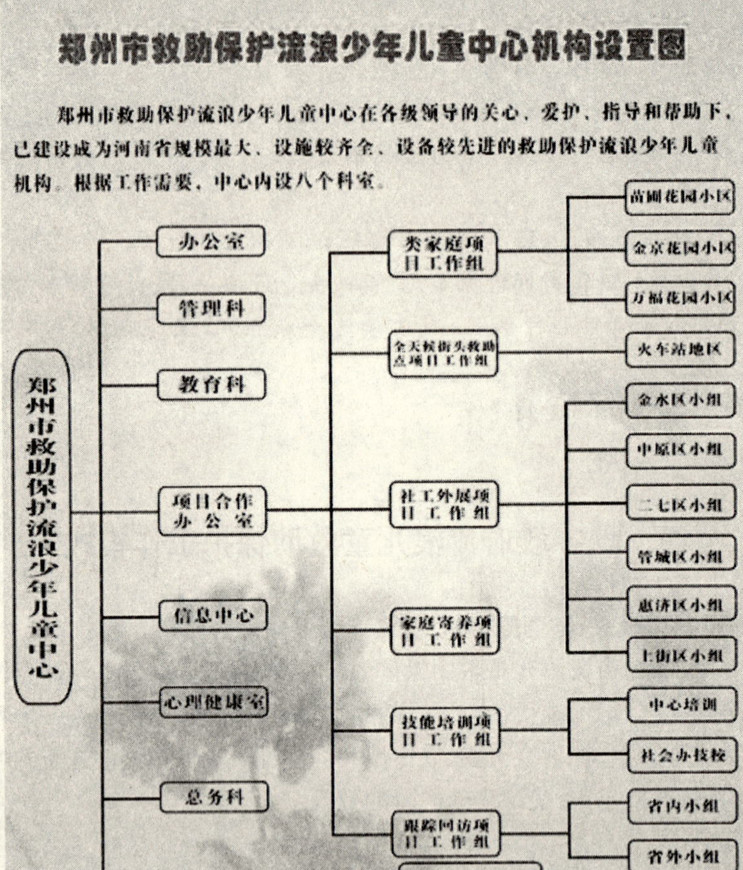

图 3—1 郑州市救助保护流浪少年儿童中心机构设置图

3. 郑州救助保护流浪儿童工作模式的架构及现状

到目前为止，郑州已经建立了 1 个全天候流浪儿童救助点、4 个固定救助亭、5 个“类家庭”以及一所救助小学，初步构建了中心救助、流动救助和社区救助一体的救助体系。其救助保护工作的架构和运作机制如下图所示：

街头流动救助外展项目是该中心针对反复及长期出现在街头、又不愿意进入中心的流浪少年儿童开展的一种街头流动救助方式。每周三天，工作人员都在街头寻找可能需要帮助的儿童。从 2004 年 5 月开始，每逢周六，郑州

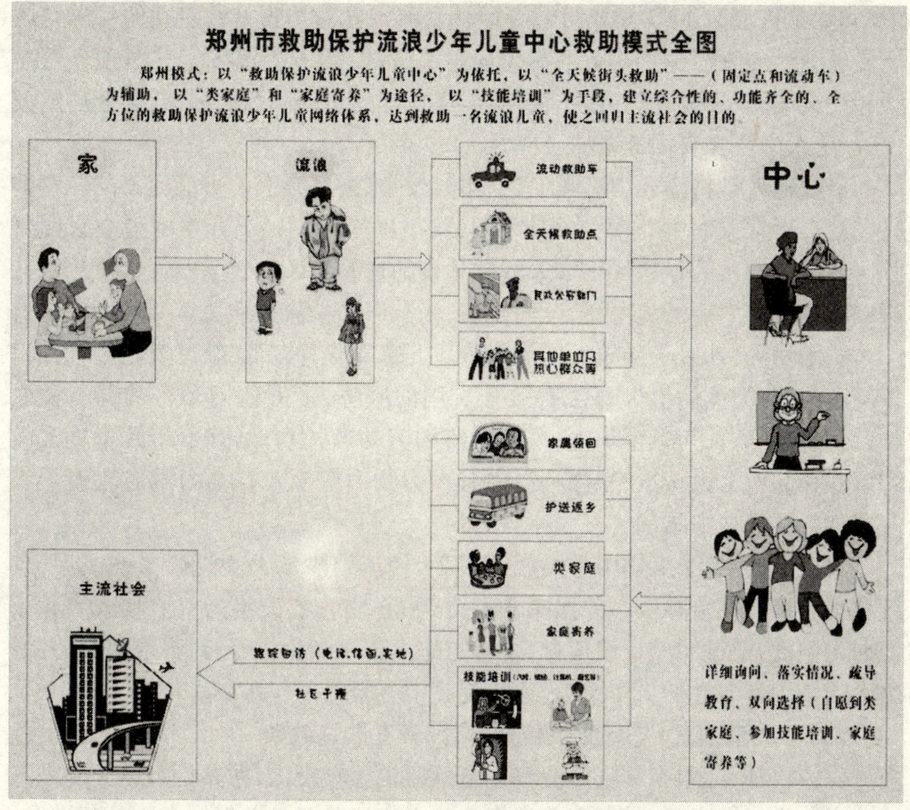

图 3—2　郑州市救助保护流浪少年儿童中心救助模式全图

大学社工系学生也参与进来。外展工作的主要目的是为流浪儿童提供生存所需，与他们建立信任关系，并鼓励他们结束街头流浪生活，寻求庇护。

全天候街头救助点是该中心在流浪少年儿童较为集中活动的郑州火车站地区建立的为流浪少年儿童提供全方位服务的儿童“温馨之家”。该救助点2004 年 2 月开始正式运作，由一对夫妻安排日常生活，全天 24 小时开放，为一切愿意停留的儿童提供一个家庭式的环境。建立救助点的目的是在充分尊重流浪少年儿童的权利和意愿的基础上，为那些想要脱离流浪生活的儿童提供一个过渡性的安置场所，在中心和流浪少年儿童之间建立一条“纽带”。

流浪儿童保护中心位于郑州市救助站内，是一个相对封闭的场所。大多数情况下，这里生活着 30 名左右的儿童。中心的工作人员为他们提供心理咨询、教育和生活管理。大多数儿童会在此停留数日到数月，然后或者与家人团聚或者接受职业培训，或者被安置到各种具有家庭式环境的场所生活。

“类家庭”是集寄养、看护、疏导、教育于一体的、融入社区的、无“家”可归的流浪少年儿童之“家”。这些家庭坐落于普通社区里，每家由两名辅导员管理(多数是夫妻),2003年8月起开始接收流浪儿童。类家庭建立的目的是改变屡送屡返的流浪少年儿童的行为与思维方式,培养流浪少年儿童独立的生活和决策能力,学会合作、协作精神,养成良好的生活和行为习惯,为今后重返家庭、融入主流社会做准备。

家庭寄养是将少儿中心救助的、年龄较小、被遗弃或不可能回家的儿童委托在社会正常家庭中养育。2004年6月,救助中心的两名儿童由爱心家庭寄养。其运作的目的是通过正常家庭和学校的良好照顾、文化教育,促使流浪儿童养成良好的生活行为习惯,全面发展,为其回归主流社会奠定基础。

技术培养:针对年龄较大的流浪少年儿童文化程度低,缺乏实用技术知识等基本情况,为他们提供直接有效和实用的服务,帮助他们学习掌握一技之长,引导他们成长为自食其力,自谋生路的劳动者,中心结合少年儿童日常教育课程和儿童个人特点,充分利用中心人力物力资源及社会力量对流浪少年儿童进行实用技术培训。

跟踪回访:为了巩固中心的教育成果,使流浪少年儿童返回家乡以后,继续感受到来自社会和中心的温暖和关爱,中心建立了少年儿童信息采集和跟踪回访制度,通过回访反馈信息,中心工作人员不断积累经验,吸取教训,并将之灵活运用到中心的工作中去,逐步提高中心救助工作水平。

(二) 北京模式:与专业院校合作,探索发展性救助

作为首都,近年来北京市流浪儿童问题也比较突出,尤其是大量的外来流浪儿童。为了解决这一问题,北京市在建立流浪儿童救助保护中心的基础上,与专业院校合作,探索发展性救助。

1. 背景

北京市对流浪儿童预防的工作主要是由“综治”部门承担。每个区县的综合治理办公室都有一套自己专门的网络和专门的人员,对社区内的问题儿童进行干预,特别是“蓝极速网吧”事件后,对流浪儿童的监控力度加大。同时北京市的教育体制也是比较完善的,学校的控制、家庭的控制、社区的控制对流浪儿童的预防起到一定的效果。所以北京市真正流浪出去的儿童并不多,更多的是外来的流浪儿童。

北京市政府在《城市生活无着的流浪乞讨人员救助管理办法》实施之后,于2003年12月成立了北京市未成年人救助保护中心来从事流浪儿童的救助保护工作。该中心是根据《城市生活无着的流浪乞讨人员救助管理办法》和北京市相关文件成立的法定服务机构。该中心建立的主要目的是为北京范围内发现的年龄在3—18岁,身体基本健康,智力正常且身边没有监护人的流浪儿童提供救助、保护和管理服务。

此外,北京市正在通州区建立第二未保中心,收留的是带有强制性救助

的儿童，如街头散发小广告、非法务工的儿童，保护这类未成年人不在大街上流浪。这意味着北京市政府加大对街头流浪儿童的救助力度，以后凡是在街头发现的没有监护人的、游荡的、非法务工、如发小广告的、擦车的、卖花的流浪儿童都给予集中的救助，同时对这一群体的管理可能会更加严格。第二未保中心建成后，北京市将对所有符合救助条件的流浪儿童做到应救尽救。

2. 北京市未成年人救助保护中心的运转情况

北京市未成年人救助保护中心日常工作主要包括：负责流浪儿童进站接收、审查，与驻站医生、民警和保安的协调，经电脑操作拍照，护送到后院生活区（男区和女区），到起居、就餐、睡觉提供24小时生活照顾，以及其他全方位的服务，包括看护、教育、生活管理、疾病防治与护理。以教育为例：为孩子们提供文化知识教育，以及品德、法制、行为规范、礼貌礼节、心理等方面的教育。此外北京市未保中心还负责新疆籍流浪儿童的收容管理。

北京市未保中心在成立的两年多时间里，共救助了1800多人，另外还包括新疆籍的儿童27批共790多人。目前，北京市未保中心的流浪儿童有40多名。其中男孩子占多数，女孩约在1/4到1/3；年龄分布为中间大、两头小，10至14岁左右比例最大；受教育程度以一、二年级为主。身体状况不同，有患病的、智力受损或聋哑的孩子。平均在站时间20天左右，滞留时间最长的2年。

3. 探索发展性救助

目前大多数地区针对流浪儿童的救助主要体现在基本生活的服务上，如吃住医、管理和查询联系、进站出站等。而针对流浪儿童的教育服务、心理辅导、行为矫治和职业培训等方面的救助几乎是空白的。从2005年年初起，北京市未成年人救助保护中心与中国青年政治学院社会工作系达成了开展“校站”合作的意向。当年的暑期，该校社工系的13名社会工作专业的大学生组成了志愿者团队，进驻未成年人救助保护中心，开展志愿服务活动。在服务过程中，这些志愿者利用自己的所学专业知识和技能，灵活运用个案工作、小组工作等社会工作的主要方法来解决流浪儿童的各种心理和行为问题。在开展志愿服务的同时，志愿者还帮助中心研究如何定位流浪儿童的教育目标和教育内容，如何制定流浪儿童进站分类评估、出站评估的指标体系等。经过两年的尝试和探索，志愿服务工作已经取得了不错的效果，并为流浪儿童的发展性救助保护积累了宝贵的经验。

（三）上海模式：融入工读教育，回归校园

上海作为我国经济最为发达的特大城市，近年来随着流动人口的不断增加，流浪儿童问题也比较突出，成为影响城市社会治安综合治理的一个重要议题。在对流浪儿童的救助保护中,上海市尝试把流浪儿童的救助保护融入工读教育之中,让流浪儿童在一定程度上回归校园。

1. 背景

上海市在开展流浪儿童预防和救助工作中,非常重视“依法行事”。上海市开展流浪儿童救助保护工作的主要法律依据包括:《中华人民共和国未成年人保护法》、《中华人民共和国预防未成年人犯罪法》、《中共中央关于加强未成年人思想道德建设的决定》、《城市生活无着的流浪乞讨人口救助管理办法》、《城市生活无着的流浪乞讨人口救助管理办法实施细则》以及上海市政府下发的《关于进一步做好救助管理工作的通知》等。

上海市民政局社会福利处下设救助管理站负责全市流浪儿童救助保护工作的管理。1996 年 3 月,上海市成立流浪儿童保教中心,隶属于上海市救助管理站。该中心是对上海市流浪儿童进行养、管、教的专门机构。

目前,上海市针对流浪儿童群体开展的工作主要有:收、养、管、教、送。“收”有两个渠道:第一,由公安、民政、城管三部门联合开展的日常街面救助和专项行动,称为“三合一”工作模式;第二,公安机关在打击违法犯罪过程中抓获的流浪儿童。养、管、教由流浪儿童保教中心实施,甄别和护送基本上由市救助管理站负责,公安协同。

2. 探索校园式管理,融入工读教育

上海市流浪儿童保教中心(以下简称“儿保中心”)是对上海市流浪儿童进行养、管、教的专门机构。其工作分为两个阶段,第一阶段,收容遣送阶段。第二阶段,救助管理阶段,该阶段工作始于 2003 年 8 月。从 2003 年 8 月至今,儿保中心共救助了 14000 名流浪儿童。

以工读学校为载体开展流浪儿童的救助是上海市流浪儿童救助工作的特色之一,其优势在于借助工读学校原有软硬件资源,如校舍、师资、教育资源、管理经验、公安管理,降低流浪儿童救助工作成本;同时,还使正在萎缩的工读学校职能得以延伸。儿保中心分为两个班,分别设立在救助管理站和嘉定工读学校中,前者称为 1 班,后者称为 2 班。两个班的救助管理对象有所不同,1 班救助管理的是没有查到有违法犯罪劣迹的流浪儿童,2 班是有违法犯罪经历的。因此,2 班的流浪儿童往往是由公安移送至此。从 2006 年的 1 月 1 日到 9 月 30 日为止,嘉定工读学校共救助流浪未成年人 770 人。

无论是 1 班,还是 2 班,上海市儿保中心对流浪儿童都实行“校园式管理”。采用这种管理模式的出发点是:一方面管理部门认为流浪儿童都是失学儿童,应该是在校救助的孩子;另一方面,将流浪儿童放置在学校开展救助保护,家长、流浪儿童、社会都比较容易接受,流浪儿童也容易适应这样的环境。

在具体的教育内容和教学方法上,1 班和 2 班有所区别,儿保中心将 1 班的教育总结为“五导教育法”，即在思想上引导、心理上疏导、生活上指导、行为上主导、文化上辅导。

2班的教育内容包括行为规范课、法律法规、诗词学习、广播操、队列操和音乐课。行为规范课除了作息、整理内务等规范训练外，每天还让流浪儿童静坐半个到一个小时，以反思自身的行为，修身养性，养成良好的行为习惯。2班在关工委组织开展的“防止艾滋病，拒绝毒品”的主题教育活动的测试中，得了上海第一，该名次得的实属不易，因为流浪儿童整体文化水平不高，有些还是文盲。

在对2班流浪儿童的教育中，主要采用同伴教育的方法进行。即老师教过知识点后，再印一些讲义和知识点，把讲义和知识点发给文化程度比较高的流浪儿童，由文化程度高的流浪儿童教授文化程度低的和新来的流浪儿童。这一方面节省了教育资源；另一方面还使流浪儿童在组织、交往方面得到了锻炼。

（四）广东模式：创建“类学校”，集中救助

广东作为沿海改革开放较早的经济强省，是我国外来务工人员最为集中的几个地区之一。流动人口问题和流浪儿童问题近年来也比较突出。广东省结合地区实际，通过对原有收容站的改造，对在较长时间无法返家的流浪儿童进行集中管理救助，尝试通过“类学校”环境的创设，帮助流浪儿童回归社会。

1. 背景

广东省根据《城市生活无着、流浪乞讨人员救助管理办法》，废除了收容遣送制度，对原有的收容站进行了重新修缮，于2003年8月正式成立了广东省少年儿童救助保护中心，开展对流浪儿童的救助保护工作。该中心隶属于广东省民政厅，位于广东省东莞地区的樟木头市，负责全省二十个地级市流浪儿的救助保护工作，是全广东省流浪儿童救助保护机构中最大的一个。

广东省少年儿童救助保护中心的设置主要目的是将在三个月内不能及时找到家的儿童集中管理，为这些儿童提供一个比较稳定的、良好的生活条件，避免资源使用方面的浪费。目前，该中心的流浪儿童来自于广东省20个地级市的流浪儿童救助站或救助中心，每年接纳流浪儿童8000人左右。

2. 创设“类学校”环境，开展全方位教育

广东省少年儿童救助保护中心在管理运作中，从硬环境和软环境两个方面为流浪儿童创设了一个“类学校”的生活和学习空间。

广东省少年儿童救助保护中心的硬件设施比较完善，有洗衣及消毒设备完善的洗衣房，保证儿童的衣服每天换洗；有供百名以上儿童用餐的食堂及操作间；还有教室、活动室、电脑房、图书室，每天为儿童开放；在管理上划分为儿童的居住区、洗漱区、洗澡间等。

广东省少年儿童救助保护中心在教育方面实行“类学校教育”，即中心按

照学校的生活环境、管理模式和教育方式,创造一个有规律的生活和学习的氛围,让进来的儿童不再孤独和恐惧,使儿童的身心健康得到了保证。

在日常管理方面,广东省少年儿童救助保护中心为流浪儿童创设了干净、整洁的环境,墙壁上挂着一些宣传板,上面写着有关儿童应享受的各种权利等内容,还悬挂了一些著名科学家、艺术家的照片。孩子们的宿舍清洁、整齐,有明显的管理制度和对孩子们的要求,宿舍外面门口旁边有这个宿舍的管理老师和宿舍成员的照片,营造出一种和谐的环境和氛围。中心每天有升国旗的仪式,对流浪儿童一日生活进行规范化管理,每天都有严格的作息时间。

广东省少年儿童救助保护中心在对流浪儿童进行救助保护的前提下,还根据流浪儿童年龄、经历、身体状况、智力水平等情况进行分班教育,采用课堂集中教育、开放式娱乐教育、个别辅导等形式,对流浪儿童进行心理行为问题矫正、身心健康保护、思想道德、生活技能、文化知识、法律知识等方面的教育。

在文化教育方面,根据儿童的平均文化水平,开设语文、数学、法制等部分课程,对年龄大些的儿童,还开设电脑学习课程,给儿童提供一些文化知识;对已经到16岁,但仍没有找到家的智力正常儿童,提供职业培训。

在思想品德教育方面,对儿童进行思想教育、法制教育,对一些儿童的不良行为进行矫正,调整儿童的心理,改善行为不良习惯;中心利用社会捐助的机会,组织活动,让儿童感受人间的温暖;在六一儿童节、国庆节、元旦、春节等节日组织儿童开展各种适宜的活动;中心还组织拔河、跳绳,篮球、乒乓球比赛等有益身心健康的课外活动;还聘请了中心外面的辅导老师,辅导儿童排练文艺节目;组织儿童到车站、公园等地开展公益活动;请出去工作的大孩子,讲他们在外面工作的经历,帮助在中心的儿童感受外面的社会等等。

在智障儿童的教育方面,广东省少年儿童救助保护中心也进行了积极探索。中心现有部分智力残疾的儿童,大约占全体儿童的三分之一;中心还有一些严重智残的儿童和患有疾病或其他残疾的儿童,他们或被安放在医院诊治,或请福利院照看,费用由中心支付。在中心生活的有智力残疾的儿童,是那些对正常儿童不造成威胁的或影响不大的儿童,他们白天的活动范围与正常儿童是一样的,而居住与就餐是与正常儿童分开的。

在谋生技能教育方面,广东省少年儿童救助保护中心对部分年龄较大,滞留时间长或已安置的儿童,重点进行劳动技能教育,使他们学到一技之长,让他们能靠自己的能力生活,也给在中心生活的其他流浪儿童提供学习的榜样。

(五) 长沙模式:实验“大房子工程”,探索开放式救助

长沙市作为我国中部地区的大城市,也是流浪儿童较为集中的地区。近年来,长沙市在民政部及联合国儿童基金会等机构的支持下,实验“大房子工程”,尝试开放式救助模式,取得了一定效果。

1. 背景

目前，湖南省已在长沙、郴州、怀化三地建立了专门的流浪未成年人救助保护中心，并建立了72家救助管理站（湖南省未成年人保护委员会第十四次全委会决定将在“十一五”期间，湖南省将新建和改扩建救助管理站、流浪儿童救助保护中心40所，力争到“十一五”期末，全省14个市/州都有一所功能齐全、设施完备的流浪儿童救助保护中心）。

长沙市作为湖南省省会城市，流浪儿童救助保护工作走在整个湖南省前列。早在1998年5月，长沙市就成立了流浪儿童保护教育中心。该中心设在长沙市救助管理站内。中心的人员编制、经费开支等归属于长沙市救助管理站，系全额财政拨款单位。长沙市救助管理站共有8个正式编制，其中长沙市流浪儿童保护教育中心有3名专职工作人员。2006年10月，长沙市市长办公会议同意建立新的长沙市流浪儿童保护教育中心，以改变目前场所狭小的困境。

目前，与其他城市相比，长沙市已经形成“一个中心，多个救助点”的流浪儿童救助机构网络和工作格局。长沙市在市属五区都设立了救助站，在每个区的救助站内都设立了流浪儿童救助点。这样做的主要目的是方便流浪儿童的求助和救助。各个区的流浪儿童救助点都接受流浪儿童的救助，对于前来寻求救助的流浪儿童，区救助点先进行甄别，能及时查清家庭住址，联系上家人的，就由救助点负责将流浪儿童送回家，或者让家长过来接。如果在五天之内无法将流浪儿童送回家的，就将流浪儿童送到长沙市流浪儿童保护教育中心，由后者依法安排。

目前，长沙市流浪儿童保护教育中心在内部建立健全了一系列工作职责等规章制度，规范工作人员行为和工作程序，同时在救助保护工作中也建立了定期回访制度，与流浪儿童家庭签订不再外流的包保责任书以及书信、电话联系制度，把流浪儿童保护教育工作落实到乡、村及家庭，让当地政府或学校将流浪儿童的家庭情况及儿童回家后的学习生活情况及时反馈到“中心”，“中心”配合当地政府、家庭共同做好流浪儿童的保护教育工作。

长沙市流浪儿童保护教育中心救助的儿童主要通过以下一些途径来中心：(1)在长沙市本地的流浪儿童，一般由该辖区的公安机关在执行公务时护送到救助站；(2)流浪儿童自己拨打救助站的电话，在必要的情况下救助站会派出车辆接收；(3)流浪儿童自己直接来救助站；(4)对于湖南籍流浪在外地的儿童，救助站接到相关信息后将其接回来。

长沙市流浪儿童保护教育中心自1998年5月成立以来，共为全国26个省市5300余人次流浪儿童提供了及时、有效的救助保护服务，其中，从2003年8月1日《城市生活无着、流浪乞讨人员救助管理办法》实施以来，至2005

年6月止，共接收流浪儿童1200多人次。

2. 实验“大房子工程”，开展开放式救助

民政部与联合国儿童基金会将长沙市流浪儿童保护教育中心确定为2001—2005年流浪儿童合作项目单位，由联合国儿童基金会与民政部联合出资，在长沙市试行“大房子”计划。根据该计划，长沙市在2003年7月至2005年年底期间，开展了“大房子”工程，实验开放式救助。

在实验过程中，联合国儿童基金会除给予硬件设备的大力支持外，还对从事流浪儿童保护教育的工作人员开展了多方位的素质培训。

“大房子”主要是为7—15岁孤儿和无家可归的流浪儿童提供一套住所，配备相应的生活设施和专职的保育员，实行开放式管理，根据儿童的特点开展简单的劳动技能培训和文化知识学习。对特殊的儿童可以安置在附近的社区就读，以保障其受教育权。同时建立跟踪回访制度，与流浪未成年人所在社区、村委会、学校、家庭等建立联系，通过电话、信函、实地跟踪等方式，了解返乡未成年人及其家庭情况，及时提供有效援助，防止未成年人再度流浪。

“大房子”实验的主要目的是，为流浪儿童提供一个相对稳定和温暖的庇护场所，接受正规的普及教育和劳动技能培训，使他们的心灵得到净化、感化，帮助他们树立正确的世界观、人生观、价值观，提高他们的自信心和独立生活能力，唤起他们回归主流社会的强烈愿望，为他们脱离街头生活，培养健康的心理奠定基础。

在管理上，“大房子”救助模式实行全开放式管理。“大房子”紧邻社区，由专职的保育员全日制负责日常生活管理。社会工作者定期来“大房子”对流浪儿童开展心理咨询和各种各样的社工活动。

“大房子”的资金来源主要包括：来源于政府的财政支持、合作单位及社会捐赠等。

“大房子”项目实施以来，长沙先后救助保护流浪未成年人6856名，增强了流浪未成年人自信心，改变其孤独自私的心理状况，促进了健康成长。

遗憾的是到2005年年底，由于资金来源等方面出现的问题，“大房子工程”项目停止运作。

（六）成都模式：多方协同配合，尝试建立全方位救助保护体系

成都市作为四川省省会城市，是西南地区大都会，也是目前流浪儿童较为集中的地市之一。近年来，成都市结合本地实际，在党委政府的统一领导下，通过多方协同，尝试建立全方位的流浪儿童救助保护工作体系。

1. 背景

由于地理位置等方面的原因，成都地区的流浪儿童相比其他地区存在一定的地域性特点。我们在调查中了解到，成都地区的流浪儿童外出流浪的主

要是因为经济和家庭方面存在的一系列问题导致的。

首先，在我们调查的成都市流浪儿童保护中心里有15人次是因为家庭经济贫困而离家出走，占29.4%。具体原因包括：第一，由于城乡、区域间经济发展不协调，有些家长携带子女或让子女单独外出务工，盲目外流，以至有些儿童因缺乏谋生手段而流落街头。第二，流浪的儿童多来自偏远农村，家里穷，孩子多，小孩上学交不起学费，由于经济状况不好，同时造成家庭的不和谐，小孩成为大人们打骂的对象，长此以往使得这部分儿童不愿意生活在压抑的环境之下，产生了逆反心理，离家出走。第三，由于经济状况差，再加上"重男轻女"传统观念的束缚，为供男娃娃上学，大多的女性儿童被迫辍学，外出务工，与父母共同承担起家庭的经济负担。第四，更有甚者，为了解决家里的经济状况，在利益的驱使之下将自己的娃娃租借给不法之徒，据我们了解的情况，租借一个娃娃可以得到每月两百元左右的好处，然而，这些被租借来的娃娃生存的状况极为恶劣，并时常受租借者的打骂，饿肚子，而且大都从事一些不正当的行业，在这种状况下，由于不堪长期恶劣的生存状况，于是这些孩子逃离租借者的魔掌，但身无分文，便流落街头。

其次，在我们调查的成都市流浪儿童保护中心的儿童中单亲或重组家庭占有较大比例。离婚率的上升，使得许多孩子失去了家庭的温暖，有的不堪忍受压抑的家庭环境而离家出走，有的离婚的双方把孩子当作累赘，抛向社会。这些行为都给儿童心灵造成严重伤害，没有与家人的亲和力，对家庭的依恋逐渐消失，遇到机会，则外出流浪。在调查中，有些孩子写道"只要爸爸、妈妈不再打我，我就回家"。其次，四川省是外出打工人员大省，造成了较多的空巢村、空巢家庭。由于一些年轻父母外出打工，孩子交由老人看管。有些打工人员不愿意再回到自己的家，这导致大量留守儿童的产生。

2. 多方协同配合，构建全方位流浪儿童救助保护工作体系

2000年10月，成都市成立了流浪儿童救助保护中心。该中心位于成都市成华区多宝寺南路。经过几年的救助保护工作，该中心已经积累了较为丰富的经验，建立了一套较为完善的预防、控制和救助保护体系，形成了全方位的流浪儿童救助保护工作平台，形成了自己独特的救助保护模式。

在构建全方位救助保护工作体系的过程中，成都市着重抓了以下几方面工作：

进行政策上的调整。首先加大对流浪儿童救助的资金投入，把流浪儿童生活标准提高到165元/月，有疾病的街头流浪儿童可以得到及时免费的医疗救助，先救治后付费，而且费用全部由流浪儿童救助保护中心支付，避免了以往你推我推的现象。此外，成都市对在本市打工的外地人员凡拥有暂住证满3个月的，安排其子女就近入学，而且不收取择校费。

协调其他政府职能部门共同开展工作。成都市为此专门出台文件，规定市民政局、市公安局、市卫生局等11部门的各自职责，共同参与流浪儿童救助保护工作。我们在调查中了解到，有32名流浪儿童（占62.7%），是通过警察劝说后被护送到救助中心的。这表明，公安部门履行告知、引导、护送的职责落到了实处。这种工作方式有利于节省救助机构的人力、物力、财力，避免了财政不必要的浪费。

建立较高素质的救助保护中心工作人员队伍。目前，成都市流浪儿童救助保护中心工作人员达26人，本科及以上学历6人，大专学历7人，高中文化10人，高中以下3人，其中管理人员22人，卫生、勤杂人员4人，分布在业务科、教育科、保护科三个部门，基本上形成了业务骨干、专业人员、管理人员、后勤人员多层次的队伍。

在流浪儿童的日常管理中，实行分类管理。成都市流浪儿童救助保护中心对流浪儿童实行分类管理：男、女分类；将有过偷盗等轻微违法经历的与其他儿童进行分类管理、分类教育。

以救助保护中心为中心，建立覆盖全市的工作网络。成都市以流浪儿童救助保护站为中心，建立了18个分中心，区县27个救助保护点，3个社区活动中心，形成了网络式、全方位救助保护体系。同时建立起了一个比较完善的预防保护流浪儿童的平台，该中心设立志愿者服务基地，仅2005年在团市委注册的志愿服务者就有1千多名，包括各个专业方面的人才，同时还作为大中专院校的实践基地。此外，组织社会力量参与对流浪儿童救助保护，在公共场所张贴了预防流浪儿童的宣传画，在市区主要街道安放了45个引导牌，引导牌上标有救助中心的具体位置，联系电话等信息，方便流浪儿童寻求救助渠道。此外，全市建立了一支由600人组成的流浪儿童救助保护队，可以协助公安等部门将流浪儿童送至该中心。

积极实验新的工作模式和方法。为了使无家可归的流浪儿童体会到家的温暖，成都市流浪儿童救助保护中心还尝试在社区建立"阳光家园"，并安排了"爱心妈妈，爱心爸爸"照顾流浪儿童的生活、学习等。目前该中心还在流浪儿童早期预防方面进行了新的尝试。该中心与房地产开发商签订协议，在开发商开发的社区中开辟出一块空地用于建设专门为儿童娱乐、活动的空间，做好流浪儿童的早期预防。

（七）新疆模式：应对突出的犯罪问题，建立地区特色救助矫治工作方式

1. 背景

新疆地区流浪儿童问题尤为突出，自20世纪90年代以来，新疆流出的儿童逐年增多，且60%以上是流入到内地省区。特别是自2003年以来，新疆在全国各大城市的流浪儿童数目成倍增长，而且大多数流浪儿童被一些不法分

子控制进行犯罪活动，既扰乱了内地各大中城市的社会公共秩序，引起强烈社会反响，也严重影响儿童的身心健康。

2. 制定救助保护政策

新疆维吾尔自治区民政部门先后与自治区6个厅联合下发了《关于进一步做好城市流浪乞讨人员中危重病人、精神病人救治工作的实施意见》。与自治区19个厅局联合下发了《关于贯彻〈关于加强流浪未成年人工作的意见〉的意见》，与自治区综治办、公安厅联合下发了《关于落实〈关于内地新疆籍流浪未成年人救助保护工作责任制有关问题的通知〉的通知》，为做好流浪未成年人工作打下了良好的基础。

3. 机构建设

针对新疆流浪儿童的特殊性，新疆维吾尔自治区政府于1999年成立了专门的流浪少年儿童救助保护中心，迄今为止救助了6000名流浪儿童。与此同时，为了配合全国各地新疆流浪儿童恶性案件的侦破工作，自治区政府又于2006年2月成立了新疆少年儿童救助中心，设立在自治区劳教所，由公安部门直接管理。在业务分管上，1999年成立的救助保护中心（以下简称“救助站”）隶属于民政部门，由自治区民政厅直接管理，接收全国各地在新疆流浪的儿童和被遣送回疆的新疆籍儿童，规模不大，最多可容纳100人。2006年成立的救助中心（以下简称“救助中心”）由公安、司法、民政三个部门联合管理，目的是为了减少新疆流浪儿童重复流浪、受人唆使并从事违法犯罪活动的机会，从而起到救助和保护他们的作用。救助中心设置在当地两个男女劳教所内，与成人劳教人员严格分开。进入救助中心的流浪儿童通常是行为较为恶劣或者遭受过迫害的新疆籍流浪儿童，他们在进入救助中心前先被送到救助站，在站内接受询问、体检等必要的核实程序，符合进入救助中心条件的由公安人员集中送往救助中心，一般的流浪儿童和非新疆籍的儿童通常会留在救助站等待工作人员联系返家。进入救助中心后，劳教所的教员们承担起给这些儿童上文化课的任务，根据他们文化水平的不同，分班教授，包括汉语、英语、法律、心理等基础课程，这些儿童至少要在救助中心待一年的时间。

此外，新疆基本建立了未成年人救助保护机构体系。到目前，全区流浪未成年人救助保护中心已达到19个，其中，自治区1个；地、州（市）级城市16个；县级2个。基本形成了以自治区流浪未成年人保护中心为中心，地、州级城市流浪未成年人救助保护中心为基础，重点县流浪未成年人救助保护中心为补充的流浪未成年人救助保护体系。

4. 明确地方责任

2007年2月7日，自治区召开了内地新疆籍流浪儿童救助保护工作会议，自治区人民政府副主席贾帕尔·阿比布拉代表自治区人民政府与喀什、阿克苏、和田地区和伊犁州四个地州的分管领导,分别签订了救助保护流浪少年儿童工作责任书。

5. 配合内地工作

为了配合内地社会治安综合治理工作的顺利开展。新疆维吾尔自治区公安厅每月定期派干警前往北京、上海、郑州等新疆流浪儿童较为集中、发案率高的大城市,协助当地警方严厉打击拐骗和利用以新疆籍儿童为工具的犯罪团伙的犯罪行为,有效地维护了当地治安,解救了无辜的新疆籍儿童。

个案采编 1

爸妈不爱,出外流浪挺好的

晓宇(化名)高高的个子,略有些驼背,两只细胳膊从"救助中心"宽大的、红白道相间的T恤衫中伸展出来,像稻田里插放着的稻草人。他脸微长,表情很死板,额头上有两条深深的抬头纹,深得似乎与他的年龄不符。

面对我们的访谈调研他显得很腼腆,拒绝我们拍照,对于我们的再三提问,始终无动于衷,话语少得似乎使周围的空气都凝固了,使我们不得不放弃对他的访谈。不过,当我们谈完其他两位流浪儿童后,他突然又出现在我们的面前,斜着身子依偎在教室的门框旁,用一种茫然的眼神盯着我们。

"进来再谈谈,好吗?"

他摇头……

"我们可是中央派来的呦,从北京坐飞机来的,北京,知道吗?"

他点了点头。

"北京的叔叔、阿姨想了解你的流浪历史,不光是为了你自己,也是为了你的弟弟、妹妹呀,告诉我们你的流浪原因,在流浪的时候你都干了些干什么?你靠什么谋生的?给我们讲讲你的流浪故事好吗?我们一定替你保密,不过呢,北京的叔叔、阿姨可以从你的经历中想出好多好多办法,制定出一些政策来。这样呢,就可以防止你的弟弟、妹妹们再像你那样在外流浪。那样的话,你的弟弟、妹妹都会感谢你喽,你看,你是很了不起的!"

我们的这番话似乎点燃了他心中的那一丝神圣,他的两眼变得有神。小心翼翼地挪动着步子,坐到了我们的对面,用同龄人少有的、非常平静的语言叙述起他坎坷的流浪经历。

8 岁那年和母亲一起被卖到四川

我出生在云南省的楚雄地区,具体是什么村已经记不清了,只记得"三月三"和爸爸、妈妈去赶集，看赛马，听山歌，特别地热闹。后来爸爸去世了，妈妈得了严重的神经病，拉扯我生活过得越来越艰难。为了改善生活，母亲想改嫁，可总也找不到合适的主儿……在我八岁那年，经人介绍，妈妈带着我到了四川的农村，妈妈与一个老头子结婚了。后来听村里人说，我和妈妈是被人贩子卖到四川来的。

老头子对我一点也不好，在我上到小学二年级的时候，老头子不再给我交学费了，说家里困难，地里活儿多，强迫我退学，帮助家里干农活儿，老头子很厉害，总是耷拉个脸，不是骂我，就是骂我妈，我从不敢顶撞他，妈妈有神经病，还要靠他拿钱抓药，对他更是百依百顺。无奈，我只好恋恋不舍地离开了学堂。那阵子，每当我扛着比自己个子还高的锄头下地干活的时候，看到别的小伙伴儿背着书包上学的情景，鼻子总会一阵阵发酸，常常暗自落泪。

干各种农活，真的很累，但我还是咬牙坚持。可是老头子还总是骂我，说我是"吃干饭"的，我感到生活在这样的家庭真没意思，逐渐萌生了离家出走的念头。

听村里老辈子人说，有个叫"重庆"的地方非常好挣钱。

有一天，老头子很早就把我叫起来，让我把地里玉米秆砍倒、绑好、运回家里。那么大一片玉米地，那么多的玉米秆，我拼命地干，干到很晚才把这些活干完。累得坐在床上动也不想动，心想，干了那么多活，老头子该给点儿笑脸了吧，谁曾想到他还是耷拉着个长脸，埋怨我干活太慢，故意磨洋工。刹那间，我的委屈和愤怒一下子涌了上来，就和老头子顶撞了起来。老头子长长的脸变成了猪肝色，抄起棍子就打……我没有哭，把泪水咽到了肚子里，并暗下决心，"离家出走"。

第二天，趁老头子和妈妈不在家的时候，我收拾了几件换洗的衣裳，从妈妈的抽屉里拿了100元钱，拼命地跑出了村子……我一直沿着铁路走，走到了一个小火车站，扒上了一列火车，东躲西藏，换了几趟车，也不知道坐了多长时间的火车，但那次"旅途"确实让我兴奋不已，我觉得自己像一只飞出牢笼的鸟，因为我终于离开了那个压抑很久的家，外面的世界很精彩、所有的事物都如此新鲜，但是面对一个陌生的世界，我也感到几分寂寞和恐惧。

最终火车把我带到了那个梦寐以求的、好挣钱的地方——重庆。

那年我12岁。

重庆建筑工地当小工

重庆是一个车水马龙、高楼林立的都市，让我们这些初来乍到农村娃儿目不暇接，我晚上找不到地方就睡在火车站，白天到处去寻找打工的地方，许多地方都因为我年纪太小，没有身份证而不敢用我，转眼到重庆一个多月了，我经常吃了上顿没下顿。最后,还是一起睡在车站的一个成年的流浪汉给我介绍了一份工作,让我到了郊外的一家建筑工地当小工。

工地算是一份稳定的工作,最起码每天不用为肚子犯愁。我在一位姓李的师傅手下当小工,李师傅待我不错,吃饭的时候常把自己碗里的肉夹给我吃,还教了我不少建筑方面的知识,一转眼,一年过去了,春节前,工人们都领到了工资,唯独没有我的工资,为什么呢?我问李师傅,李师傅摇头,问小组的头儿,他也支支吾吾地回答不上来。最后,还是好心的李师傅找到了大头儿,问了个明白。头儿说,我的年龄太小,钱不能发给我,得让我爸妈来领钱。

于是我找到头儿说明理由,"我父母在很远很远的农村,他们不可能来帮我领工资呀"。另外,我也担心如果真把老头子叫来了,不但钱得不到,还会被揪回村去干农活儿,我可不愿意再回到那个冷冰冰的家,每天听老头子的骂,看那张拉长的脸。

我找头儿央求了三四次,丢过来的总是那句硬硬的话儿,"不行,你太小,让你爸妈来领钱!"最后,老板烦了,让保安把我挡在了门口。

唉!白白在工地干了一年,一分钱没有挣到。

我决定到成都再看看,闯一闯。

流浪东进闯成都

在重庆建筑工地打工领不出钱来,我决定尽快去成都闯一闯,但老板不给工钱,连火车上的吃饭的钱都没有,怎么办呢?在工地上,常听到年轻的师傅说,曾把自行车推到街上卖了。于是我作出了一个铤而走险的决定:弄一辆自行车去。

有一天晚上,我将路边的一辆自行车推到工地的僻静处,用剪钢筋的大扳子剪开了车锁。第二天一大早我骑上自行车,飞快地沿路奔骑,想尽快找到卖旧车的地方,赶紧处理掉。一路上我很害怕,心里很慌,好像身后有许多人在追着喊着,"抓贼呀!抓贼呀!"我害怕失主发现,害怕遇见警察询问,毕竟做贼心虚呀,更何况是第一次做贼呢。不过,一切都很顺利,我找到了那条街,有人在交易旧自行车,我心里很慌,无心讨价还价,对方给了我 50 元,我拿着就走了。

接着我扒上了去成都的火车。

坐在对面的一位 40 来岁的叔叔,慈眉善目的,可爱聊天了,一路上东拉西扯地和他谈得挺热闹,不知不觉我向他倾诉起自己的身世来,那个叔叔很同情我,为我买来了盒饭。

到了成都南站我下了车,叔叔提议请我好好吃一顿,我们选了一间挺漂亮的餐厅,叔叔要了好几个菜,那些菜都很好吃,在我的记忆里这是我一生中吃得最好的一顿儿。叔叔还要办事，临走时塞给我100块钱，让我好自为之。

望着叔叔远去的背影，我的眼眶湿润了，心想，"要能有这样一位爸爸该多好呀！"

在成都找工作，并不像我想象的那么容易，原因还是我年纪太小了，没有身份证，找了两个星期也没有找到一份工作，叔叔给的钱，还有卖自行车的50元钱都快用光了，不得已我加入了成都南站流浪儿童的队伍，开始靠捡瓶子为生。

我每天早上爬起来，在车站周围的垃圾箱和空场上捡易拉罐和塑料饮料瓶，然后交给几位年长的老头儿，他们会按照瓶子的个数给我们钱，多的时候一天能挣到10块钱，少的时候也能挣到两三块钱。还够买碗饭填填肚子的。

在成都南站我结识了一位和我同龄的小伙伴儿，叫小山子，我们俩很谈得来，并成为了好朋友。有时候，我们这些流浪的孩子们会为一个饮料瓶是谁先发现的争吵起来，甚至扭打成一团，小山子总会站在我一边，帮助我吵架，帮助我打架。

大约在南站混了半年，有一天一位大姐姐突然站到我的面前，问我愿意不愿意到她爸爸的饭馆里打工，我毫不犹豫地点头答应了。她爸爸是一位脸颊消瘦、眼眶深凹的中年人，他让我洗了个澡，换了一身干净的旧衣服，当天就开始工作了。

在饭馆里干活儿最大的好处就是不用担心吃了上顿没下顿，老板很抠门儿，很少给我们炒新鲜的菜吃，一般都是热热客人剩下的饭菜，不管怎么说饭菜的油水还是蛮大的，能吃饱。

我什么活儿都干，洗菜、洗碗、端盘子、扫地，慢慢地我逐渐熟悉了这里的工作。一些老顾客还挺喜欢我的。转眼一个月过去了，老板没有给我发工资，我开始猜测为什么还不给我发工资呢？大概是老板太忙，忘记了吧……又干了一个月，老板还没有发工资的意思，我憋不住了。有一天，我颤颤巍巍地问老板：

"叔叔，为什么还不给我发工资呢？"

"钱我给你准备好了，但是，你年龄太小，交给你我不放心呀，还是让你父母来拿吧！"老板不紧不慢的回答说。

唉，这些大人怎么都是一个腔调呢？

没办法！没拿到钱，我决定不在这家餐馆干下去了。第二天，我又回到了火车南站，找到了我的好朋友小山子，我们俩商量好一起去广安。

广安：为偷车团伙"望风"

我和小山子扒火车到了广安，在火车站打了一辆"摩的"到广安城里，下车的时候，开“摩的”的人跟我们要钱，我俩兜里只有一块钱，于是一人挨了“摩的”师傅一耳光。

这次我和小山子在市里找到了一座还未建好的楼房住下了，晚上我们席地而睡，白天我们在附近一家很大的自由市场，向买菜的叔叔、阿姨、爷爷、奶奶们讨钱，总有一些好心的人会给我们点钱，让我俩勉勉强强地维持生活。

有一天，我俩儿又到自由市场讨点钱花，看到一个穿蓝T恤衫的大男孩紧跟在一位中年妇女的身后，两眼左顾右盼，当那个阿姨正在挑菜的时候，他用粘在手指上的小刀片在阿姨背着的皮包上划开了一条长长的口子，里面的钱包露了出来，很快，像变戏法似的钱包落到了大男孩的手里。我俩被这一情景惊呆了。我情不自禁地“啊”地叫出来，“小偷”两个字还未喊出口，腰上就被一把刀顶住了，吓得出了一身冷汗，冲到嗓子眼儿的声音一下子咽了下去。再一望小山子，他不知什么时候溜得无影无踪了。

我被那伙人连搡带搂地弄到了自由市场附近的一棵大树下，他们没有打我，先是问我是干什么的，我告诉他们自己是流浪的。这伙人一下子变得好像是一见如故。称兄道弟地把我拉进了一家小饭馆。

在饭桌上，那个穿蓝色T恤衫的大男孩问我：“想不想过好一点的生活？”让我跟着他们一起干，我不敢拒绝这伙人，因为他们人多势众，而且自己也确实找不到合适的工作，于是，就勉强地点了点头。

大男孩把我交给了一个叫燕娃儿的小孩儿，并把我安排在燕娃儿家附近的一个废弃的工棚里住下。

他们这伙人年龄最大的16岁，年纪最小的11岁，团伙的核心成员六七人，大都是广安城里的人，大男孩是说话算数的主儿，大家常找他拿主意。收入来源除了在市场上偷钱包外，主要还是偷自行车卖，只要那个大男孩决定“出动”，他们就会偷回来十几辆自行车，然后把这些车骑到街上卖了。好的自行车能买到200元左右，差一点的车能卖80—90元。每次行动完他们都要找家饭馆撮一顿，祝贺一下，酒足饭饱后，一起去网吧玩游戏，或网上聊天。最后再将结余的钱根据功劳大小，地位高低进行分配。

因为我是初来乍到，人生地不熟，大男孩儿总叫我去“望风”，每次行动后我总能分到50块到100块。但好景不长，有一次“望风”警察突然出现在我的面前，我被吓了一跳，惊叫了一声，发现别人都跑光了，结果我被警察抓住了。

警察叔叔审问我，说我们是偷“电瓶车”的团伙，我辩解说，我们没偷过电瓶车，只是偷自行车，而且我只是望风的，我不认识那些人。最后，警察叔叔教育了我一番，便把我放了出来。

从派出所出来后，我不愿意再见到那伙人，和他们干那种事情太可怕了，而且这样也不是长远的挣钱之计呀。我漫无目标地走在广安城的大街上，想想还是去找找小山子吧。我找到了那栋原来曾住过的未建好的楼房，不过那楼房已经焕然一新了，人们在忙着内装修。我觉得失望了，继续漫无边际走着……不知不觉地走到了火车站，茫然地扒上了一列火车，火车到了终点，我又茫然地扒上了另一列火车，最后我到了贵州省的贵阳市。

贵阳：造假的工作没意思

在贵阳市的街上我遇到一位年轻的男子，他自称是开广告公司的。让我帮助他张贴和发放小广告，工作条件是每天管三顿饭。我心想，“总不能闲着吧，找到别的好工作之前，总要喂饱肚子呀。”于是就答应了。

这份工作很简单，晚上“城管”们都下班了，我们便两三人一组，带上胶水和小广告，在沿街的电线杆上或墙壁张贴，偶尔遇上了“城管”，我们迅速地溜走，即使被抓到了，也不会向在广安遇到的警察叔叔那样把我们带走，只是训斥两句，把小广告没收了事。大约干了一个半月，饭虽然每天都有的吃，但老板一直没有给工钱的意思，我发现情况不妙，赶紧悄悄地找到了一份新的工作，于是不辞而别。

这份新的工作是帮人办假证件，老板每天给我们二三十元钱，让我们到市内繁华地带，或大学门口，问过路人要不要大学毕业证、工作证、身份证，还有乱七八糟的各种资格证书什么的。我从没见过老板，只是单线和一个姓赵的组长联系。他们都说那位老板很年轻，很会赚钱，买卖做得挺大，还开着挺贵的小汽车呢。这活儿干了没多久，姓赵的组长给我办了一个工资卡，还给我配了“小灵通”，以便有生意随时联系。不过我不大喜欢贵阳，还是想回到四川去，大约干了四五个月的时候，我把想法告诉了姓赵的组长，姓赵的并没有挽留我。而且挺大方，往我的工资卡上汇了几百块钱。

我扒车回到了成都，我来到南站想找一找小山子和其他原来一起流浪过的小朋友，结果在南站没找到一个流浪的孩子，我觉得好郁闷呀，在成都转悠了两天后，决定再去重庆找工作。

列车上被查问送到救助站

我再次扒上去重庆的火车，可是，还没坐两站就被查票的乘警发现了，我被带到了车长室，乘警问了我好多，家住哪？父母叫什么？为什么这么小年纪自已跑出来？那位乘警叔叔很和蔼，最后他告诉我，国家有救助流浪儿童的政策，救助中心会帮助我的。于是火车到了下一站，我被送下了火车，转交给另外一位叔叔，最后，我被送到成都市流浪儿童救助保护中心。

为流浪儿童们祈祷

在成都市流浪儿童救助保护中心敞亮的教室里,这里的老师问起我今后的打算,是不是想爸爸、妈妈,要不要让他们来接我回去,我连连摇头。

为什么别人的爸爸、妈妈都那么爱自己的子女,而他们却不呢?或许是我的命不好吧。我不想回家,坚决不回去!流浪虽然苦一点,但比爸妈都不爱,总是打骂我强得多!

我知道干那种事儿不好,那都是迫不得已,其实我心地挺善良的。

我知道,我很快就16岁,到了16岁我就可以办身份证了,到那个时候,我就不用偷偷摸摸地打工了,老板那些人也就不敢不给我工资了,我会老老实实地打工挣钱,将来我要挣好多好多钱,到那时我再回家,让那个老头子看看……

个案采编2

甄××

本个案是根据对上海市流浪儿童保护教育中心二班一个来自安徽的流浪少年的个体访谈撰写的。该少年15岁,男性,文盲,虽然15岁了,但个头只有1.4米。由于他不识字,名字音译出来的。采访中,他总是托着腮帮子笑嘻嘻的,不问他问题时就东张西望,一刻也难以安静,还喜欢抢话说。

家庭生活

我妈妈是个哑巴,5岁的时候,妈妈有了外遇,被爸爸知道了,打她,妈妈就把爸爸毒死了,妈妈被判了死刑。他们死后,我们家有一笔遗产,伯父与叔叔两个争夺财产,当时他们说谁带两个孩子,谁就多拿一份财产,后来我伯父就带了我和姐姐,多拿了一份财产。在伯父家伯母对我不好,我伯父对我倒不坏,伯母天天打我们。后来我姐姐跑掉了,叔叔就把我姐姐领去了。伯母还是对我特别坏,天天打我,我就跑了一次,跑得并不远,就隔一个村子左右,我被找回去了,后来过了一两天又跑出来了,这次跑得就远了,一跑就跑到现在没回去。我发现我比待在家里要舒服,在家里天天都挨打,在外面起码有的时候不怎么挨打,在外面有的时候一个月都不挨打,有时候一年才挨一次打,所以比在家里要好。在外面自己赚钱,赚得多了就能吃好一点,赚得少了就吃差一点,在家里每天都吃那种东西,连肉都没有。在外面还能过上好日子,在家里一点希望都没有。

我在家里下地干活，一天学也没上过，连自己的名字也不会写，家里人叫我甄××，我全家都姓甄(此处的姓名为音译)。

我觉得我就是流浪儿童，讨饭、乞丐、整天睡大马路，这就是流浪儿童。

流浪生活

我从安徽合肥出来后，到过很多地方，北京、上海、湖南娄底、浙江杭州，每次我都扒火车到我想去的地方。

有一次我扒火车，在火车上待了三天三夜，又刮风又下雨，冻得我直发抖……到地方以后当时没什么事，过段时间脚踝开始痛。痛了一个多月，不能走路，一走路就痛。这一个月正好有个捡垃圾时认识的朋友，比我大，20岁了，每天买东西给我吃，所以我觉得这个世界上还是有好人的。

在上海我去过黄埔、静安、中山公园、上海火车站、徐家汇、浦东、外滩……，好多好多地方，有的记不起来了，但我到了地铁站就知道了。

在上海我捡过垃圾、当过服务员、发过小广告、偷过东西、还乞讨过。

发小广告，老板不给钱，只管饭，发了两个月一分钱都没给。一天给5块钱，早上和晚上都在他们家里吃，中午在外面吃，中午吃5块钱盒饭，老板都是山西人，早上天天吃面条，晚上是稀饭。

虽然我偷过东西，可我认为我并不是坏人，我是没办法，为了生存而已。社会可能觉得我是坏人。对于那些吃过苦，也偷过东西的人，你问他们是好人还是坏人，他们会说这是为了吃一口饭，并不是为了什么。我觉得自己本质上并不坏，只是为了吃一口饭。大城市的那些孩子如果面对像我们这样恶劣的条件时，可能比我们还要坏呢。

在外面有时会挨打，一开始还挺害怕的，时间长了就什么也不怕了。

有时和朋友一起玩会很高兴。捡到钱的时候我也开心，有一次，兜里就一块钱，没钱去吃饭，我拿这一块钱去打游戏机，买了三个币，打完了，一回头看见地上一个皮夹子，捡起来看见里面有2420块钱。

保教中心内的生活

我不喜欢待在这里，因为有的时候外面的日子比这还好过点。在这里有时候吃得饱，有时候吃不饱。在这里每天就是静坐，读书，还有晚上看电视，学些唐诗啊什么的。每天的生活就这样度过了。等学生放假的时候就好过了，学生放假了天天给我们看三次电视，但学生放假以后吃的东西就更差了。我在这快5个月了，六一儿童节的时候我还在，过节的时候每天吃的不怎么差，等放暑假以后吃的东西越来越差，每天都是水煮大白菜，里面一点油都没有，过了一个多月给我们吃一顿好的，青椒和橘子，蛮好吃。中秋的时候发了五天苹果,三天的梨。发了一次月饼,三个,月饼太小,一口就没了,像我老家的月饼。刚来的时候挨过打,以前的组长特别坏,不管你犯错不犯错就打,老师都看不到,因为在一个房间里摄像头只能看到这个地方看不到那个地方,老师都不知道。现在坏组长都走了,目前的组长都不错。如果我们犯了错,老师就罚蛙跳。一保里面不让打人的,在一保没人敢打架,打架都倒霉。他们的叔叔跟他们说如果你们敢打架的话就把你们送到二保,让你们打个够,所以他们都不打架,这里吃得差,二保吃得好,他们下午吃完饭了晚上还吃夜宵,这里哪有啊,这里给两个馒头就很难得了。

我的需要和梦想

我希望尽快离开这个地方,到别的地方去。我想到一保去,或者转到孤儿院去,并不是孤儿院比这更好,而是我怀疑我是黑户,说有我这个人吧,为什么把整个合肥都查遍了也查不到?我在这好像没有户口一样,以后找工作都没人要,没有身份证,如果把我送到孤儿院,关到18岁还能给我个户口。我觉得还是去孤儿院好,在那待到18岁,起码能给我搞个户口,以后再出来的话找工作好找一点。有的时候,想着想着就想到这方面了,起码工作好一点,以后没有身份证还得天天提心吊胆的,被逮到了就麻烦了,现在我们就好像吃小官司一样。

我希望以后能吃得好点。以后想干什么,我还不知道,能干啥就干啥呗。对,将来当服务员,擦桌子、洗碗。我现在已经不想上学呢,以前想过。因为待时间久了心就不在学习上了,就在玩的上面了。再说让我读还能读几年,最多好像还能读三年,由小学一年级开始读,读到18岁。人家15岁有的都快要上初中了,我18岁才上三年级,多读些书是好一点,走到哪里都不会上当,不过国家也不会给我们出钱,就是给我们关到孤儿院,学点东西,待到18岁他就给你放掉,然后给你个户口,你愿意去哪里就去哪里。

我希望国家能让流浪儿童吃好,穿好,让他们读书。

我最需要一个温暖的家。

第四章 当前民间组织预防和救助流浪儿童的状况、经验、困难及问题

民间组织是社会生产力发展到一定阶段的产物。它的产生与发展是与社会的政治、经济、科技、文化、教育等各方面的发展水平相适应的。近几年来，民间组织在救助流浪儿童方面也发挥出巨大的作用，积累了丰富的成功经验，同时也面临着一些困境和问题。

一、民间组织的定义与特征

民间组织的兴起是社会多元化发展的表征。从个别组织建立之初到各个组织都要求进入规范化运营的今天，这一过程都打上了时代的烙印，即当政府与市场感到解决一些重大的社会经济发展问题的策略捉襟见肘之际，民间组织便显示出它存在的必要性和无可替代的重要地位。

（一）定 义

民间组织的称谓对应于国际上的“非政府组织”（NGO，Non-Governmental Organization）和“非营利组织”（NPO，Non-Profit Organization）等概念。NGO、NPO 最基本的特征是非政府性和非营利性。

在中国，“民间组织”是伴随着改革开放的逐步深化和社会的不断发展，在行政管理工作中提出和使用的一个概念。有关学者将中国的民间组织定义为：不以营利为目的、主要开展公益性或互益性活动、独立于党政体系之外的正式的社会组织。这些组织具有不同程度的自治性与志愿公益性，不是宗教、政党、宗族组织。同时我们使用“狭义的民间组织”一词，用以特指那些满足非政府性、非营利性、自制性、志愿性、组织性、公益性、排除特性等特征的中国的民间组织。①

（二）特 征

在约翰·霍普金斯大学的莱斯特·塞拉蒙教授给出的 NGO 定义中，他强

---

① 参见王名、刘培峰等：《民间组织通论》，时事出版社 2004 年版，第 4 页。

调了下述特征:(1)正规性,即有根据国家法律注册的合法身份;(2)独立性,即既不是政府机构的一部分,也不是由政府官员主导的董事会领导;(3)非营利性,即不是为其拥有者积累利润;(4)自治性,即有不受外部控制的内部管理程序;(5)志愿性,即无论是实际开展活动中,还是在管理组织的事务中均有显著程度的志愿参与;(6)公益性,即服务于某些公共目的和为公众奉献。①

在当代社会,民间组织对于满足人们的生活需要、克服政府失灵和市场失灵具有重要的作用。而"NGO"一词带有强烈的西方文化和制度结构的色彩,是对国家、市场、公民社会三元分立结构的反映。而中国的民间组织是在社会经济转型时期不断产生的一批与政府、企业所不同的"第三领域"的组织,因而有其特殊的社会背景与时代特征。绝大多数民间组织的产生都与政府自上而下推行的改革有关,有学者将中国的民间组织分为"自上而下 NGO"和"自下而上 NGO"。② 前者主要是指那些官方出身的由政府扶植成立并直接或间接受到政府各种特殊的资助、支持以及控制或支配的民间组织,在它们开展活动和运营管理等许多方面,既得到来自政府的种种特殊照顾,又受到来自政府的支配和控制,它们主要的资源,包括资金、人才、信息等,主要是通过自上而下的渠道获得的;后者主要是指那些由民间人士自发成立并自主开展活动的民间组织,它们一般得不到来自政府的各种特殊照顾,相应的也没有受到多少政府的控制或支配,通常作为草根组织和一般市民保持着密切的联系,其主要的资源,包括资金、信息、志愿者等,主要是通过自下而上的渠道获得的,其中一部分来自普通民众,一部分来自国际社会的各种资助机构。

总的来看,"民间组织"是一个建立在中国特色的社会结构和制度文化背景上的词汇。从定义、性质等方面理解,它与国际上广泛使用的"非政府组织"(NGO)、"非营利组织"(NPO)等用语在特性、制度内涵上有许多不同,但是从社会结构定位而言,它们指的都是在政府部门与企业部门之外构成"第三部门"的那些社会组织。③

二、民间流浪儿童救助机构概述

(一) 分　类

民间组织可以依据不同的标准和方法进行分类。常见的主要分类标准包括:法律地位、组织性质和机制、活动领域、活动范围等。具体到国内救助流浪

---

① 参见康晓光:《NGO 扶贫行为研究》,中国经济出版社 2001 年版,第 3 页。

② 王名:《中国的非政府公共部门》(上、下),《中国行政管理》2001 年第 5 期。

③ 参见王名、刘培峰等:《民间组织通论》,时事出版社 2004 年版,第 23 页。

儿童的民间组织，主要包括在华海外民间组织和草根民间组织。前者以外企的形式在工商部门登记注册，后者或者在工商部门注册为企业法人资格或者未登记注册。两者都没有获得在民政部门登记注册成为法定的“民间组织”的法律地位。

1. 在华海外民间组织

在华海外民间组织，主要指在国外和中国香港、中国澳门、中国台湾等地区登记注册或成立，在中国大陆开展各种援助活动的民间组织、民间组织的分支机构和代表机构。① 例如，世界宣明会和英国救助儿童会即为这样的在华国际组织，他们的总部设在发达国家，活动范围遍及全球尤其是发展中国家，在中国一般设立总部驻中国办事处或者项目办事处来开展活动，资金主要来自总部。

2.“草根”民间组织

指那些不具有被先行法规正式认可的“民间组织”的法律地位，但在相当程度上具备 NGO 的核心特征，即非政府性、非营利性的组织，其中大多属于民间自发组建，因各种原因不能在民政部门登记注册而未获法人资格的组织，又被称为“转登记或未登记组织”。② 例如，在大连就活跃着这样一批救助流浪儿童的“草根”民间组织：培心雨林、日新社会福利院、爱在海边儿童村；较有影响力的还有北京的太阳村、陕西的无国界医生、山西大同的孤儿学校等。

（二）服务形式

1. 以项目实施为基础的服务方式

这类民间组织通过实施各种项目，促进儿童权益的保护，并代表儿童为相关政策的制定提供建议，而不是养护儿童机构。

例如英国救助儿童会，其从 20 世纪 60 年代便开始在香港开展项目，和港府合作改善对儿童的社会服务，如儿童日间关怀中心、托儿所、残障儿童中心、流浪儿童和孤儿旅馆等。80 年代初期，英国救助儿童会应港府要求将寄养引入香港，继而设立了专门帮助单亲家长的项目。这些项目已于 1994 年移交当地非政府组织，当年英国救助儿童会还协助成立了香港儿童权利委员会，并一直支持其工作至今。

从 20 世纪 80 年代末开始，英国救助儿童会就在云南省、安徽省及西藏自治区开展了社区发展、教育等项目。1995 年中国项目办公室从香港迁至云南省昆明，随后合肥办公室、西藏办公室的项目也不断拓展开来。为了加强倡导、联络及与中央政府的合作，1999 年又在北京设立了代表处。

① 参见王名、刘培峰等：《民间组织通论》，时事出版社 2004 年版，第 299 页。

② 参见上书，第 15 页。

迄今为止，英国救助儿童会所开展的项目已覆盖了全国二十多个省（自治区、直辖市）。主要关注对象为弱势儿童如流浪儿童、残疾儿童、被拐儿童、少数民族儿童、违法儿童及流动儿童等。其目标是促进儿童健康、教育和福利方面的发展，最终成为中国自己的民间组织，成为中国草根组织的保护伞，把先进的工作理念、工作方法、管理经验带到中国。

2. 自愿性综合服务方式

与民政部门建立的流浪儿童救助机构相比，有些民间组织采用的救助方式更为自由，即儿童在进出救助机构和生活选择上拥有更大的自主权。

例如，云南省家馨社区儿童救助服务中心（以下简称“家馨中心”）。它是一家隶属于世界宣明会的民间流浪儿童救助机构。中心自2003年4月开始试运行，接待第一名流浪儿童，于2004年8月17日正式注册成立，专为18岁或以下的流浪儿童提供综合服务，帮助他们远离街头不良势力的威胁，脱离困境。

进出中心是自由的。流浪儿童可以自由进入中心享受免费吃饭、睡觉等基本生活照料。如果流浪儿童想离开中心，只需向中心的管理人员请假即可。中心为流浪儿童开设英语、音乐、数学、中文、历史、地理、绘画等课程，流浪儿童可以自由选择是否上课。中心有专门工作人员进行相应的心理辅导。

生活选择是自由的。家馨中心不仅给流浪儿童提供一个临时避难场所，针对流浪儿童回归社会的问题，中心与其他民间机构联合，把部分有上学愿望的流浪儿童送到预备学校，以资助他们重返校园。针对流浪儿童缺少家庭观念和家庭伦理的特点，中心建立了3个类家庭。每个类家庭能够容纳3—5名儿童。进入中心的流浪儿童可以选择是否需要生活在类家庭中。

3. 传统养护方式

例如大连的“培心雨林”、“日新社会福利院”两个组织均是在个人能力的运作下维系机构日常的运行，提供流浪儿童日常的食宿及教育。儿童除了能保证必要的生活所需外，较少能得到心理和行为上的专业辅导。这类组织服务结果的成效关键取决于发起者本人的能力，缺乏规范性和长久性。

三、民间组织救助流浪儿童的优势

（一）积累社会资本

从经济学的视角来看，民间组织的功能常被看成是对“政府失灵”和“市场失灵”的有益补充。其原因在于民间组织具有社会价值基础，与市场中的理性自利者不同。从马克思对资本的原始定义来看，资本是为了达到某种目的而动用的资源，因而资本概念的核心是运动（投资）与价值（预期回报），即只有当资源用作生产剩余价值时才成为资本。社会资本是从社会网络中动员的社会资源。很多学者认为当今的社会格局是政府——企业——非政府组织(NGO)“三足鼎立”的格局。政府累积管理资本,企业累积市场资本,而NGO累积社会资本。就民间组织而言,公众之间的相互信任、合作的能力、社会纽带的发育等就是所谓的社会资本。民间组织作为“第三部门”中的重要部分,它们的存在和活动体现着一定量的社会资本的累积,对促进社会经济发展具有多方面的积极作用。民间组织的发展有助于建立人际间的互信和互惠交换的规范,从而减少在公众事物和市场上的“搭便车”或利益互损行为,有助于提高政府的工作绩效和促进经济发展。

民间组织要发展,社会资本在一定程度上比资金资本更重要,可以说,社会资本是民间组织存在的基础。以大连的“培心雨林”、“日新社会福利院”、“爱在海边儿童村”三个民间组织为例,三者都是依靠个人力量建立起来的救助流浪儿童的机构,前两者在机构的日常维系与管理上较为传统,没有形成稳固的社区基础,在动员公众的参与和调动积极性上缺乏有效的途径,生存现状不容乐观。比它们晚成立几年的“爱在海边儿童村”虽然同样存在生存的窘境,但在社会资本积累、体现组织自主性上远远胜于前两者。主创人将经营民间组织看作为一种创业,在日常管理中引进现代NGO的管理理念,特别是引进社工工作理念,并注重对外联系,与政府机构、媒体等建立稳固地联系,获取更多的捐助资金和培训机会。

(二)分担政府负担

民间组织力量的日益壮大不仅维护了社会的稳定,而且促进了经济的发展,特别是它能够组织和发动民间力量,动员社会闲置资源,增加资源运用的合理性和有效配置,填补了政府社会发展方面资金不足的缺陷。民间组织在组织形式上较少存在等级制的行政管理体系,因此管理和运行更加灵活,提高了办事效率,降低了工作成本,提高了服务质量,避开了政府行政管理中的种种弊端,能够较好地适应外部环境的变化,更专注于实质问题的解决。

流浪儿童问题是我国改革发展进程中遇到的重大问题和难题。多年来,政府为解决这一问题采取了各种措施,作出各种努力。但时至今日,这些问题依然相当突出,甚至还有继续恶化的趋势。现有的民间救助流浪儿童的组织尽管不是很多,但却在不同的层面以不同的运作方式探索着救助和保护流浪儿童的有效途径,通过它们的参与,与政府结成合作伙伴关系,可以更加有效推动这一问题的解决。例如:英国救助儿童会早在20世纪30年代就在中国开展赈灾救济活动,向当时遭受水灾的灾民和日本侵华战争的受害者提供了物质援助。近年来,又以直接干预、培训、调查研究和倡导宣传等方式帮助处于边缘的儿童和青少年。在改善基础服务质量、艾滋病预防和帮助缺少家庭关怀与保护的儿童等儿童福利与保护领域起到了积极的作用,为政府日后在这些领域开展工作提供了可资借鉴的经验。

(三) 人性化救助

民间组织的服务对象主要是社会中的弱势群体,优先关注的是被市场和国家所忽视的贫穷民众。它们把公益性目标放在首位,有着改善弱势群体利益的内在动力。乐于并能够深入社会基层,精心提供服务,使弱势群体不仅在经济上受益,在心灵上也得到关怀。

例如:云南家馨社区儿童救助服务中心的流浪儿童救助方面的一个重要特点是,它并不像政府救助机构那样将护送流浪儿童返回家庭作为他们的主要任务。流浪儿童回归家庭只是中心工作的很小的一部分,中心工作重点是放在流浪儿童在中心的生活照顾、学习和文体娱乐活动上。流浪儿童可以自由进入中心享受免费吃饭、睡觉等基本生活照料。中心为流浪儿童开设英语、音乐、数学、中文、历史、地理、绘画等课程,流浪儿童可以自由选择是否上课。流浪儿童在中心还可以打乒乓球和篮球、看电视。针对有心理问题的流浪儿童,中心有专门工作人员进行相应的心理辅导。家馨中心不仅给流浪儿童提供一个临时避难场所,针对流浪儿童回归社会的问题,中心与其他民间机构联合,把部分有上学倾向的流浪儿童送到预备学校,以资助他们重返校园。家馨中心目前还资助了 20 多名流浪儿童到民办学校上学(由于流浪儿童通常没有户口,因此无法进入公立学校)。目前在读的流浪儿童中,有的读小学、有的读初中。中心负责人表示,如果有流浪儿童能够读到大学,他们也将提供资助。针对流浪儿童缺少家庭观念和家庭伦理的特点,中心建立了 3 个类家庭。每个类家庭能够容纳 3—5 名流浪儿童。通过类家庭模式旨在让流浪儿童重新社会化。救助实践也表明他们的这些做法对流浪儿童的融入社会确实有明显效果。

家馨中心还有专门的外展业务:即不定期到公共场所劝说流浪儿童到中心接受救助。并根据流浪儿童发展的需要不断探索新的救助方式,类家庭、预备学校等都是家馨中心在结合了以往工作经验和救助实践的基础上发展出来的。为流浪儿童维护自身权利,保障自身合法利益,巩固救助实践效果,顺利重返社会起到积极的作用。

四、民间流浪儿童救助组织面临的困难和问题

由于儿童救助民间组织在我国才刚刚起步,同时由于我国的特殊国情,无论在其生存的政策、社会环境方面,还是在其自身管理运作方面,都还存在许多不尽如人意的缺陷,从而阻碍了儿童救助民间组织的健康发展。

（一）政府支持和管理力度不够

随着经济体制改革的深入，我国对政治体制也进行了一系列改革，“大政府”逐渐向“小政府”过渡，介于政府与家庭之间的民间组织大量涌现，成为连接政府与群众、群众与群众的重要桥梁。民间组织从无到有，政府也随之出台许多政策来引导民间组织的发展，但是，由于民间组织的作用尚未得到充分认识，政府观念还没有完全转变，因此，很多政策更多的是对民间组织的限制，即使有些扶持性政策，也没有得到很好的贯彻和执行，一些民间组织由此感慨“体会不到政府给予的阳光”。

1. 政府对民间组织的存在价值认识不明确

按照西方国家多年的实践经验，政府与民间组织应该是合作的关系。在共同的利益目标下，两者承担不同的公共责任。政府在诸如政策支持、建立评估、监督管理等宏观方面负主要责任；民间组织则在诸如项目执行、具体服务利益对象、制定项目规划等方面负主要责任。政府的管理只能是概括式的、指导性的，不可能事无巨细，因此，民间组织的存在是必要的。

但是，目前我国对民间组织的认识还不是很明确。我们在调研中发现，不少地方政府官员对民间组织抱有怀疑、担忧、排斥的态度。有的人质疑民间组织创办人的动机，不相信他们会真心做这种无利可图的事情；有的人担心民间组织不能承担养护孩子的责任，一旦捐款逃跑孩子该怎么办；有的人认为政府完全有能力把所有的流浪儿童养起来，不需要民间组织的参与；还有的人担心如果民间组织发展起来，政府救助机构的工作人员是不是就要下岗，等等。总的来讲，从中央到地方对民间组织究竟该给予什么样的政策导向还是模糊的。正是这个认识上的问题没有解决，导致了扶持和监管民间组织的政策法规迟迟没有出台。

2. 注册难，难以得到合法的身份

民间组织在民政部门难注册，得不到合法的身份，这是民间组织当前所面临的首要问题，救助儿童的民间组织在其发展进程中也遇到了同样的拦路虎。由于无法在民政部门进行注册，一些民间组织最终无奈地选择了工商注册的道路：北京市太阳村特殊儿童研究中心、爱之行、星星雨、惠灵等纷纷进行了工商注册，由此也引发了一系列的问题，而大多数的民间组织甚至没有注册，犹如“黑户”一般小心翼翼地活着。

究竟什么原因阻挡了民间组织的注册之路，从而妨碍民间组织的身份合法化呢？在访谈过程中，几乎所有的矛头都指向了“业务主管部门”，正是这个原因，让民间组织注册无门，也把境外的民间组织拒之在国门之外。

以《社会团体登记管理条例》为例，第六条第一款规定：“国务院民政部门和县级以上地方各级人民政府民政部门是本级人民政府的社会团体登记管理

机关。”同时，该条例第九条又规定：“申请成立社会团体，应当经其业务主管单位审查同意，由发起人向登记管理机关申请筹备。”根据该条例第六条第二款的规定，“国务院有关部门和县级以上地方各级人民政府有关部门、国务院或者县级以上地方各级人民政府授权的组织，是有关行业、学科或者业务范围内社会团体的业务主管单位”。从这些规定可以看出，我国对民间组织实行的是双重管理机制：即由业务主管部门和登记管理部门同时对民间组织进行管理，在这种管理体制下，民间组织要注册首先必须要找到业务主管部门。

根据《社会团体登记管理条例》的规定，业务主管单位必须要履行以下监督管理职责：负责民间组织筹备申请、成立登记、变更登记、注销登记前的审查；监督、指导民间组织遵守宪法、法律、法规和国家政策，依据其章程开展活动；负责民间组织年度检查的初审；协助登记管理机关和其他有关部门查处民间组织的违法行为；对民间组织承担连带责任；业务主管单位履行这些职责时，不得向民间组织收取费用。由此可见，“业务主管单位”对于政府部门而言更多的是一种责任，政府部门对于民间组织是避之不及，有谁愿意去做这费力不讨好的事情呢？根据该条例的规定，成为某一个领域的业务主管单位并非基于其自愿，而是基于法定职责，属于自己的主管范围而拒绝履行职责的，行政相对人应当可以提起行政诉讼。但是在实践中，业务主管单位的担任却需要获得其同意，即便申请设立民间组织完全符合法定条件和程序，只要没有单位愿意作为业务主管单位，也不能够成立。甚至在民间组织成立后，如果业务主管单位不愿意再担任，而民间组织又无法找到其他愿意担任业务主管单位的单位，就面临被注销登记的悲惨命运。可怜民间组织奔波于各个政府部门之间，只为找寻能够接纳她的“婆婆”，然而，这些“婆婆”们的门槛实在太高，无奈中只好选择工商注册或者干脆不注册。

进行工商注册的民间组织又面临新的问题。工商部门按照企业制度对其进行管理，按照规定征收营业税和企业所得税，而这些组织本身却是非营利的公益组织，尚且靠社会捐助得以维生，这种矛盾尤其荒唐。不仅如此，工商注册也引发票据管理上的混乱，这些组织无法拿到捐赠发票，导致它们尽失多笔捐赠。这一系列的矛盾凸显了我国民间组织注册制度的不合理性。

对于民间组织而言，没有业务主管部门的管理，它们活动更为自由，然而由于没有合法的身份，它们得不到政府的认可，不仅无法享受到政府给予合法民间组织的优惠政策，而且必然也会对它的社会公信度造成影响，缩减其社会资源的来源。民间组织要发展，首先要突破这一难关。

3. 税收优惠措施不足

纵观现代公益事业比较发达的国家，都有一套比较完善的税收减免优惠政策来鼓励公益捐赠，对于公益捐赠的企业或者个人免征企业所得税或个人所得税,这在一定程度上刺激了企业和个人的捐助积极性。中国的经济发展水平仍然有限,人们的公益意识也不发达,因此一般非营利的民间组织在经费上都比较紧张,所以法律上特别的鼓励措施就变得更加重要。在我国,《公益事业捐赠法》第四章中也规定有公益捐赠的优惠政策,规定公司、企业、个人捐赠财产用于公益事业的,可以享受企业所得税或个人所得税方面的优惠。优惠政策出台了,但是实际情况却不容乐观,在中国现行税收体制下,这些规定执行起来非常困难。① 中国现行的税制,增值税归中央,企业所得税、个人所得税归地方,地方税务局往往定有任务,必须要完成一定的纳税指标,并将其与政绩挂钩。如果因公益捐赠免掉企业和个人的所得税,必将影响地方税务局工作任务的完成,影响政绩,在这种情况下,要想得到地方税务的支持,执行上述税收优惠政策谈何容易?得不到税收方面的优惠,企业便缺少了捐赠的外在动力。即使有的企业想进行公益捐赠,有些地方税务机关为了完成一定的纳税指标而百般阻拦,在地方保护主义的作用下,企业不敢得罪地方政府和地方的税务官员,权衡再三,最终选择放弃公益捐赠。可见,鼓励企业和个人公益捐赠,政策和法律依据必不可少,但是更重要的是这些政策要落到实处,法律规定要得到执行。在实务工作中得不到贯彻,这些规定也只能是一纸空文。

不仅如此,我国现行的捐赠法律还规定,只有五家公益组织享有公益捐赠减免税的特殊待遇,这五家公益组织是:中华慈善总会、中华健康快车基金会、青基会、扶贫基金会、红十字会。企业只有向这五家公益组织捐赠时才能享受减免税政策,而给五家以外的其他公益组织捐赠,却不能享受减免税优惠。据此,慈善捐助者的选择范围变得非常狭小,由此产生了很大的不公平,制造了一种新的特权,造成少数公益组织通过特权垄断了捐赠资源,而不是通过良好的信用和服务去竞争,大量的公益组织公平竞争捐赠资源的机会被剥夺。有些民间组织只好以这五家公益组织为中介来吸收社会捐赠,除去向他们缴纳一定手续费不说,以这种方式吸收捐赠终究有些名不正言不顺。

4. 政府对民间组织指导监管不力

在我国,民间组织生长在"一块板结了的土地上",没有一个健康的生存空间,在夹缝中艰难求存,再加上作为一个新生儿,民间组织自身就还没有发育完全,因此,政府给予民间组织一定的指导和监管尤为必要。通过走访北京几所儿童救助民间组织我们发现,这些民间组织更多的是由某个人基于社会责任感和爱心建立起来,这些人大多数没有经营慈善事业的专业背景,组织结

① 参见刘佑平:《崔乃夫纵谈中国公益之路》,《公益时报》2004 年 1 月 24 日。

构比较松散,放任自流很容易滋生各种问题,它们需要外力对它们进行规范和指导。要充分发挥民间组织对政府职能的补充作用,政府就必须对这些组织进行引导,然而现实却并非如此。

双重管理体制下,登记管理部门主要负责民间组织的登记事宜,每年度对其进行年审,这种监督管理更多是形式上的,而对民间组织实质上的管理责任则主要由业务主管部门来承担,登记管理部门与业务主管部门之间责、权、利难以平衡,最终造成民间组织实质无人监管的局面。其次,在对民间组织进行登记之后政府并没有对其进行一些专业的培训,比如对创办人的培训、对财务人员的培训等等,由于事先没有打预防针,民间组织自身不规范的弊端很容易暴露出来,没有一个正确的引导,民间组织很容易走偏。我国政府目前对民间组织的管理方式基本上还是出了问题之后再简单地处理问题,而不是防患于未然,这一点在政府对沈阳"阳光儿童村"事件和云南胡曼丽事件的处理上体现得淋漓尽致。殊不知,"要让小树长成参天大树,需要细心地培植,生了虫子要捉虫,而不是简单地用剧毒农药去杀虫,这样既杀了虫子也杀了树"。

(二) 社会环境中的制约因素

民间组织要发展,需要有一个健康协调的社会环境,儿童救助民间组织直接面向弱势儿童,关注他们的生存与教育,更容易得到社会各方面力量的支持,拥有相对宽松的生存空间。然而,救助儿童民间组织同样难逃制约其他民间组织发展的社会因素的制约,主要体现在以下几个方面:

1. 社会资本相对匮乏①

对于民间组织而言,社会资本就是公民的公益意识和参与意识,民间组织要发展,社会资本在一定程度上比资金资本更重要,可以这么说,社会资本是民间组织存在的根基。通过调查我们发现,在我国,公民的公益意识和参与意识还不是很发达,这也是儿童救助民间组织在前进的途中步履维艰的一个原因。

此次调查流浪儿童救助民间组织吸纳的社会捐助来看,很大一部分捐款直接来自国际NGO组织和在华的外资企业、驻华使馆等,而直接源于国内企业、个人的捐款却寥寥可数,比如太阳村所得捐助中有70%来自于外企。为什么对于中国人的公益事业外国人反倒比中国人更热心?究其深层次的

① 参见熊跃根:《市民社会向何处去》,《中国发展简报》总第17期,第32页。该文对美国社会学者罗伯特·普特南所撰写的《独自打保龄球:美国社区的衰落与复兴》一书进行了介绍,普特南在该书中提出了"社会资本"这一概念,指出在当今美国,社会资本的表现形式正在出现危机状态,公民参与的热情正在每况愈下。

原因,我们发现:中国公民缺乏现代公益精神。现代公益精神的核心就是回馈社会,其基点是全民的社会责任感。研究表明,西方社会甚至一些第三世界不发达国家的公益事业之所以能够发达跟他们的文化是有关联的,他们信奉基督教,基督教教义的精髓就是博爱和感恩,这种观念中蕴含了回报社会的思想,与现代公益精神的理念相契合。反观中国传统文化,其中缺少了现代公益的这种理念。中国传统文化儒家、道家、佛家中,占主流的儒家文化,讲究修身养性齐家治国平天下,这是一条从道德修养到入世政治的人生路线轨迹,其视角更多地放在"独善其身"与"治国"之上,却淡化了回馈社会、反哺社会的意识,而这种社会意识正是公益精神中不可或缺的因素。接受中国传统文化教育的中国人大多数不缺乏爱心和助人为乐的优良品质,但是这种爱和帮助延伸的范围是有限的,通常及于自己周围的一个小圈子,却没有扩展至整个社会。

除此之外,我国公民的参与意识也比较淡薄。在现代生活中,网络、短信等已经让很多人"聊天用手不用口",电视和传媒使个人日益脱离社区生活,人与人之间的关系越来越疏远,感情越来越淡漠,个人参与社区活动减少;其次,市场经济条件下,在金钱的刺激下,拜物主义和个人主义盛行,越来越多的公民满足于自我利益,较少关心他人和社会利益,只图个人享乐却不愿施爱于社会,这些现代社会中的生活条件阻碍了公民参与意识的形成。

正是由于中国传统文化中公益理念的缺失,现代社会中负面因素的消极影响,要培养中国公民公益意识和参与意识仍有很长一段路要走。

2. 媒体报道,一把双刃剑

在现代开放社会中,媒体在人们生活中发挥了极大的作用,不可否认,媒体的正确报道宣传对于民间组织的健康发展有促进作用,但是我们也要看到,媒体报道其实是一把双刃剑,报道偏差反而会打击民间组织。

云南胡曼丽事件和沈阳"阳光儿童村"事件发生后,一些媒体对其进行简单粗暴的报道,由此殃及其他儿童救助民间组织,导致公众对其他儿童救助民间组织的怀疑,这对其他儿童救助民间组织而言,无论从经济上还是从精神上都造成了很大的打击。客观而言,媒体对民间组织进行公正的负面报道能够形成有效的监督,促进民间组织的自律和规范发展,但是,很多报道为了迎合大众的猎奇心理,作出各种不负责任的报道,这是极其有害的。人无完人,从事公益事业的人也不是圣人,在对他们进行监督批评时应该抱有为了他们做得更好的态度,而不是无情地把他们批得体无完肤。现阶段我们要做的是去保护和支持公益人士,让大家看到阳光,而不是极力去挖掘这些人的瑕疵并将其置于死地,试问如果这样,还有谁愿意"为公益事业而献身"?另外,在对民间组织进行负面报道的时候,由于媒体受到限制,无法去深入分析政府方面存在的问题,为了满足市场就拿仍然处于脆弱状态的民间组织开刀,①并且仅仅流于对个人的谴责,这种"丑闻式"的片面炒作是无法促进民间组织健康发展的。

另一方面,市场导向的媒体普遍喜欢将民间组织的创办人塑造成精彩故事的主人公,而不是直接去关注组织本身的结构、发展和事业,②这就容易把公众的关注点引向个人而不是这个组织,组织的发展与个人的魅力和荣誉联系起来,这种鼓吹个人英雄主义的报道十分不利于民间组织的可持续发展。

3. 社会宣传不够,志愿者缺乏参与的渠道

虽然在我国还存在着社会资本匮乏的缺陷,但是我们也要认识到,人皆有恻隐之心,正在涌现出来的企业家和富人群体,恐怕也不全都是冷血的赚钱动物,愿意从事慈善事业的人也为数不少,不仅如此,还存在着一大批富有社会责任感的志愿者,他们希望能够服务社会,专门救助弱势儿童的民间组织无疑为这些企业家和志愿者提供了一个非常好的平台。然而我国的现状是,儿童救助民间组织的社会宣传还不够,社会媒体更多的是在为慈善家做宣传而不是儿童救助民间组织,这些民间组织自身也缺乏一种宣传的意识。同时,由于我国目前的儿童救助民间组织还不成规模,他们往往只在一定的地域发生作用,影响力一般仅及于其所服务的区域,而没有辐射到外界,因此,大多数志愿者无从得知这些组织,从而堵死了其参与公益事业的路口。其次,目前的志愿者处于一种零散状态,缺乏一种机制把他们组织起来并对他们的行为进行规范和指导,这极大地限制志愿者团体发挥作用,社会资源没有得到充分的开发和利用。

（三）儿童救助民间组织的自身缺陷

民间组织先天有三个不足:一是缺乏个人利益的存在。一旦社会的志愿精神不足,则往往缺乏责任机制和发展动力。二是缺乏提高效率的竞争机制。在通过市场配置资源而进行优胜劣汰的企业相比,民间组织的竞争机制明显不足。三是缺乏显示业绩的晴雨表。政府的绩效可以通过政治支持率体现,企业的业绩可以通过利润体现,而民间组织的绩效却没有一个类似的非常明显的判断标准。民间组织从事的往往是社会公益事业,它既不能用利润来衡量绩效,也不可能用类似政治过程中投票表决的方式去衡量绩效。③ 我国民间组织的发展尚在起步阶段,经验不足,问题更多。

1. 与政府合作意识不强

成熟的民间组织应该是作为一种介于政府与民众之间的力量,搭起政府

---

① 中科院国情研究中心康晓光研究员在《中国发展简报》总第 21 期中的《各家看点》中指出了这一点,第 18 页。

② 参见付涛:《在 NGO 和媒体间游走——张淑琴和刘开明的故事》,《中国发展简报》总第 21 期,第 14 页。

③ 参见邓国胜:《非营利组织评估》,社会科学文献出版社 2001 年版,第 70 页。

与民众之间的桥梁,协调和平衡政府与民众之间的关系,在相关领域显示其不可或缺性。民间组织与政府的合理关系应该是:民间组织对政府职能的发挥进行补充,同时政府给予民间组织以资金和政策上的支持。民间组织与政府之间应该是互相扶持、相互弥补的,民间组织应该积极与政府合作,这是摆正政府和民间组织关系的关键所在。一些儿童救助民间组织对于这一点出现了认识上的偏差,他们不懂得与政府合作,一味埋怨政府限制太多,这显然不利于民间组织的发展。

2. 家长制的管理模式

目前我国大多数草根民间儿童救助组织的组织化程度不高,采用的是个人负责制的管理模式,在这种管理模式下,组织的领导人(通常是组织的创办人)居于最高层,拥有最终决策权,其他所有工作人员与领导人直接联系。不可否认,这种管理模式对于建立之初的民间组织而言不失为一种高效的管理模式,但是我们也应认识到:在这种超扁平化的管理模式下,领导人对组织的大小事务全权负责,不仅领导人的工作量非常大,而且很难调动工作人员的主观能动性,难以发挥他们的积极性,从而造成一些优秀人才的流失。同时,这种管理模式把组织与领导人个人画上等号,组织的命运与个人的命运联系在一起,一荣俱荣,一败俱败,这样的组织是不可能得到持续发展的。个人拥有最终决策权,不仅难以发挥集体的智慧,更严重的是容易滋生腐败等一系列问题。“没有制约的权力是腐败的根源”,这句亘古不变的名言在此同样得到验证。

3. 财务管理不够透明

大部分民间儿童救助组织的资金来源于社会捐助,建立一套系统的财务管理制度对这些捐助的社会公益资产进行管理,做到财务公开和透明十分重要,很多儿童救助民间组织在这方面做得很好,例如北京太阳村通过网络将儿童村每年的捐赠所得和支出向公众公开,接受公众的监督。自从云南胡曼丽事件和沈阳太阳儿童村事件发生之后,大多数民间儿童救助组织纷纷采取措施加强对财务的管理,防患于未然,财务管理混乱、不透明已经不是普遍存在的问题,但是仍有一些民间组织没有清醒地认识到这一问题。

4. 专业化水平不高

在任何领域求得发展都需要具备非常过硬的专业知识,公益领域也不例外,经营公益事业同样需要具备优秀的管理经验和团队意识,只有吸引更多的具有专业素质的人才投身进来,公益组织才可能发挥出其应有的作用。目前,大量的草根儿童救助民间组织更多的是凭借个人的热情和爱心而创建起来的,创办人缺乏经营民间组织的专业知识,也没有接受相关的培训;工作人员大多是充满激情的爱心人士,没有在相关领域的知识储备,这样的民间组织注定不会走太远,因为公益也是一门事业,仅有热情和爱心是不够的,要把民间组织的规模做大，专业知识的指导是不可或缺的。

5. 难以形成合力

在政府、企业、民间组织三者间，相对于前两者，民间组织是弱势群体。它既没有政府强大的行政权力，也没有企业得到的丰厚利润。可以说民间组织在全能国家解体后，成为缓解各种矛盾的“润滑剂”。如果民间组织本身存在的社会基础匮乏，无法获得它们生存所需的必要资源，民间组织的局限性就显现出来。民间组织大多单打独斗，彼此分散，各自独立开展项目，甚至在同一地区同一类型民间组织之间出现相互诋毁、不团结的状况。民间组织之间没有形成类似“行业协会”的联盟。在出现利益受损时，很难共同发出强有力的声音，讨回公道，也难从整体上获得好的扶持政策。

五、民间救助流浪儿童组织简介

（一）云南省家馨社区儿童救助服务中心

云南省家馨社区儿童救助服务中心（以下简称“家馨中心”）隶属世界宣明会，是一家典型的民间流浪儿童救助机构。中心自 2003 年 4 月开始试运行，接待第一名儿童，于 2004 年 8 月 17 日正式注册成立。儿童中心专为 18 岁或以下的流浪儿童提供综合服务，帮助他们远离街头的威胁，脱离困境。中心的运作框架图如下：

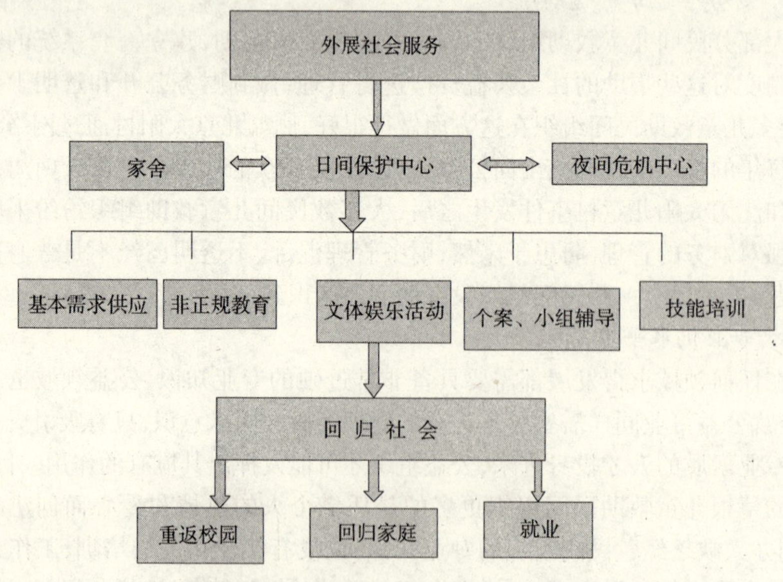

图 4—1 云南省家馨社区儿童救助服务中心运作框架图

家馨中心的流浪儿童救助方面的一个重要特点是：对于流浪儿童的全面关怀和帮助。家馨中心并不像政府救助机构那样将护送流浪儿童返回家庭作为他们的主要任务。流浪儿童回归家庭只是中心工作的很小的一部分，中心工作重点是放在流浪儿童在中心的生活照顾、学习和文体娱乐活动上。流浪儿童可以自由进入中心享受免费吃饭、睡觉等基本生活照料。中心为流浪儿童开设英语、音乐、数学、中文、历史、地理、绘画等课程，流浪儿童可以自由选择是否上课。流浪儿童在中心还可以打乒乓球和篮球、看电视。针对有心理问题的流浪儿童，中心有专门工作人员进行相应的心理辅导。家馨中心不仅给流浪儿童提供一个临时避难场所，针对流浪儿童回归社会的问题，中心与其他民间机构联合，把部分有上学倾向的流浪儿童送到预备学校，以资助他们重返校园。家馨中心目前还资助了20多名流浪儿童到民办学校上学（由于流浪儿童通常没有户口，因此无法进入公立学校）。目前在读的流浪儿童中，有的读小学、有的读初中。中心负责人表示，如果有流浪儿童能够读到大学，他们也将提供资助。针对流浪儿童缺少家庭观念和家庭伦理的特点，中心建立了3个类家庭。每个类家庭能够容纳3—5名流浪儿童。通过类家庭模式旨在让流浪儿童重新社会化。

每一个进入中心的儿童都是自愿的。如果流浪儿童想离开中心，只需向中心的管理人员请假即可。中心的自由与民主原则，使得中心工作人员与流浪儿童之间的关系非常轻松、和谐。家馨中心的民主管理方式除了出入自由以外，还充分体现在日常生活中。中心工作人员不能做任何违背儿童意愿的事情。例如，如果儿童自己不主动谈起，中心工作人员不能询问流浪儿童的家庭住址，也不能询问流浪儿童过去的经历，因为这些都被视作是流浪儿童的隐私。家馨中心有专门的外展业务：即不定期到公共场所劝说流浪儿童到中心接受救助。中心还根据流浪儿童发展的需要不断探索新的救助方式，例如类家庭、预备学校等等。

（二）大连培心雨林孤儿之家

2006年6月17日，当迎接父亲节的第一缕阳光洒落滨城大地之际，由大连狮子会、大连国际经济文化促进会主办，大连报关学校创办的“培心雨林”孤儿之家建成使用了。为了与孩子们同享重获家庭温馨的欢乐，奠定快乐健康成长的基石，大连报关学校董事长、“培心雨林”孤儿之家创始人，也是来自全国26个民族的58名孤儿共同的爸爸——王培全，特意为孩子们举办了以“同享家庭温馨幸福，共促雨林早日成材”为主题的新家落成剪彩揭匾仪式。

王培全现任大连报关学校董事长，著名慈善家、感动大连人物。他命运坎坷，8岁丧母，父亲瘫痪在床，年幼的他饱尝了饥饿的滋味。王培全回忆说，有将近十年的时间,他都生活在“明天会不会被饿死”的恐惧中。在那段艰难的岁月里,最让王培全感动的是那些帮助过他的好心人,“那时候日子穷,谁家也不多一口饭,但街坊邻居硬是省出一口留给我。到了冬天,邻居们凑布票给我买棉衣……”王培全说:“那时我就下决心,等我富了,一定要尽自己所能给孤儿、流浪儿们一个温暖的家,回报那些曾帮助过我的人。”他从2000年末开始,相继远赴云南、西藏、新疆和辽宁朝阳等地区,先后收养了属于多个民族的58名孤儿(其中有30多个因家庭暴力而成为孤儿),建立了培心雨林儿童村,尽管投巨资200多万元创建孤儿之家,还要每年投入百余万元费用,但仍乐此不疲。他说:“每救助一个孤儿就为国家减轻了一份负担,为社会增添了一份和谐,为中华民族的和平崛起奠定了一块基石。为此,我深以为荣,即使倾家荡产也值得!”

(三)大连日新社会福利院

大连日新社会福利院是由林洁女士自出资金创办的社会福利院。林洁一生坎坷,命运多艰,出生不久就被送养,正是这段特殊的经历,使她在以后的岁月中承受住了生活的种种磨难和不幸。她做过勤杂工,卖过冰棍,吃过很多苦,后来靠经营饭店生意红红火火。1994年,她收养了第一个孩子,从那以后,她就开始陆续收养孤儿。后来收养的孩子越来越多,她便于1998年8月建立了一所耗资200多万元的福利院,主要面向社会收养无父母的孤儿和被遗弃的婴幼儿。几年中,在林洁的福利院里,收养了几十个孩子,这些孩子亲切地称她为姥姥。

福利院的宗旨是“静心养育,爱洒人间,愿为人类的慈善事业奋斗终身”。

(四)大连爱在海边儿童村

全称为“大连爱在海边公益文化发展中心”,成立于2003年10月5日。由民间爱心人士金宏伟先生协同潘芏、杨梅两位老师共同出资创办,属公益性非营利组织,旨在帮助父母正在服刑、不能正常生活或受教育的未成年人,维护他们的基本生存权利和受教育权。从创办到现在,儿童村陆续收养了19个孩子。

长期以来,服刑人员子女权益保护处于法律的盲点,是民间组织在艰难的环境下开启了相应的救助行动。陕西省监狱局女警官张淑琴早在1995年就开始创办此类机构。

“政府政策出台的背景与越来越多的民间组织从事服刑人员子女的救助有关。新的政策可能为我们这样的组织带来资金倾斜。”大连爱在海边儿童村创办人之一潘芏说。

2003年10月,大连爱在海边儿童村成立,为辽宁省范围内的服刑人员未成年子女(特殊儿童:无人抚养、无人教育、无家可归)提供无偿的、温馨的、规范化的救助代养服务。“因为他们身份的特殊性，很少有人能得到正常的家庭生活。在目前家庭寄养还不太可能的情况下，进行集中供养是最好的方式了。”潘芏说。

不同于政府举办的福利院，员工一般倾向将福利院看作工作场所，儿童村尽力营造家庭的氛围。“我们强调，儿童村不只是儿童的家，也是我们员工的家。这样，早恋倾向的孩子也会和阿姨交流自己的思想。”潘芏说。

除生活上的照料，儿童村还对孩子进行心理辅导和人格教育。儿童村鼓励孩子和家长通信（每月一封）并寄送照片，一方面对孩子进行心里疏导，也对他们的父母形成积极的影响。由于儿童村成为监狱延伸帮教的合作伙伴，监狱方面对儿童村组织的探监活动也非常配合，有两家监狱还给过一次性的小额资金资助。

正式注册一直是儿童村的愿望，儿童村一直没有放弃和政府进行沟通。2005 年儿童村开始定期向市民政局递送工作报告，民政局也定期派人来检查监督。最近，儿童村又一次向市民政局社会福利处抛出“绣球”递交申请，希望为自己找个“婆婆”。潘芏觉得，机构的公信力是筹款和获得身份的前提条件。2006 年 4 月份儿童村召开了理事会，确定今年的目标是机构内部的制度建设，以及在此基础上主动筹款。网站改版和编辑一份内部刊物也在筹划中。以联合国儿童权利公约为基础进行的培训也将延伸到社区，倡导公众关注这个弱势儿童群体。儿童村还计划在 5 月份开始和各区监狱沟通，对这类孩子的数量进行统计。

儿童村目前有四位专职人员，以及一位专职会计。限于目前的资源条件，还不能大量满足家长的需求（目前的报名者达到 100 人）。

出于自己的价值取向，潘芏 2 年多前从企业退出，参与创办儿童村。她 10 多年前开始关注社工工作，竟是通过一部香港电视剧，反映社工帮扶少管所释放的孩子。通过网络查询，她和 NPO 信息咨询中心建立了联系，并于 2005 年到北京参加了两次培训。第一次培训的结果是回去建立了儿童村的网站，而第二次关于“治理的价值”培训，则丰富了自己在 NGO 业内的网络联系，使自己意识到“抬头走路做事”的重要性。

——摘自《中国发展简报》2006 年 4 月刊第 29 期，文/付涛。

2006 年以来，CCTV—1《半边天调查》、CCTV—12《道德观察》、阳光卫视、湖南卫视《天下女人》及《晚间》、《北京青年报》、《大家文摘报》、《中国妇女杂志》、《大连日报》、《大连晚报》等多家媒体纷纷对大连儿童村的公益行为进行了正面的报道。各家媒体在塑造民间机构的公益形象方面起到了积极的引导作用。2006 年 11 月 14 日潘芏被评为 2006 年度真情·和谐人物。

大连儿童村为各界爱心人士和企业提供了一个看得见、摸得着的“爱心展示平台”，为愿意投身志愿工作的人们提供了个性化的志愿服务平台。大连儿童村现有执行理事会成员6人、顾问12人、名誉理事4人、监事会成员2人；参与志愿服务人次超过500人。

一个社会的平均捐赠意识水平，代表了一个社会的和谐指数，国际惯例表明，儿童救助机构是最能吸引人们关注的被捐赠的机构。所以，大连儿童村现象的存在，对于人们捐赠意识的形成，将起到潜移默化的推动作用。换言之，儿童救助机构的规范有序运作，将是推动社会捐赠意识的有效渠道，是推进社会和谐进程不可或缺的力量。

（五）北京市太阳村

北京市太阳村特殊儿童救助研究中心（原中华慈善总会特殊儿童救助工作部，北京示范儿童村），简称太阳村。其创办人张淑琴女士于2000年12月在北京顺义区赵全营镇板桥村正式建村。太阳村是一个自筹资金，采取集中供养的方式，无偿替罪犯代养代教未成年子女的场所。

太阳村的救助对象主要是服刑人员无人抚养的未成年子女，该村使这些孩子在离开父或母的日子里其生存、接受教育和有病能及时治疗等基本权利得到保障。目前，有115名孩子生活在太阳村，这些孩子主要来自北京、河北、河南、新疆等地。太阳村与孩子的父母或其他监护人签订代养协议书，负责孩子们这一特殊时期的抚养和教育。太阳村的孩子们就近读书。分别在当地的幼儿园、小学和中学插班就读。今年初中毕业的孩子在顺义职教中心上学。

太阳村不仅为孩子们提供了安定舒适的寄身之地，保障他们受教育的权利，而且还十分重视孩子们的心理健康。由于这些孩子生活在一个特殊的家庭环境之下，心理发展方面难免会有一些偏差，太阳村便采取各种方式对孩子们进行心理辅导，他们每年会安排工作人员进行心理辅导的师资力量培训，与北师大心理系给孩子建立行为档案，对重点有心理问题的孩子进行针对性的辅导，其宗旨就是让孩子们健康成长。

除此之外，太阳村还接纳了一些无家可归、无业可就、身体不好的刑满释放人员，安置他们在儿童村照顾小孩、进行生产。儿童村的发展理念就是要帮助两个人群：女性刑释人员和服刑人员无人抚养的未成年子女，这两个人群生存环境十分险恶，而且受到社会的歧视、政府的忽视，是急需帮助的人群。

太阳村属民间组织，没有政府拨款，所有费用均向社会募集，从创建之初，太阳村便得到了国内外爱心人士的大力支持。目前，社会的主动捐助是太阳村的主要资金来源。此外，太阳村还会同企业、基金会等谈一些大项目，争取更多的社会捐助。在所有的社会捐助中，有70%来自外资企业，但是直接源于国外的资金捐助却只占很少一部分。

然而，由于社会筹措缺乏保障，太阳村期望能靠自己的力量解决部分经费以保障孩子们的基本生活，农场就是一个大胆尝试：太阳村租赁了260亩土地，于2002年4月投产，种植了枣树、花生、玉米、黄豆等农作物。农场由专人负责，有固定的工作人员，在假期，孩子们也到地里从事一些力所能及的劳动（例如拔草），一方面可以锻炼他们的身体；另一方面也培养他们吃苦精神，自力更生的意识。2004年，农场通过卖枣收入11万元。

太阳村和中国任何一个乡村寄宿学校没什么两样：宿舍、教室、运动场、食堂一应俱全，与那些学校不同的事，太阳村的建筑有一个突出特点：全部采用彩钢建设。太阳村之所以作出这样的选择，不仅因为彩钢具有冬暖夏凉的品质，更关键的是刻意为孩子营造一个彩色的生活空间，试图淡化不幸家庭在孩子心灵上留下的阴影。太阳村的院子里种满了各种各样的花草树木，大概也是出于这样的考虑吧。

太阳村建造了8间爱心小屋，这些爱心小屋被叫做"家庭式宿舍"。每间小屋的建筑面积是110平方米，住12—18个小孩，并配备一个爱心妈妈。这些小屋是由爱心人士出资6万和儿童村出资1.5万元共同建成，每个小屋也因捐助者而命名，如扶轮社爱心小屋、青鸟健身爱心小屋、诺华爱心小屋、戴·姆斯－克莱斯勒爱心小屋。谈起这些爱心小屋，张淑琴自有一个小算盘：建一个小屋只需7.5万元，这样化整为零、分别筹建一个个小屋比一次筹建一栋楼要容易得多，根据黄金分割定律，6万块对于捐助者而言并非不可接受的大数目，对于儿童村而言也解决了大部分的资金问题，这样1.5万不仅吸引来6万块的捐助，而且还获取了捐助者对儿童村的信任，拉近了捐助者与小屋的距离，增强了捐助者对小屋的责任感。

太阳村目前仍然是家长制的管理模式，张淑琴作为创办人也是太阳村的最高领导，拥有对各种事项的决策权。在管理方面，太阳村的管理层"兵分三路"，分别对各具体事项进行管理：对孩子和爱心妈妈的日常生活、学习的管理；后勤管理包括农场的经营；办公室事务管理包括资源动员、接待等。

（六）英国救助儿童会

创建于1919年的英国救助儿童会，致力于为儿童创造一个更美好的未来。英国救助儿童会总部设在英国伦敦，是一个非政府、非政治、非宗教、非宗派、非营利的发展机构，目前在全球60多个发展中国家开展工作，帮助在世界上最贫困的社区中生活的儿童，英国救助儿童会是救助儿童会国际联盟成员之一。英国救助儿童会最初是一个旨在帮助在第一次世界大战中受难儿童的救济组织。

英国救助儿童会的创始人埃格兰泰恩·杰布（1876—1928），在第一次世界大战期间，她在提高人们对受难儿童的活动中发挥重要功能。她倡议成立一个旨在帮助儿童的特别救济基金会。于是，1919年5月19日，"援助灾区和战区受难儿童”的救助儿童会正式诞生。英国救助儿童会为实现儿童权利而奋斗,并以及时而持久地改善全世界儿童生活状况为己任。

英国救助儿童会的目标:

英国救助儿童会致力于建立:

(1)一个尊重儿童、认可儿童价值的世界。

(2)一个倾听儿童的声音、向儿童学习的世界。

(3)一个所有儿童都享有机会、充满希望的世界。

英国救助儿童会的任务:

在一个儿童的基本权利得不到保障的世界里:

(1)我们努力为所有儿童争取享有幸福、健康及安全的童年。

(2)我们的一切工作都以儿童生活的现实情况为中心。

(3)和儿童一起,力争为现在和未来的儿童建设一个更美好的世界。

英国救助儿童会的价值观:

(1)以儿童为中心——作为为儿童工作的组织,我们力图以儿童的视角来观察世界。

(2)务实进取——我们设立了远大的目标,为了儿童而不是为了我们自己。我们同时意识到,我们的责任是切切实实的。我们致力于真正改善儿童的生活。

(3)独立——我们不受制于任何人,也从不以我们的廉正做代价进行妥协。我们随时准备挺身而出,并在必要时采取激进的立场。

(4)开放——我们的工作不带任何偏见。无论成功与失败,我们都从自身工作中吸取经验。我们为自己的工作而自豪,同时确保我们的工作交流诚实而清晰。

(5)合作——为给儿童争取更多的利益,我们尽可能地与合作伙伴共同工作。

(6)负责——我们向我们服务的对象,即儿童及其家庭和社区,以及我们的支持者们负责。无论是我们的专业工作,还是财务管理,我们均能做到稳健、审慎而且高效。

(7)团结——我们重视员工多元化的价值,彼此支持,从不忘记我们共同的目标。

英国救助儿童会在中国的发展历程:

早在1920年,英国救助儿童会就向中国捐赠了第一笔款项计250英镑用于饥荒救济,20世纪30年代又向水灾灾民和日本侵华战争的受害者提供了物质援助。

英国救助儿童会从20世纪60年代开始在中国香港地区开展项目,和港府合作改善对儿童的社会服务，如儿童日间关怀中心、托儿所、残障儿童中心、流浪儿童和孤儿旅馆等。从70年代开始，英国救助儿童会进入越南“船民”难民营开展工作，主持学龄前学校和婴儿诊所等。80年代初期，英国救助儿童会应港府要求将寄养引入香港，继而设立了专门帮助单亲家长的项目。这些项目已于1994年移交当地非政府组织，当年英国救助儿童会还协助成立了中国香港地区儿童20世纪权利委员会，并一直支持其工作至今。

从80年代末开始，英国救助儿童会就在云南省、安徽省及西藏自治区开展了社区发展、教育等项目。1995年中国项目办公室从香港迁至云南省昆明。这标志着英国救助儿童会在中国的活动进入了一个新的阶段。随后合肥办公室、西藏办公室的项目也不断扩展开了。为了加强倡导、联络及与中央政府的合作，1999年又在北京设立了代表处。

英国救助儿童会中国项目现有员工80人，其中外籍员工11人，文化程度以大学为主，且员工年龄结构较为年轻。这使得英国救助儿童会中国项目充满了活力与生机。中国项目总干事为来自英国的Kate Wedgwood（魏洁）女士。

中国有约4亿18岁以下的儿童。作为为数不多的在中国开展工作的国际儿童组织之一，英国救助儿童会以直接干预、培训、调查研究和倡导宣传等方式帮助处于边缘的儿童和青少年。我们正在支持提高少数民族儿童对基础服务的可及性、改善基础服务质量、艾滋病预防和帮助缺少家庭关怀与保护的儿童等方面的工作。

英国救助儿童会在中国建立了广泛的合作关系，主要是与政府部门，也包括地方群众组织和新兴公民社会等。其目的在于通过资金和技术支持发展地方合作伙伴的能力。所开展的项目覆盖全国20多个省市（自治区）。主要关注对象为弱势儿童如流浪儿童、残疾儿童、被拐儿童、少数民族儿童、违法儿童及流动儿童等。促进儿童健康、教育和福利方面的发展。

“以儿童为中心是我们的基本原则，儿童参与到我们的各项项目活动中来，我们相互学习、共同计划和作出决策。通过项目实践，我们获得保障儿童权利的实施经验，创建模式，代表儿童为相关政策的制定提供参考。”——英国救助儿童会

（七）新星流浪儿童援助中心

2006年3月，由人道救助组织——无国界医生组织（MSF）法国部宝鸡流浪儿童援助项目的中方员工发起，宝鸡市民政局批准，大陆首个地方性（全市性）的全天候专业从事流浪儿童援助和保护工作的民间非营利组织——宝鸡新星流浪儿童援助中心成立（以下简称“新星援助”）。

“新星援助”成立的机缘，来自MSF从儿童领域撤出这样一个战略调整。

在经历了减员、降薪、重新整合团队的过程之后，“新星援助”由国际组织运作的项目，转型为中方员工全权负责的本土组织。过去的5年中，MSF和宝鸡地方民政部门合作，共同就流浪儿童的救助和保护工作进行了前瞻性的尝试和努力，救助的流浪儿童超过500名，形成了“宝鸡地方模式”。中心执行经理杜成飞说，此番新机构注册取得合法身份，是多年来项目团队默默无闻在一线身体力行产生影响的结果。

目前，流浪儿童问题已成为政府和公众必须要面对的现实问题。民政部对全国流浪儿童的数量统计是15万，而中心根据民间组织的有关信息来源估计，这个数字大概至少为60万。以宝鸡为例，由于地处陇海和宝成铁路干线的交会处，是通往西南省份和西北边陲重镇的交通枢纽，其独特的交通地理位置，为很多外出打工者和流动人口在宝鸡的中转或逗留提供了便利。同时，也成为许多流浪儿童流浪乞讨、找活谋生的集散地。这些儿童或被家庭遗弃、或是家庭压力、暴力、虐待以及极度贫困的受害者，甚至被犯罪团伙操控利用。

中心执行主任杜成飞介绍，在流浪儿童救助领域，法律上一直存在真空。目前国内尚未设置专门针对流浪儿童进行持续、有效的福利型救助和保护的专业机构。依据现有的救助体系和各种局限，地方救助部门通常的做法是按原籍分段，逐站遣返回家，面对具体问题不进行任何干预和介入处理。

面对宝鸡流浪儿童的严峻现实，2001年地方政府看中了MSF的理念和团队，启动了民间和政府的开创性合作。政府划出救助站大楼的一半提供场地支持，挂牌成立流浪儿童救助保护中心，市民政局还委派3位代表参与项目。

磨合的过程不乏理念和实践上的冲突。“我们开始的时候根本不敢提倡儿童权益”，杜成飞回忆，“由于来自西方的理念和实际务实的做法在法律上都没有依据，所以只能多做少说”。不同于政府系统的救助站壁垒森严的封闭式管理模式，项目在外方的坚持下实行开放式管理，“救助场所就像一所人性化的寄宿学校”，对流浪儿童提供必要的心理康复、医疗关护和适当的教育服务。行为好、有潜力的孩子还被送到附近学校上学。社会调查、家访、回访等辅助手段，都是政府救助站并不具备的服务内容。

经过多年积累，项目的理念和实践，慢慢对之后的现行制度形成了突破。杜成飞介绍，在中心长期停留的儿童通常在20—30人左右，人均停留时间2—3月。由于家庭变故，无法找到监护人，滞留时间最长的达到3年多。2004年，项目开设了外展工作，有外籍工作人员、民政社工和中心教育工作者组成联合外展小组上街寻访，足迹遍布城市的“边边角角”，为流浪儿童提供直接帮助。救助能力的提高使得救助儿童数量逐年增加，到2006年累计达到200人左右。

中心曾和民政部官员有过直接的会晤，后者授意操作过程中大胆务实去做。“他们也认识到儿童医疗、心理、教育、技能培训等的重要性”，杜成飞说。2005年年初，民政部牵头举办首届流浪儿童工作保护研讨会，第一次邀请民间组织参加，中心在会上进行了专题发言，针对流浪儿童法规出台施加影响。2006年，中心又参加了乌鲁木齐举办的首届全国救助站长论坛，主题是流浪儿童救助保护。

坚冰在实践层面上破解，滋养了立法上的探讨。杜成飞估计，政府会在2008年奥运会前出台专门针对流浪儿童的法规。他说，酝酿已久的讨论稿，在服务理念、工作方式、服务范围等方面几乎完全吸纳了民间组织的服务模式。

“当然，不能简单说就是政策倡导的结果。”与政策倡导这个比较西化的概念相比，拥有国际视野但看重“本土化操作”的杜成飞更愿意强调组织多年来低调务实的实践本身具有的意义。

目前，“新星援助”这个“年轻的”团队正在积极对外筹款。因为到2007年4月，由外方为这个本土化机构提供的为期一年的发展资金就要用完。

——摘自《中国发展简报》2007年2月刊第34期，文/付涛。

个案采编1

渴望，家的感觉

“姐姐，看，天上有飞机！”说话的是个小女孩，瘦瘦小小的样子，眼眸子却很是明亮，滴溜溜地打着转儿。“这飞机怎么还有小尾巴呢！”她坐在秋千上，半仰着头看着天空，自言自语地说着：“我什么时候也能坐上飞机呢……”

这就是李××，几乎这里（北京市未成年人救助保护中心）所有的人都认识她。三年前，她来到这里，在漂泊流浪的艰辛之后。而今年的李××已经14岁了，正是像花儿一样的年龄，和其他孩子一样对任何事物都充满着好奇，看什么就问什么，就思索什么，总也闲不住。

三年多来，她所能看到的只有这头顶不到500平方米的天空，她每天都生活在这个小小的后院，期待着每月一次的外出参观学习，她很想知道在围墙的外边还发生着什么样的事情，很想知道其他同龄孩子在这个京城是如何生活的，很想知道别人的家究竟是什么样的……

我们发现她很怀念她的家人，我们能感受到她自内心深处那深深的对家的渴望与期待。但我们也发现了她活泼之后隐藏的那份孤独，她渴望交流，渴望能与同龄的孩子分享她的生活，渴望有人能够给她爱，那些她只能在睡梦中体验到的美好。

她说，她想有一个温暖的家，此时只能是想。她常常会想起那些在她的生命中留下了记忆的人，其中有些是亲人，有些是朋友，有些是帮助过她的人，可是他们都已经离开并且失去联络了。有人说，一个人不孤单，想一个人才孤单，他们是否知道千里之外的首都还有一个孤单的她在痴痴地守望。

她渴望像飞机一样，飞翔在广阔的蓝天，可以看见中国最美丽的风景，可以去自己想去的任何一个地方。所以，她想向更多的人讲一讲自己的故事，好让这些人带着自己的故事走向四面八方，也好让那些人想起她，好让更多人可以知道她，可以关心她……

我不知道，爸爸、妈妈在哪里？

姐姐我好想我的姐姐和哥哥，为什么他们都有哥哥、姐姐和爸爸、妈妈，为什么就我没有爸爸、妈妈，我真的好想我的爸爸、妈妈，可我不知道她们在哪，我好想她们来接我。我不知道我的愿望（能否）实现。姐姐我真的好想他们，可我认为还是我的妈妈对我好，因为在家只有爷爷和姥爷还有妈妈对我好，可惜我爷爷和姥爷都死了，姐姐我好想她们，虽然我的爷爷和姥爷死了，可我认为他们永远活在我的心中。

2006 年 7 月 12 日下午，哥哥、姐姐又给我们作小组活动了，可这次不是玩，而是带我们来到了小教室，围成了一个圈，让我们和我们中的两个人举行告别会。哥哥、姐姐告诉我们，这两个人已经跟阿姨说了家里的真实地址并且联系到了家人，他们很快就可以回家了，回到他们真正的家里。我看到黑板上写着"踏上回家的路"，不知道为什么，看到那些字，我心里觉得堵堵的。我想至少他们都还有回家的方向，那里有爱他们的爸爸、妈妈在等待他们回家，而我呢？我想知道没有爸爸、妈妈的家算不算是一个家。

这俩人我都认识，他们来这里有半年多了，我们常常在一起玩。但是他们两个从来没有跟我说过家里的事情，我以为他们和我一样，也是被爸爸、妈妈丢掉的。原来他们和我一样是有父母的，原来他们也离开了家，也许我们是一样的，可是不同的是，他们可以回家了。

哥哥、姐姐们放了首好听的曲子，我不知道那是什么音乐。哥哥说那是用一种叫萨克斯的乐器演奏的一首歌，名字叫"回家"。姐姐让我们闭上眼睛好好感受音乐的旋律，想想家是什么样的感觉。音乐是那么优美，可是我想到家就觉得难受。家是和爸爸、妈妈连在一起的，可是我现在已经没有爸爸、妈妈了，怎么能够回家呢？

哥哥、姐姐们让我们听听他们两个人的故事，他们是怎么离开了家，又是什么让他们决心要回家。他们低着头，眼圈红红的，平常的他们可不是这样。我看着他们俩，突然觉得他们是那么的陌生——他们是有爸爸和妈妈的孩子。

我没有仔细听他们的故事,或者说不想听。因为只要听到他俩说爸爸、妈妈,我的心就难受一阵,他们至少还有爸爸、妈妈,可是我没有,我不知道我的爸爸、妈妈现在哪里,我也不知道去哪里能找到他们。也许他们已经忘记了曾经生下过我这一个女儿,他们根本不要我了。我不愿去想爸爸、妈妈,不愿去想我爷爷和姥爷,我不愿去想家里的样子,于是我用手捂住耳朵,低着头,什么都不去听了。

等我抬起头的时候,发现周围好多人都在哭,哥哥、姐姐的眼圈也红了。后来,哥哥、姐姐让我们把手伸出来,闭着眼睛和身边的人手心贴手心,我觉得这样感觉很好,好像我们都连在了一起,我不是只有一个人,我在这里有那么多的好朋友,我们在一起生活很开心,不用去想爸爸、妈妈。

哥哥、姐姐问我们有什么祝福的话想对他们说,我其实一点都不想说,我这个没有爸妈的人有什么资格给他们祝福呢。"踏上回家的路"这几个字突然变得很刺眼,我觉得很难过。最后,我说了一句:祝你们回家和爸爸、妈妈开开心心地生活在一起。然后我就跑了出去……

我要离开这个教室,我不想再去想爸爸、妈妈,不想再去想家,我什么都不要去想……

我想不通,爸爸为什么要打妈妈?

小时候,我和爸爸、妈妈3个人住在一起。记得以前妈妈对我很好,我也很喜欢妈妈。妈妈是短头发,长得可好看呢。我最喜欢妈妈讲故事,每天晚上都讲,那个时候我们3个人睡一张大床,妈妈讲着讲着我就睡着了,但我觉得那个时候的我是最幸福的。那个时候,爸爸也对我很好,记得以前他和妈妈一起给我过生日,买了好大一个蛋糕还有新衣服送给我,我们在一起唱生日歌和许愿,我觉得很开心。这是我唯一拥有的过去家里快乐感觉,那个时候,我是有家的。

可是不知道从什么时候开始,家里就不是这样的了。爸爸开始打妈妈,而且每次打得都特别凶,喝酒也打,不喝酒也打,我真的不明白爸爸为什么要这样对妈妈。妈妈的脸上有些小疙瘩,也是被爸爸用开水烫的。那次妈妈在烧水,爸爸突然着急要找妈妈,见到妈妈就把开水泼到妈妈脸上。每次看到妈妈难过地哭,我也很伤心,于是跟着妈妈一起哭,家里怎么会变成这样呢,我不喜欢我爸爸了。

后来,妈妈告诉我爸爸有病,大家都说是精神病,发病的时候就会打人。妈妈说她带我爸爸去医院里看过,但医生说这是治不好的。慢慢地爸爸打人次数越来越多,有时候也会打我,他会抓起我的辫子把我的头狠狠地往地下摔,我有个牙齿只有半颗了就是那个时候磕掉的。我觉得家里变得好可怕,我很怕待在家里。

我清楚地记得在我8岁时的一天晚上，爸爸又打了妈妈，打得特别厉害，妈妈实在受不了，就跑了出去。爸爸说，你跑吧，跑了就别回来了。我害怕地躲在角落看着爸爸和妈妈。妈妈又走了进来，叫着我的名字。我猜妈妈一定想带着我一起走。可是爸爸不允许，站到了我和妈妈之间，不许妈妈再走近一步。妈妈伸出手来，那么近，可是我却怎么都拉不到。最后妈妈一个人走了，爸爸呼地把门一关，就开始吸烟。我不敢哭出声来，怕爸爸打我，我好想妈妈，妈妈去了哪里，妈妈会回来吗？

我总觉得妈妈会再来把我接走的，就每天站在门口张望。可是一天天过去了，妈妈一直都没有出现。我好失望，虽然我还住在家里，但我觉得这里已经不是我的家了。

又过了1年多，也就是我9岁多的时候，妈妈突然回来了，我好高兴。那么久没见妈妈了，妈妈穿着漂亮的衣服看上去很美。妈妈看到我就把我抱住，我在妈妈怀里哭了，妈妈也哭了。妈妈说跟她一起走吧，到北京去过日子，我想也没想就说好。可是后来爸爸回来了，看到妈妈就生气了并开始打妈妈。爸爸不允许妈妈把我带走，我和妈妈怎么求爸爸他都不答应。我真的不明白爸爸，妈妈可以走，为什么我不可以走呢。

最后，妈妈没有办法，给了我一根红绳子，上面挂着颗珠子，然后就走了。我一直记得妈妈走的时候，老是回头看我。我一直在哭，想要追出去，爸爸抓着我的辫子不放，我觉得好痛好痛。

这是我最后一次见妈妈，从那以后，妈妈再也没有出现，也没和我们联系，我也再没有和家人过生日了。

我不明白，爸爸你为什么要丢掉我？

妈妈走后，家里变得好冷清，爷爷就过来跟我们一起住了。爸爸有时候在家，有时候出去不知道忙什么。爸爸不怎么管我，都是爷爷在照顾我。农忙的时候，我想跟爷爷一起干活，爷爷心疼我，说我小女孩能干什么呀。于是我就在家里帮爷爷一起做饭、擦地和收拾屋子，爸爸晚上会回来一起吃饭，但是我看到爸爸总是觉得怕怕的，不敢跟他说话。

爷爷还让我上学前班。那个时候我已经8岁了，年龄太大了，很想上一年级，但家里穷爷爷没钱供我上学。而且上学的时候，同学总欺负我，说我没爸没妈疼，我又生气又难过，还和他们打架。我在学校里一个朋友都没有，老师也不怎么喜欢我。后来我就干脆不上学了，就在家里和爷爷相依为命地过着日子。

但是爸爸对我爷爷很不好，常常不给他饭吃，有时候爸爸发起病来就打我爷爷，我爷爷根本打不过我爸爸。有一次，我爸爸打得重了，爷爷就被我爸爸打死了，后来是村上的人帮忙把爷爷埋了的。看着最疼我的爷爷走了，我非常伤心，在家里不知道可以做什么事情。我姑姑挺喜欢我的，看我这样就让我住他们家，姑姑家还有几个孩子，哥哥对我特别好。可是我也不能每天都住在他们家里，之后爸爸就带我来北京了，我们从河南坐火车来的，爸爸买的火车票。

我也不知道为什么爸爸带我到北京来，但我跟别人都会说是爸爸带我来北京找妈妈。爸爸有时正常有时不正常。我们总共在北京待了十几天，爸爸带我去过天安门附近，还有不知道什么名字的公园，晚上一般就睡在公园里。我看到公园里常常有父母带着小孩子一起玩，我看着他们想着我可能永远都不会有这么一天的。

我也不知道那些天我都做了什么。我只知道我一直在走啊走，好累。爸爸会给我买饭、包子或者面包，有时也会买些水果，我不知道他从哪里来的钱，我们很少说话。有一次爸爸让我帮他打点水喝，我打了，但他特别生气还打了我。我不明白他为什么要这样对我，如果我做错事情了，他可以这样对我，但我什么事情都没有做错。

直到有一天，爸爸带我来到火车站，他让我站在一个角落等他一会儿，他马上回来。可是自此他就不见了，我等了好久好久，爸爸一直没有来。从那以后我就再也没有见过爸爸了，我也不想见到我爸爸，我恨他，是他把我丢掉的。

我感觉，这世界上有好人也有坏人

找不到爸爸，我就一直待在火车站里。有个保安走过来，挺凶的，我没敢跟他说话。又有个保安过来，看我一个小女孩站在那里那么久，问我怎么了，吃饭了没有，还买了饼给我吃。这个时候前面那个保安也来了，说不要理我，然后便凶巴巴地拽着我说要找警察。这个时候路边有个阿姨看我可怜就把我带回家给我洗脸住了一个晚上。第二天，阿姨说还是把我送到警察局去吧，我说不想去，阿姨说她也没有办法，总不能让我一直住她们家。于是，我又被送到了警察那里，他们把我送到拘留所，里面有大大小小的人，我跟他们住一块。在那几天，我第一次接触到那么多陌生人，我发觉这个世界上是既有好人又有坏人的。我感谢那个给我买饼的保安哥哥和带我回家的阿姨，他们都是好人，但是我不知道我能够为他们去做什么。

我伤心，我丢了最宝贵的红绳子

在警察局呆了两三天以后，我也不知道为什么他们把我送到北郊医院里去了，我在那里住了3个月，里面的人都是傻子。我在那里过得挺开心的，有时候还会有些不认识的叔叔、阿姨们来看我，给我带来不少好东西。那时候是冬天,天特别冷,一位阿姨送给我一件黄色的棉大衣,可漂亮了,我就穿了一次就舍不得穿了,和其他那些以前妈妈给我的东西,衣服和手镯什么的放在一个柜子里。

我一直把妈妈给我的那根红绳子带在身上。我常常会去看红绳子上那个珠子,我把珠子对着台灯,可以看到珠子当中的那个洞里有个东西,好像是张纸条,但是我从来没有把纸条弄出来看过上面的内容,我只是把它系在脖子上。这是妈妈留给我的最重要的东西,我想妈妈的时候,我就会用手摸摸珠子。可是不知道为什么,那个柜子打不开了,我所有的东西都丢了,包括那件漂亮的黄大衣。医院里的叔叔、阿姨把我的红绳子也收走了,再也没有还给我。我好想找到我那根红绳子,我想那个珠子里可能是妈妈的联系方式,如果能找到的话或许我就能找到妈妈了。

我很想,想有个妈妈

北郊医院里有个医生和我长得特别像,她对我也很好,时间长了,我就常常去她那里帮忙。我跟在她后面,别人都说我是她女儿,我说不是的不是的,我和你们一样也是住在这里的。我看着阿姨,我知道她对我好,但她毕竟不是我妈妈,我妈妈比她还要漂亮。我妈妈会不会也遇到一个长得很像我的女孩子呢,妈妈她会不会想我呢,还是已经把我忘记了?

之后,我又去了一个类似孤儿院的地方,我也不知道那里叫什么,但条件挺好的,我们好几个小孩都住在那里的。在那里我不用做事,可以天天在房间里看电视。有时间的话我就在那里跟他们学按摩,做得好的时候他们就会给我钱。我手劲大,他们都说按得可舒服了,我想以后可以把按摩再好好学学,长大了就专门给别人按摩。

那里有个大妈也很喜欢我,一直想收我作干女儿,她想把我带走但是叔叔、阿姨们不让。走的那天,大妈抱着我哭了,我也哭了,我只知道她是黑龙江的,但我也没有她的联系方式,后来我也没有见过她了,我不知道我还有没有机会可以做别人的女儿。

未保中心——温暖的港湾

最后,我来到了这里,北京市未成年人救助保护中心,这里刚建好不久我就来了,是田伯伯把我们几个人一起接过来的。当时跟我一起来这里的人差不多都走了,我一直都没有走,一直待在这里,三年多了……

来的时候,我不到11岁,阿姨们说我刚来的时候总是低着头,很少说话,可是现在的我变得活泼开朗多了。这里和之前呆过的地方很不一样,以前他们把我当做病人,但是在这里我和大家一样是个普通的孩子,能和大家一起开心地玩,也能上课学习,还可以常常出去参观。

我以前没怎么上过学,所以基础很差,刚来的时候我好多字都不会写,但是现在慢慢地,我已经可以自己写作文了。我最喜欢在小教室里看书,什么书都有,以前我喜欢看有很多漂亮图片的书,但是现在我也开始看一些很多文字的书了,像是《假如给我三天光明》,我看了以后便特别感动。

刚来的时候这里还没有操场,但是现在不但有了操场跑道,还有国旗杆。每几个星期就会轮到我做升旗手。记得以前上学的时候,只有那些成绩又好又讨老师喜欢的学生才能做升旗手,没想到我自己也可以站在离国旗那么近的地方,看着国旗在我面前冉冉升起。

我最期待的就是外出参观的时候,我们去过天文馆、科技馆、中华世纪坛等好多地方,特别是有一次我们参观了少年法庭,在那里我知道了"U"形的法台,象征着法律正敞开怀抱,希望走上歧路的孩子赶快回头。我想到了平常叔叔、阿姨和老师说过的话,要做个守法的人,做个社会需要的人。

我最喜欢的就是哥哥、姐姐们来看我们的时候,这两年的暑假,他们每天都跟我们生活在一起。哥哥、姐姐们会很认真地听我说话,给我补课,教我认字,还有一起唱歌。哥哥、姐姐们自己创作了一首歌叫做《港湾》,他们说救助站就像个港湾,是人生旅程中可以休息停泊的港湾。刚开始学这首歌的时候我们可顽皮了,可是哥哥、姐姐们是那么的用心和耐心,我们一起努力,终于学会了这首歌,还配上了好看的手语。

我是只四方漂泊的小船,
找不到梦中那个彼岸。
我的行程好远好远,
何处是我可以停泊的港湾。
灯光呀淡淡地照,
记得你陪我度过那些孤独的夜晚。
浪花吹呀吹,
梦想港湾的日子是一天又一天。
风儿拂来的时候遇见了你,我的港湾,
你用宽广的胸怀将爱蔓延。
雨儿来的时候找到了你,我的港湾,
回头的时候才知道不想说再见。
风儿拂来的时候遇见了你,我的港湾,
你用宽广的胸怀将爱蔓延。
雨儿来的时候找到了你,我的港湾,

回头的时候才知道不想说再见。

港湾里的好朋友——小韩

我在这里(北京市未成年人救助保护中心)认识了几个好姐妹,有四个人的关系特别好,可是后来她们都回家了,现在只有我一个人还留在这里了,她们给我留了联系方式,但是我不知道什么时候可以出去给她们打电话,不知道她们是否还记得我?

我现在最好的朋友是小韩,我们在一起有一年多了,我们两个常常吵架,有时候天天都要吵,但是我在这里,就和她是最谈得来的了。有一次姐姐教我们跳韵律操,不知道为什么小韩打了我一下耳光,那个时候我站在她前面,我们做了个动作,她就一拳打上来了。后来她给我道歉了。我也知道可能她不是故意的,可是我们走的时候,她就莫名其妙地不理我了,一句话都不跟我说。后来我们上厕所,她也离我远远的,我就说,你不理我,我也不要理你,我们隔离。不过我想,我们总会好的,可能回去以后晚上我们就好了。

其实前天晚上我们也不开心了,那天晚上小韩特别难受还哭了,因为她常常会腿疼,如果睡着了就没事,如果睡不着就会一直痛,要别人给她踩踩才好。那天晚上秦阿姨来看我们,我说错了一句话。我回去的时候,小韩就说我傻,她那个时候可凶了,不像在开玩笑。我就特别生气,后来我也就没理她自己睡觉了。她一直腿疼,就找另一个女孩帮她踩,可是她根本不会踩,就让她回去了。后来她又来叫我,捏我脸。我假装睡着了没有踩她。第二次她又来叫我的时候,我用手擦眼睛装作刚刚被吵醒,我在心里想这是你自找的,谁叫你晚上不睬我。后来我还是帮她踩腿了,她的腿就不疼了,我们也和好了。

我想这次也会这样和好的,我觉得什么都没有做错。不过我们两个心连心,我不开心,她也不开心,她不开心,我也会不开心。姐姐教过我们一首诗:"同是天涯沦落人,相逢何必曾相识"。我想我们也是这样,虽然有时候会不开心,但是现在的我们是真正的好朋友,就像我以前的好姐妹。只是,我不知道,哪一天,如果她也走了会怎样,我也希望我的好姐妹能过得更好,却不想离开她,我已经没有亲人了。

我渴望回到妈妈的怀抱

我不想回到以前那个和爸爸在一起的家,我在那里一点都不开心。我想回到妈妈身边。我恨爸爸,我不喜欢别人说到爸爸。爸爸你为什么要打妈妈,爸爸你为什么不关心我,爸爸你为什么不让我跟妈妈走,爸爸你为什么要把我丢掉……

虽然在这里我和很多人都很要好,但我知道,其实我没有几个真正的朋

友，我只有把我所有的事情藏在心里。其实我知道我家里的地址，但是我不想说我也不会说，我死都不要回那个家，我真的不想回那个家，妈妈走后，那里就不再是我的家了，那里已经没有我的亲人了。所以别人问我家里是哪的，我会说我忘了。

可是，看到那么多人来了又走了，看到那么多人回到家里了，我也好想有家的温暖。我问姐姐，家到底是什么。姐姐说家的英语有6个字母，就是“爸爸和妈妈，我爱你们”。家是一个互相关心，互相照顾，是一个永远可以安心休息的地方。我不知道我以前算不算有家，但是我知道和爸爸在一起的家不是家，我想找回我妈妈，我想找回我和妈妈的家，妈妈一定还会爱我的，我一定会做妈妈的好女儿的，我想回妈妈的家。

其实我在北京还有一个姑姑，以前妈妈带我去她家里玩过。我不记得我是怎么到姑姑家的，我只记得妈妈带我来到一个停着好多汽车的地方，从那里就能走到我姑姑家。我姑姑住在楼上，可是那时候我不敢爬楼梯，于是姑姑就下来把我抱上去，有人抱着的感觉很好。姑姑家楼下还有还很多卖水果的，我想吃什么姑姑就给我买什么。我很想我姑姑，要是找不到妈妈，去姑姑家也可以，姑姑一定会好好照顾我的。

有一天，不知道为什么，我脑子里突然多了串数字，我也不知道这个数字是从哪里来的，我就跟叔叔说这是我姑姑家电话，叔叔问我是真的吗，我想也没想就说是真的，是我突然想起来的。我也不知道我为什么会这么说，我只是想让叔叔、阿姨再多点关注我，让我可以找到一个家。叔叔说这个电话打过去是空号，我一直记得叔叔那个时候的眼神，是无奈，是不信任……可是我也没有办法，我也不是故意想骗叔叔的，我只想叔叔能再帮我好好找找我妈妈在哪里。

我要回家

亲爱的爸爸、妈妈，亲爱的兄弟姐妹，亲爱的父老乡亲，我爱你们我的好朋友。

我也恨你们，爸妈为什么你们把我带到北京弃我而去，不知所终，但现在想起来还是恨你们，就像电视上说的恨之入骨。爸妈我很想跟你们好好相处，希望你们对我好一点，让我开心一点，让我幸福一点，让我拥有一个开心快乐、幸福温暖的家。我的愿望是当一个画家，让世界都知道我的传闻，我还希望所有全世界的小朋友们能有一个幸福温暖的家,开开心心的。我相信我的每一个愿望,每一个祝福都会实现。我想你想着你就像老鼠想大米。

我的心里话

我很喜欢聊天,想有人在我身边说说话,我有很多话想对不同的人说,因为这样我就会觉得我不是独自一个人了。

我不想对爸爸说任何话,一点都不想说,我恨爸爸。不是他的话妈妈也不会走,爷爷和姥爷也不会死了。但是我有很多话想对妈妈说,妈妈,希望你能快点找到我,我想你能告诉我家到底是什么感觉。可是,妈妈,你也别为了找我而太伤心,不要老难过,我希望你能够每天都开开心心的。

我想对哥哥、姐姐们说,希望姐姐能考上理想的学校,身体棒棒的,家里别出什么事,希望哥哥、姐姐们身体好,希望脸上能总是挂满了笑。

想对那些正在上学的小孩子们说,要好好上学,不要像我一样,有爸妈却不在了,不能跟他们在一块……希望他们能好好上学,长大了孝敬父母,也能考上自己理想的学校,也不要像我一样出来,这样的悲剧很惨的,被人家笑话。

我想对救助站的其他同龄人说,真的希望你们早日找到父母,也可以像上学那些人一样上学,快快乐乐,无忧无虑地生活,多好啊。

我想对我的所有好朋友说,希望你们身体健康,能找工作就快点找到工作,能上学的尽量上学,没有父母的也能尽快找到父母。

昨天,今天,明天

姐姐让我把过去所有不开心的事情写在一张纸上,拿到纸,我真的不知道可以去写什么,我不想去想。姐姐说,我们要把所有不开心的事情全部写下来,然后把他们捏成一个团丢掉。我们要向过去的不开心告别。我好好想了想,写下了第一件事情,“妈妈走了,会让我不开心”。我不知道为什么不管什么事情,我第一个想到的总是妈妈。第二件事情我写了“别人看不起我”。虽然我没有爸爸、妈妈,虽然我没有家,虽然我有很多事情不会去做,但是别人看不起我的感觉非常不好。第三件事情是“没有亲人的爱护和关心”。这里的叔叔、阿姨、哥哥、姐姐虽然都对我很好,但是我好想有真正的亲人,可以有心贴心的那种很近很近的感觉。第四件事情是“我爷爷和姥爷的死对我打击很大”。他们是除了父母外最关心我的人,可以容忍我的一切,我很想念他们。最后一件事情,我想了很久才写上去,我不想去承认,不想去面对这件事情,那就是“亲人不要我了”。亲爱的爸爸、妈妈,你们真的不要我了吗,我到底哪里做错了?我真的没有想到妈妈和我的其他亲人会离开我,到现在我还没有想通这个问题。写完以后,我把这张纸揉成了一个团,然后狠狠地丢了出去,我

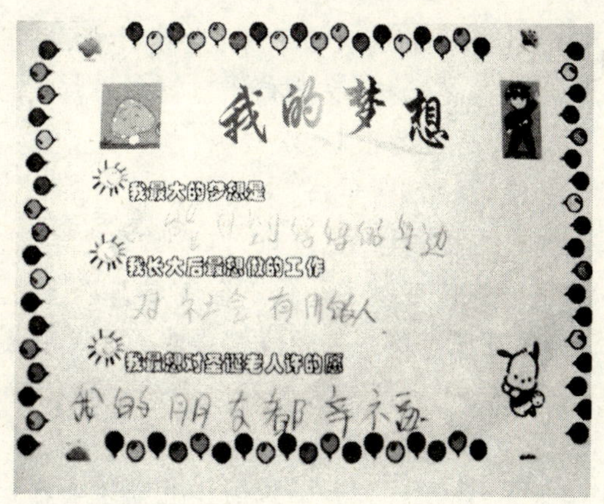

要把所有不开心的事情都丢掉。

其实我在外面的时候也没有那么特别想妈妈，顶多一个人的时候会想妈妈，想爸爸为什么要把我丢掉。但是现在到了这里，叔叔、阿姨经常会讲到关于家里的事情，还有我的好姐妹们一个个都走了，我也想走，想有人可以更多地关心我，想回到妈妈身边去。王老师说她给我贴了寻人启事，可是怎么一直找不到我的妈妈呢？

我现在最大的梦想就是能够回到妈妈的身边，我相信我可以找到我的妈妈，如果我能找到我妈妈我可以让她幸福；我长大以后想做一个对社会有用的人，感谢有过那么多的人帮助过我，教我知识和做人的道理；我还希望我所有的朋友们都能幸福。

我现在已经 14 岁了，我已经在这里待了 3 年了，我不知道我会不会在这里待到 18 岁，我还有很多事情要做，我要会写更多的字，要会算钱，要学一门手艺。在这个港湾里面我有了家的感觉，我很幸福。但是我知道这只是一个港湾，总有一天我要扬帆远航的，要驶向我自己的家。

而我最希望的，是能重温记忆中美好的生日蛋糕，还有那美好的家的感觉。

个案采编 2

一个流浪少年的梦想

本个案是根据对上海市流浪儿童保护教育中心二班一个来自云南的流浪少年的个体访谈撰写的。该少年 15 岁，男性，彝族。他喜爱唱歌，访谈中举止规矩、衣领整洁、不苟言笑、言谈成熟。交谈中，他一直也未说他的姓名，我们姑且叫他小云南吧。

家庭生活

我出生在云南，是个彝族人，出生时我父母已经有了八个孩子，我老九，大的哥哥都已经结婚、分家了，虽然名义上是兄弟，但没有多少兄弟情分。我 10 岁不到的时候，妈妈跟别人走了，去了遥远的浙江。

爸爸要带这么多孩子,没读过书,家里又穷,爸爸太操劳了,所以脾气暴躁。他总是乱打,手上有什么就拿来打人。他给我留下的印象是脾气比较暴躁,可以说真的很坏。

我只读了两年书,中间还辍过学,一个礼拜不去上学是很正常的事情。爸爸是个农民,见识比较短,他不愿意上学,他总感觉认识自己的名字,到哪里认识个路牌就可以了。他不会考虑到不让我上学可能会影响我以后的人生什么的,他可能也不想。他经常在我该去上课的时候,要我去给玉米下肥料,去放羊放牛。老师问起来时我也不知该怎么回答,老师也知道我家里情况他也不好说什么。我记得有时候为了六块钱的学费就得辍学,辍学好长时间。当时家里虽然很穷,可是没穷到连五六块钱都拿不出的地步,那时候我家还养着羊和牛,拉一只羊去卖也不止六块钱。所以说,他就为了这五六块钱让我辍学我真的很伤心。在上学的时候毕竟我的成绩也不是很差,虽然不能说拿个一二名吧,我还是在上等。在我印象中,父亲对我真的很差,但是到现在我还是想他,毕竟是亲人啊!

虽然我的生活很苦,也没有学上,但我很喜欢唱歌,高兴和不高兴的时候就哼起来了。可惜,我们那里彝族的风俗很多都没有了,连火把节都很少举办了。

二年级后,爸爸就不让我上学了,那时10岁多点,就开始下煤矿,矿下特别潮,那时候人小,干活太累了,休息的时候就睡着了,干活的时候再起来,当时没有察觉,但以后腿经常疼,有时疼得都没法走路。

流浪生活

在老家的时候,几年不见妈妈比较想她,两年前,我对我第四个哥哥说想妈妈了,他书读得比较多,就带我去看妈妈,找到后他回去了。妈妈在浙江没有成家,她在这边找了点活干,过得也不好,我在妈妈那没待多久,大概一个礼拜左右。我跟她说给我找份工作,她在腌熟食店里给我找到了活,给老板看鸡和鸭子,还要每天早上起得很早,把晚上做好的菜送到菜市场。干了几个月后腿疼,送菜要骑三轮车,但我腿常常疼得不能走路了。我跟老板说我走了,但我没告诉老板我腿疼,他不让我走,我执意要走,他也没办法,就让我走了。我也不想跟妈妈待在一起,她生活不稳定,再说小时候也没在一起,所以感情不深。我怕在一起给她添加生活负担。

离开浙江,去了福建姐姐家,姐姐出嫁到那里。到姐姐家,他们采茶的时候,我给他们送点中午饭,送点水什么的。但腿一直没好,走路太难了,平坡不要紧,上坡也不要紧,就下坡太难走,跟七八十岁的老头一样,那种感觉真的很难受,一个很年轻的小伙子不能够走路了,我都不知道怎么搞的。姐姐嫁到那边过得也不好，自己做不了主，得听别人的。两个月后，实在没办法了，我跟姐姐说干脆我走了，姐姐不让我走，她说你腿疼能走哪去？我说随便了，反正先离开这里再说。我决定去上海，便乘上去上海的长途汽车。

从姐姐那出来的时候，姐姐给了我400块钱，车费就花了两百。到了上海，人小，住旅馆人家不让住，再说，旅馆也不能住，太贵，就到处睡，马路边，公园里。饿了就买几个馒头吃。最后钱花没了，就跟人家去发传单，就是那种小广告。老板是山西人，发小广告，有时坐公交车去，有时骑自行车去，那时，腿还是不好，慢点，发了一段时间，老板不给钱，就走了。

后来到了南京路，身上没钱了，我认识了一个跟人家要钱的残疾人，他比我还小，我就跟他生活在一起，他还买东西给我吃。有的时候我在南京路上拣拣瓶子，他乞讨，然后我们就一起买饭吃，晚上也睡在一起。有一次，我们在南京路步行街发广告，发完之后老板不给钱，我们不想帮他发了，他就打我们，我肋骨都被打断了，不敢在那待下去了。第三天就扒火车到了北京，我们总共去了三个人，到北京第二天就被抓了，我们在公园里睡觉时，就被送到流浪儿童保护中心去了。之后我又扒火车来到了上海。扒火车时，我们就到火车顶上去，两节车厢接头的地方比较软点，稍微比车顶矮一点，蹲下去，但不能站起来，站起来就会摔跤。去北京的时候，我们三个人就蜷在那个地方。那天晚上下着雨……

回到上海以后还是跟人家去发传单，跟老板事先说好，先给钱，再发，一天大概二三十块钱。

出来之后，主要靠发小广告生活，也偷过东西，有的时候会偷自行车，偷东西的情形少一点。

闸北、静安、长宁、徐汇、闵航、南京路、黄浦区我都去过。

没出来之前我什么都不懂，怕这怕那的，出来之后就什么都不怕了。父母不在身边，什么都得靠自己，也挺用心学习识字的。

挨打是平常的事情，经常挨打，好像没什么好担心的。要说担心，就是跟朋友在一起的时候，担心朋友出事。只要外面的朋友好好的话，也没什么好担心的。不过，离家好几年了，也不知道家里什么情况……

想家就是想家里的人，可如果跟他们生活在一起的话也不大习惯了，毕竟是自己的亲人，一段时间不见，心里想，想的时候真的特想，有的时候想着想着会哭啊！唉！因为在老家的时候他们对自己也不是很好，所以想一两天后，有时候是一段时间，自己又会回到现实当中。

在外面也有开心的时候，就是几个朋友在一起搞点钱吃饭，一起玩很开心，虽然挣不了什么钱。

在火车站卖报的时候有几个卖报的女孩，其中有一个我把她当做自己的妹妹看待,她个子比我小,因为那里的人比较混杂,想保护她,但是我们有时候连自己都保护不了,就想让她免受同龄人的欺负,如果真是有大人欺负她了,我也没办法。

保教中心内的生活

因为发小广告,影响市容就被送到了这里。

到了这,三天后我就当上了小组长,我不欺负小的组员。前段时间,队列操和广播操比赛,我们都得了第一名。虽然只有5个小组参赛,但是我们小组拿了两个第一,老师奖励点东西,物以稀为贵,拿到奖励也觉得是一种荣誉。虽说我是组长,获奖与我的带领有一点关系,但组员们很优秀,如果他们不行的话我也不行,关键还是他们自己努力。

在这里,没什么好害怕的,政府为我们这些流浪儿童办了这样一个学校,虽然伙食差了点,有时还吃不饱,不过还是很不错的,因为毕竟小孩太多,花的又不是自己的钱,要拨款下来改善生活,他们也要申请,很多事情干起来比较麻烦。说句实在话,这里的生活比起我们老家来还是可以的,因为在这里早上是大米饭跟榨菜,中午有的时候吃土豆或者水煮大白菜,有点肉丁,每天晚上都有一个蛋,每个人一个蛋。过节的时候还会改善生活,会给鸡腿,有水果。

在这里,我们每天读书,晚上看电视。老师还教我们"防艾拒毒",让我们认识毒品。还有老师会教我们唱歌。

这里也有不好的地方,主要是大的小孩会打小的小孩,把他们的鸡蛋吃掉,他们把小的弄到墙角,摄像头看不到的地方,打他们,如果小的告状,他们会打得更狠。有的小孩跟我们在一起就不大合适,虽然他年纪小,不过他已经清醒记得现在所承受的一切,遇到的好人或坏人,本来他是在外面好好的一个人,没做什么坏事,一进到这里面,他还太小分不清好坏,这样对他的影响真是太大了。我觉得政府应该把大的和小的分开住,小孩子不应该待在这里。

我的遗憾

很多事情可能是一时的冲动,一时的冲动造成的后果可不小。我从老家出来是因为老爸对我不好,真的对我不好。我是2002年的时候出来的,我老爸大概是2003年3月份还是几月份出车祸,去世了。我当时也不知道,最近打电话给姐姐才知道的,当时姐姐说不要难过,我说我有什么好难过的,在家的时候他又对我不好,但毕竟他还是自己的父亲,还是第一个离开我的亲人,真的心里很难受。再说当时我妈又不在家,他对我们坏一点可能也是人之常情。有时唱起《冲动的惩罚》,来表达我的心情和对亲人的思念。

我的梦想

我最想做的一件事就是，我妈在浙江，我想让她跟我一起回去。毕竟她人老了，五六十岁了，像这样没子女在身边，没个照应，她应该回去，跟我们生活在一起。可我想接她回去她也不会回去，我老爸临死之前，她回了一次家，之后我老爸死了，她又回了浙江。她可能心不在老家，心不在，请她回去也不是个办法，如果以后自己能找到工作，尽量能孝顺她的地方就孝顺她，如果实在不行也没办法，她不想跟我们生活在一起。

如果现在有条件让我读书我肯定去，让我读书我一定能读下来；假如政府出钱供穷人家的孩子念书，我肯定去。

虽然我做过一些自己不想做的事，但被当时情况所迫。我敢说，如果我有上海孩子的条件，我并不比他们差，只是他们的生活条件比我好，家庭比我好，他们有父母有家庭，而我什么都没有，如果换个角度让他们自生自灭，站在同一条线上的话，我感觉我绝对不比他们差。我有能力做个好人，也想做个好人，不过，如果自己碰到好人也许走的是好路，如果自己碰到坏人也许走的就是坏路。

我最需要一个温暖的家庭。我想要个家，我想有个疼爱我的爸爸、妈妈，哪怕生活不是富裕的，哪怕住在穷困的山区，只要父母爱我，我宁愿一辈子守在他们身边。

第五章 对策与建议

流浪儿童问题在我国地区经济差异导致人口流动的社会环境背景下所产生的社会问题,很复杂,牵涉全国各地,也不仅仅是儿童问题,同时还涉及经济发展问题、婚姻家庭问题、民族问题等,它可以说是我国目前面临的核心问题的缩影。因此,建议在社会经济发展规划的通盘考虑之下,综合解决这一问题。

一、工作理念和原则

流浪儿童救助工作应当遵循联合国的《儿童权利公约》的基本原则和精神,确保儿童的生存权、发展权、受保护权和参与权。儿童有其独立人格,社会应当尊重儿童的权利,处理关系儿童切身权益的事务应当以谋取儿童最大利益为原则,当儿童的正当利益与父母、其他监护人、国家或者其他人的利益发生冲突的时候,应当优先照顾和满足儿童的最大利益。尊重儿童的权益也意味着尊重儿童的意愿和意见。儿童有参与家庭、文化和社会生活的权利,儿童有权对影响自己的一切事项自由发表意见,同时,成年人对儿童的意见应按照其年龄和成熟程度给以适当的重视。涉及流浪儿童预防和救助工作,我们在预防、救助和安置工作环节上应当遵循以下基本理念。

(一)预防是第一要务

我们认为,最重要的一点就是在流浪儿童的流出地做好预防和控制工作。儿童一旦流浪,社会要付出极大代价。首先,儿童一旦走向街头,他们一般是长期承受贫困、饥饿、暴力的结果。走上街头后,面临生存的困境,甚至生命的危险,他们会在街头接触毒品、犯罪,他们得学会很多越轨手段才能活下来,他们必须变得自私、崇尚暴力和欺骗、低自尊,他们被社会边缘化。流浪儿童的早期社会化显然是极其不成功的,早期的创伤体验对个体的影响是长久而深刻的,它会造成个体严重的不安全感、疏离感,社会适应不良,扭曲成人后的生活状态。因此,在走上街头前后,流浪儿童都承受过巨大的痛苦,并习得不良、甚至越轨价值与行为,不经过系统化矫正是难以回归、适应主流社会。实际上,我国政府在救助流浪儿童的过程中投入大量人力、物力、财力成本,但成效甚微。对流浪儿童而言,政府救助机构更多的只是他们流浪生活的中转站或临时避难所,救助工作经常会处于重复救助的无效劳动中,而流浪儿童的生活、生存依然如故,他们在社会边缘一天天长大。所以我们应该尽量做好流出地的预防工作,减少、避免儿童外出流浪。

(二) 救助工作尽早、尽可能

流浪儿童首先是孩子,而后才是流浪儿童,对于他们的理解应当从普遍性和特殊性两方面来看。抚养教育和保护未成年人的首要责任在父母,其次在于国家和社会,这是当代国际社会达成共识的理念。这也是一个生命降临到人世后,所赖以生存和发展的双重保障。因此,流浪儿童的救助区别于成年流浪乞讨人员,我们不能任其流浪,在他们脱离家庭之后,政府责无旁贷,必须履行"国家亲权人"的替代监护责任。同时,因为流浪时间越长,回归社会的难度越大,所以救助工作应当积极主动。

(三) 非机构化救助

机构化的救助办法,无论是出于预防犯罪还是救助保护的目的,都是有问题的,因此,国际社会普遍朝向非机构化方向改革福利制度。利用制度化机构的救助模式至少存在以下问题:费用昂贵;难以聘用到真正关爱流浪儿童的工作人员;生活在机构里的儿童容易受到虐待,已发生过多起这样的案件,有些儿童也因为受到虐待而从机构里逃跑;机构的生活使儿童与社会隔离,无法获得社会感觉,建立人际关系,儿童成年后往往不适应社会。因此,机构救助保护被认为是最后的手段。在流浪儿童的预防和救助中,要努力使流浪儿童保持与原生家庭、社区和社会的联系。同时,要保持救助机构的开放性,有利于社会公众对救助机构的监督和帮助。

(四) 稳定、持久、长期的安置方式

稳定、持久和长期的安置符合儿童的最大利益。原生家庭是首要选择,尽量使儿童在原生家庭中成长和生活。但是被救助的儿童能否回归家庭取决于流出的原因、流出后的经历,以及他们的想法,对有的孩子来说回家也许不是最好的,因此并不意味着一定要把孩子送回去,还可以考虑其他的替代形式,例如采取规模较小的家庭抚养方式。同时,应当有思想准备,流浪儿童的安置和回归社会需要很长的时间。

(五) 维护和促进家庭

家庭是儿童幸福成长的最优的、最自然的环境,父母基于血缘关系给予子女的无私爱护是其他任何人类关系都无法替代的。国家和社会在短期内或许拥有改变家庭生活方式的力量,但彻底改造基于父母子女的血缘关系而存在的家庭至今还没有成功的范例,实际结果倒是家庭不是被改善而是遭到破坏和毁灭。而家庭的自然属性一旦遭到破坏,儿童的幸福更无从谈起。因此,当

人们因儿童在家庭中受到忽略甚至虐待，而主张社会和国家采取干预和救助措施时，我们并不建议国家或者社会越俎代庖取代家庭，而是建议尊重父母对子女的感情，各种干预和救助措施应当以维护、复原、支持和促进家庭的自然和谐为宗旨。不要轻易将儿童与父母分离，除非其他措施已经无能为力。在原生家庭不复存在时尽可能以与家庭最相类似的方式抚育他们，例如我们提到的寄养家庭和类家庭方式。总而言之，我们认为国家和社会干预是围绕家庭功能的补充机制而不是直接的替代机制，这既是儿童最大利益原则的要求，也是国家能力固有局限的反映。

（六）儿童参与

参与是国际社会普遍认可的儿童所拥有的一项基本权利，也是儿童成长的基本需要。儿童具备一定的参与能力，他们有自己独特的视角，他们往往了解许多为成年人所不了解的事情。而且，事实证明，作为社会能动的一员，儿童能够提出有效的建议。因此，儿童的参与应该得到尊重和发扬。在流浪儿童预防和救助工作中，我们应该转变思路，儿童不仅仅作为被保护的对象，同时也是我们工作的资源，让他们参与进来。儿童离开家大多是迫于无奈，是成年人对儿童的一次伤害，也造成了儿童对成年人的一次信任危机。如果在街头救助阶段，我们还是强制性地把他们收容并遣送回家，这无疑是成年人的第二次强权行为，只会给儿童的人格自尊带来更大的伤害。成年人不应当想让他们离开家就赶出去，想让他们回家就遣送回去，他们的主体地位需要得到尊重。另外，倾听他们的经历和想法，可以帮助我们了解他们的家庭和我们的社会存在哪些问题，从而据此改革和完善我们的现行制度。我们也可以了解他们的生活经历和现实需要，从而从他们的角度来决定是否送他们回家或采取其他的救助办法，这样更有助于帮助他们回归社会。而伙伴教育在流浪儿童救助工作中被证明是行之有效的经验，他们更了解流浪儿童会出没的地方，更容易与流浪儿童接触，更懂得如何劝导自己的同伴接受救助和选择回归的道路。

二、健全未成年人法律和制度体系

流浪儿童现象伴随着人类的历史，即使今天不仅仅发展中国家面临这一问题，发达国家也同样摆脱不了它的困扰。借鉴各国的经验，普遍的做法是立法，将预防和救助流浪儿童的理念和工作制度提升为最高国家意志，从而确保这项工作的制度性和稳定性。流浪儿童问题的复杂性也决定了涉及的相关制度的广泛性，所以，真正能够做好预防和救助工作的国家不仅仅是制定一两个法规，而是建立一套完整的未成年人法律体系。

相对而言，我国未成年人法律存在两个问题：一是法律位阶不高，有很多涉及未成年人重要权益的规范文件还仅仅是部门规章或司法解释，没有上升到人大法律或国务院法规；二是尚未形成缜密完善的未成年人法律体系，涉及流浪儿童的预防和救助，我们在下面两个关键环节上还存在缺漏。

（一）家庭扶持干预制度

这项制度的内容很多，主要是对家庭功能的社会介入，包括贫困家庭的救助、儿童日托照料、亲职教育指导、问题父母的咨询和治疗、父母监护责任的法律监督、脱离家庭儿童的救助、福利机构的设置和管理等。

（1）贫困家庭经济扶持：我国目前有一些社会保障制度，如最低生活保障制度、五保户制度等，但对儿童没有专门的救助制度，以至于生活在贫困家庭的儿童得不到生活、教育、医疗方面的切实保障，由此造成了儿童失学、童工、因为疾病被遗弃等社会问题。与此相对照，英国有《儿童信托基金法》、《儿童抚养、津贴和社会保障法》，德国有《联邦子女补贴费用法》，挪威有《现金津贴法》，日本有《儿童津贴法》，还有具体针对单亲家庭的《儿童抚养津贴法》和针对残疾儿童的《特殊儿童津贴法》，这些立法为生活在贫困家庭的儿童提供社会保障。

（2）日托照顾：对于父母双方都要工作的家庭来说，有托儿所或幼儿园托付照料孩子是很重要的事情，但是，我国目前对这些机构的设置和管理日趋市场化，监督管理存在疏漏，特别是服务质量差距悬殊，对中低收入的家庭不利。在西方国家，这些机构基本上都是由政府资助的福利设施，政府对其质量和管理严格把关，需要父母自己负担的费用很低，参见挪威的《日托机构法》。

（3）亲职教育：家庭教育方法不当是我国主要的家庭问题，目前这方面的工作主要是妇联和教育部门在做，但是因为缺少相关立法加以规范，造成执行力度和效果上的问题。台湾在2003年出台了家庭教育方面的有关规定，内容非常具体，操作性也很强，值得我们借鉴。

（4）问题父母的咨询与治疗：从美国等发达国家的数据来看，来自竞争社会的压力所导致的有心理问题的父母数量并不少，日本近些年来也在关注家庭内部的暴力问题，这个问题目前在我国基本上还是被忽视的，结果儿童成了父母宣泄压力的对象，成人的问题传递给了未成年人，建议对有心理问题的父母进行介入和治疗。

（5）监护监督：父母有失监护人职责对未成年人造成较大伤害的，需要外在介入，对其监护资格进行限制，甚至是剥夺。这一社会司法干预制度在许多国家都建立了起来，具体程序包括举报、受理、调查、对孩子的紧急临时安置、父母辅导、监护权的限制或剥夺、对孩子的长期安置等环节，例如美国的《家庭安全法》。但是，我国在这方面的规定寥寥数语，造成处理棘手的儿童案件时执法上的无奈。

(6)脱离家庭儿童的救助:所包括的儿童主要有孤儿、被遗弃儿童、流浪儿童、罪犯子女等。这些孩子游离于监护之外,得不到家庭的庇护,生存没有保障,成长面临挫折,需要国家和社会的救助。但是,我国目前还没有一部关于这些儿童的救助性法律,关于流浪儿童是否区别于成年流浪乞讨人员必须给予救助还在讨论当中,对罪犯子女的救助还仅仅是不成为制度的地方探索的行为。在国外,以英国为代表的国家,从"国家监护权"的理念出发,制定了具体的制度,对脱离家庭的孩子给予政府监护。

(7)儿童福利机构的设置与管理:与儿童相关的福利机构很多,具体包括托儿所、幼儿园、福利院、流浪儿童救助站、儿童临时救助机构、罪犯子女村等。对这些机构的设置和管理,对工作人员的素质要求和业务培训以及如何协调这些机构之间的合作,进行资源整合也是需要加以规范的问题。

就问题家庭介入制度进行系统详尽的立法已经是很多国家和地区的通例,如英国的《儿童法》、德国的《少年儿童救助法》、澳大利亚的《儿童和青少年保护法》、美国的《预防虐待儿童及处理法》、日本的《儿童福利法》、中国台湾地区的儿童少年福利方面的有关规定等等,但是,我国在这方面只有零星的单行法规,我们需要补充立法,健全制度。

(二) 不良少年矫正制度

我国目前的少年司法政策是尽量分流,减少干预。对于14周岁以下的未成年人的违法犯罪行为基本上不采取强制性干预措施,对于14周岁到16周岁的未成年人,也只对有严重刑事犯罪行为的进行司法措施。这一政策的本意在于保护未成年人,避免标签效应,但是客观结果却是放任不良行为少年为所欲为,劣迹加重。例如,流浪儿童当中很多人有违法和轻微犯罪行为,但是目前对他们的处理办法主要是救助性质的,尽管实务工作者普遍意识到干预的必要性,但是因为没有法律依据强制性的矫治措施运用得很少。

借鉴国外的经验,我们发现大部分国家对不良少年儿童都是进行干预的,或者通过司法机关,或者通过福利机构。例如,在美国,少年司法管辖的案件不仅限于少年刑事犯罪,而是泛化到整个少年犯错行为,诸如逃学、离家出走、违反宵禁令、持有酒精饮料、有不道德的生活方式、有一些难以纠正的不良习惯等,都构成身份犯罪,受到司法管辖。具体参见美国各州的少年法院法。在德国,14岁以下未成年人实施犯罪行为的、少年虞犯以及其他未成年人不良行为等行政性案件集结于少年署统一处理,辅之以监护法院;14岁至18岁的未成年人以及18岁至21岁的甫成年人的犯罪案件都由少年法庭受理,行政与司法两部分权重相当。具体参见《德国少年法院法》和《德国儿童和少年救助法》。在日本,家庭裁判所中设有少年法庭,受理案件的范围有少年犯罪案件、少年触法案件、虞犯少年案件，其他情况的未成年人由都、道、府、县知事或儿童商谈所所长采取福利性保护措施。具体参见《日本少年法》和《日本儿童福利法》。在瑞典，设有儿童福利局，管理有关儿童的一切福利事务，不满20岁的少年有犯罪行为、不良行为，缺乏自制力，乱用兴奋剂与饮酒等都可以由儿童福利局处理，采取各种帮助措施。具体参见瑞典有关儿童福利方面的立法。

从上述分析我们可以看出，对于不良少年进行及时必要的干预是各国通行的做法。我们的认识上存在一个误区，即认为对不良少年的强制矫正与人权保护相违背，事实上这样做的结果恰恰是保护了未成年人。我们需要进行相应的立法，使得这项工作合法化。

总而言之，对于解决流浪儿童问题而言，主要是确立上述两项制度，前者相对而言更为基础和重要。

三、政府设立专门的未成年人工作机构

儿童权利的国际监督机构——儿童权利委员会在它的一般评论（general comment）中强调，“每一个国家都需要一个独立的人权机构负责促进和保护儿童的权利。委员会最主要的关怀是机构，不管它如何构成，只要能够独立并有效地监督、促进和保护儿童的权利”。

我们对几个有代表性国家和地区的儿童工作机构进行了比较，结论性经验可以总结为以下几点：

国家和地区	政府核心机构
挪威	儿童和平等事务部
德国	联邦家庭、老人、妇女和青少年部
英国	儿童、学校和家庭部
美国	卫生部下设的儿童与家庭署
澳大利亚	联邦家庭、社区服务和本土事务部下设的家庭与儿童司、妇女与青年司
日本	厚生省雇佣均等儿童家庭局
中国台湾地区	“内政部”儿童局

（一）儿童保护工作明确由政府部门承担主体责任

在上述国家和地区，中央政府都指定专门的政府机构承担核心的儿童保护工作职责。可以说儿童保护工作的核心责任落在政府部门是这些国家和地

区儿童权益获得实质性保障的关键。

（二）政府设立专门的儿童工作部或司局是普遍的做法

作为社会民主主义福利模式代表的挪威和作为社会保险福利模式代表的德国都设有专门的政府部来负责儿童综合保护工作，特别是自由主义福利模式阵营中的一些国家在儿童保护方面也走向制度化和机构化。例如2007年英国改组的新政府设立了专门的儿童、学校和家庭部，扩充原有教育职能，介入福利和保护。澳大利亚联邦家庭、社区服务和本土事务部也是一个综合性的儿童和青少年工作部门，其下设的家庭与儿童司、妇女与青年司掌管全国的相关政策和执行。在东亚福利模式中，中国台湾地区的改进步伐也很大，2002年颁布的儿童与少年福利方面的有关规定赋予了内政部儿童局更大的权力，作为主管部门负责儿童福利和保护工作。

（三）儿童保护的核心工作机构基本设置在福利性部门

儿童保护的专项领域有很多，主要包括儿童福利保护（经济补助、照料服务、家教指导、监护责任履行监督、脱离家庭后救助、不良行为预防和干预）、教育保护、劳动保护（严禁童工、未成年工保护、青年就业辅导）、文化保护（媒体分级、娱乐场所管理）、少年司法（少年警察、少年法院、少年监禁场所）等，其中核心内容在于福利保护。这也是上述国家和地区基本上将儿童工作的核心工作委任于福利性质的政府部门的原因。

我国目前针对流浪儿童主要是开展救助工作，简单地说还是“收”和“送”的工作，在预防和安置方面欠缺还很多，主要症结是我们还没有明确某个政府机构承担综合性的预防、救助和安置职责。这是一项系统工程，需要国家自上而下设立一套完整的儿童福利工作机构，配置相应的经费和人员。而只有这样，我们才能从根本上预防和减少儿童流浪。

四、政府与民间组织分工配合

民间慈善组织在我国古已有之，它们长期在儿童救助领域发挥影响，有些时候甚至是十分重要的影响。例如在清代，全国很多地区都有民间的以救济弃婴为目标的善堂、育婴堂（社）等，这些机构在救济弃婴和贫儿方面发挥了重要作用。历史也从正反两方面说明，政府越是鼓励和支持民间慈善组织的发展，社会慈善事业就越容易动员社会资源实现慈善目标，儿童救助工作也就越能够富有成效。建国以来，我国过多地强调了政府在救助儿童方面的功能和责任，其结果一方面是政府背上了沉重的负担，原先设定的社会福利目标越来越难以兑现；另一方面民间的慈善组织长期在夹缝中生长，发育不良，无法发挥应有的作用。国外先进经验表明，政府与民间慈善组织合力推进慈善事业的发展,能够使更多的社会资源参与到儿童救助甚至家教指导和监护监督的活动中来,使更多的儿童和家庭受益,同时这也能够减轻政府负担,让政府把手中有限的资源投入到民间慈善组织无法顾及的领域。

政府与民间组织应该是相互合作的关系。在共同的利益目标下,两者应承担不同的公共责任。政府在诸如政策支持、建立评估、监督管理等宏观方面负主要责任;民间组织则在诸如项目执行、具体服务利益对象、制定项目规划等方面负主要责任。政府的管理只能是概括式的、指导性的,不可能事无巨细。民间组织是儿童福利工作方面不可缺少的补充部分,政府应当鼓励扶持民间组织的发展,具体建议如下:

(一) 因势利导,转变观念

面对转型时期中国庞大的弱势儿童群体,在发展市场经济、政府转变职能和精简机构的背景下,社会已经出现了政府和市场都难以企及的领域,诸如农村留守儿童、城市流动儿童等,这客观上要求作为第三部门的 NGO 出现,政府应当意识到 NGO 的存在价值。对 NGO 的发展必须要树立支持、管理和监督的观念,政府有责任、也有能力采取切实有效的措施帮助儿童救助 NGO 的发展。

(二) 解决 NGO 的组织合法性

在许多国家,取得 NGO 的登记和法人地位只是其获得税收等优惠政策的条件,但登记与否并不是组织合法性的前提。因此,我们建议基于我国 NGO 发展的现实状况,并借鉴国外的经验,简化 NGO 登记注册的手续,降低门槛,从而使 NGO 的组织合法性不限于既有的法人登记,这更有利于将 NGO 纳入国家法律的制度体系。从我国民间组织的现状看,获得税收优惠政策还是非常需要的,因此大部分还会选择法人注册。为此,我们建议完善民间非企业、社会团体和基金会等几种法人注册制度,简化相关条件和程序,监督有关政府部门的不作为责任,提供更加宽松、便捷的政策环境。

(三) 落实税收优惠政策

税收政策在世界各国都是激励社会公益,调控 NGO 宏观发展的重要手段。税收优惠的合理与否、实施情况,对 NGO 的行为,乃至整个社会公益事业发挥着重要作用。我国需要完善有关 NGO 税收政策的法律法规,包括对 NGO 组织自身的优惠和对 NGO 捐赠方的优惠。

(四) 考虑财政支持

美国霍布金斯大学在 42 个国家进行的非营利组织国际比较研究项目结果显示,NGO 的平均收入来源结构为:服务收费(49%)、政府资助(40%)和慈善所得(11%),其中保健(55%)、教育(47%)和社会服务(45%)领域政府的资助尤其显著。换言之,政府的财政支持对 NGO 的发展是必不可少的。这种情况可以理解为,NGO开展的活动多为公益活动,它们所提供的基本上属于公共物品,这相当于替代政府履行了作为公共部门的一定职责,正是因为这样,政府要把一部分资源提供给NGO。根据许多国家的实践,政府采购是一种既能有效提供必要的财政支持同时又不至于过多干涉NGO内部事务的较好的机制。2002年6月《中华人民共和国政府采购法》正式颁布。采购法规定了政府对货物、工程和服务的采购原则,包括公开招标、邀请招标、竞争性谈判、单一来源采购、询价、国务院政府采购监督管理部门认定的其他采购方式等六种政府采购形式,并指明公开招标应作为政府采购的主要采购方式。我们认为政府采购,尤其公开招标的方式,应是NGO获得财政支持的重要渠道,但在目前的实际运行中,大部分NGO尚未被纳入采购的对象。因而,在政府采购的进一步实行中,有必要认识到NGO是政府采购的重要面向对象,政府采购需要认真贯彻公开透明、公平竞争、公正和诚实信用的原则,这才能有利于NGO发展和社会公益事业的开展。

(五)有意识地培养公民的参与意识和公益意识

近年来,美国政府强调社区授权发展对美国可持续发展的重要意义。为实现社区授权的目标,美国政府采取了强有力的措施,大力支持NGO,致力于激发和培育社区居民的参与意识,推动社区建设和社区服务不断向前发展。Ameri-Corp项目就是典型例子。由前总统克林顿于1993年签署的关于建立Ameri-Corp的法令规定:凡高中毕业生或大学生、研究生在学习期间以及毕业后为自己所居住的社区或全国其他任何社区提供一至两年的志愿服务,政府除给予他们提供服务期间每年7500美元的基本生活费外,还提供每年4725美元的教育奖励来资助他们接受更高的教育或替他偿还上大学的贷款。Ameri-Corp计划可实现三个目标:一是调动一切因素为社区服务;二是提高全国服务参与者的综合素质;三是增强社区凝聚力。AmeriCorp计划给我们的启示就是我们最大程度的利用各种措施(包括物质的、精神的)调动公众的参与意识、公益意识,从而支持儿童救助NGO的发展。

(六)做好NGO的监督管理工作

关于云南胡曼丽事件,人们更多的是给予胡曼丽本身以指责,却没有追究其他人或组织的责任。一位民间组织负责人给了我们另外一个考虑的视角,“胡曼丽有幸从外国基金会得到资助,但是当他们从国外得到钱以后,却没有相应的法律来规范,我相信胡曼丽一开始肯定不是为了贪钱而办那个机构的,但是因为没有监督,这样人性的东西就会犯错,所以我觉得这也是由于环境的不健康造成的。如果想改变这种情况的话,首先政府对这种单位得有一个保障,然后再管理。”NGO在我国还处于一个很幼稚的阶段,政府应对其有相关的制度规范,引导其发展,并采取相应的监督措施使其在良性的轨道上运行。

个案采编 1

流浪在新疆

他的名字叫李××，今年14岁，个子不高，看起来很瘦，桀骜不驯的头发直立着，他喜欢唱歌，略带沙哑的嗓音听起来很有刀郎的味道。他的胳膊上有几处不大的伤痕，他从不回避和人讨论这些伤痕的来历。

初次来到新疆流浪儿童保护中心，他的表现引起了我的注意，说话办事风风火火，喜欢与人交流，也喜欢指挥别人，像是这些孩子的领头人。他很热心，对于我们的调研充满好奇，也很配合我们的工作。他是四川人，口音很重，自称有初中文化水平，但是小学都没读完，接下来让我们一起来听听他的故事。

儿时的四川

我不是新疆人，从外貌上看很容易辨认，我跟他们一点都不一样。在新疆待了几年，我能听懂他们说的话，但是自己不会讲。我从小生在四川，长在四川，是个地道的四川娃。在四川时，我和爸爸、妈妈、姐姐一起生活，在一个很小的县城，骑自行车一个多小时就能转完，爸爸在外面给人家干活养活一家老小。虽然家里那会也很穷，但生活比较和睦。每天能和小伙伴们一起上学、放学，虽然我的学习成绩不是很好，但我并不厌倦上学读书，我喜欢和大家一起玩、一起乐，无忧无虑，有很多快乐的回忆，家乡的一草一木，我至今难以忘记。

我的亲人都在四川，是个大家庭，但是爷爷奶奶、外公外婆很早都去世了，我都没有见过，现在还有姨妈、舅舅在四川老家。七八年前，我爸爸先来到新疆打工，后来，大概四年前，我和妈妈、姐姐才来到这里，当时我10岁多了，上小学四年级，姐姐那会上初中了。我喜欢小时候生活的地方，比这里强多了，刚来的时候，我很不适应这边的气候，总闹着要回去，但每次都被妈妈凶凶地训一顿。

来到新疆，我的生活变了

我有一个舅舅在新疆，爸爸刚来这里时，是投靠舅舅，舅舅帮忙介绍工作给他。在这里找工作也不容易，爸爸也没什么文化，只能靠给人挖管道这样的体力活儿打工挣钱，挣的钱也很少，也就是勉强维持生计而已。开始我爸爸不让我妈妈来，可是我妈妈非要来。我们到新疆后也没有生活在一个大城市，而是住在一个很偏僻、很穷的地方，是新疆的农村，属于喀什地区，和我当时想象中的一点都不一样。来到这里感到很陌生,周围的人还有环境都不熟悉,生活习惯也和原来差别很大。

来了以后,爸爸和妈妈在一起的时间也没多少。妈妈在这里找到一份给人家开车的活儿,他们经常外出,陪我们的时间并不多。开始一段时间还可以,后来他们总是吵架,我和姐姐都不能安心地上学,家里的气氛很紧张,后来我们才知道妈妈在外面干活时认识了别的男人,家里面出现了第三者,妈妈经常不回家,接着就和爸爸分居了。

我们刚来新疆的时候,我和姐姐还一直在上学。我上小学五年级,姐姐读初中。后来姐姐在这里考上一所中专,她很想去读,但是妈妈不让她上,想让她重新再考一所学校,因为读中专要花不少钱。妈妈说,你这样把钱花完了,后面你弟弟怎么办?姐姐就跟妈妈赌气,自己出去打工。我原来的学习成绩一般,来到这里又这么陌生,再加上家里的气氛并不和睦,爸爸妈妈总是吵架,我觉得在家待着很压抑,也不想读书,就出去找姐姐。爸爸妈妈闹分居那段时间,姐姐回来过,他们有点后悔,想让她继续上学,姐姐没有答应,说:"我当初想上学的时候你不让我上,现在我在外面自己挣钱挺好。"后来姐姐又走了。

这种生活环境让我实在忍无可忍,就从家里跑出来了。我跑出来以后就在附近的人家里干活,给人家农田里干活,还在渔场养鱼。2003 年的时候我爸爸在干活时被拖拉机蹦出的一块石头碰出血,当时没有什么事,下午回到家就流血,开始我妈妈还带他到一个大医院去治,没有治好。没治好就这样了。慢慢的妈妈就开始嫌弃爸爸了,后来我妈妈跟别人跑了,把家里仅有的几万块钱都带走了。2005 年,我在外面给人干活的时候,有人给我打电话说我爸爸病了,是上次没治好的病留下的后遗症,这次突然复发了。当时,家里什么钱也没有,钱都被我妈妈拿走了,姐姐也不在,就剩下我一个人。我舅舅跟我说,他手里有 700 块钱,叫我回到家里看好我爸爸。那次,我抱着我爸爸哭了,我没有任何办法,不知道我妈妈到哪里去了。我就去找我表哥借钱,说我家里没有钱了,父亲病了需要钱,然后说了一些好话,他就给我拿了一些钱,加起来共有 1300 多块。但是用这点钱治病是远远不够的,家里面也没钱。后来有好心人带我到每家每户去借,有的给 20 块,有的给 1 块,还有的给 50 块,凑了一些,刚好 600 块钱。就这样我把爸爸送到新疆的一个医院,让他住院治疗,但也没有治好,接着就半身瘫痪了,瘫痪后只能在家慢慢治,慢慢调养,后来情况有了些好转,爸爸可以自己走路了,能自己做饭,生活基本上实现了自理,比以前好多了。既然爸爸的情况有了好转,我在想,爸爸也不能养活我,我也不能照顾好爸爸,不如自己出来闯荡,于是我就从家里出来了。

跟着"锋哥"混

我从11岁离开家就一直在外面混,开始没地方弄钱的时候,我在村里给人家种地、挖地,有时候早上早早就给人家挖地,干到很晚,天黑了才能收工。这样的生活持续了一年,我感觉这样太累了,也没人一起玩。我说我不想干了,太累了,我想出去走一走,见见世面。就这样,我彻底离开了那个地方,开始了我全新的生活。

以前在家的时候,想出来就出来,想回去就回去。从来没有想过自己要干什么,也不会为生计而发愁。这次离开家完全不一样了,我不可能再回去了,我得自己在外面生活。因为有时候没有饭吃,就学会了偷,在社会上偷,偷别人的,敲诈学生的,不给就打。以前我在外面混的时候别人欺负我、打我、勒索我、敲诈我。他们会说如果你不给我拿钱的话就什么时候什么时候不要让我看到你,还说见你一次就打你一次。想一想当初自己被别人欺负成什么样子,现在我就要报复,也用同样的手段威胁比我弱的人,慢慢地再也没有人来欺负我了。和那些小混混把关系拉好了,也就没有人来欺负我了。我在外面混还学会了抽烟、喝酒。我觉得自己从那时候开始学得越来越坏,我都不知道自己干了多少坏事。

我在外面混的时候遇到了锋哥,他是个混混,在道上很有名气。他一般不惹别人。他说在外面混要讲义气,义气二字,是他的一个原则。不论你干啥,别人对你怎么样,你要记在心上。如果对我不好,我迟早也要让他尝尝苦头。人不犯我,我不犯人;人若犯我,我必犯人。他很照顾我,以前不认识锋哥的时候,我经常睡管道、朋友家、大型网吧游戏厅,后来锋哥觉得我年龄小,挺可怜的,就让我住在他家里,还和我说过最好不要在社会上混,没有什么好处。

话虽然这么说,但他经常叫我们给他偷东西、偷钱。有几次都是入室盗窃,我们两三个人一起,偷过的最大金额是8000块。本来我可以分一部分钱的,结果他们合伙把我的钱给骗走了,偷来的钱我只花了两三百块钱。不知是谁把我给出卖了,我被警察给抓了,不过不是当场被逮住。

我在外面混,比较难忘的交了一个女朋友。她对我很好,帮我从她家里弄钱,有一次给我弄了1000多块。我还去过她家,见过她父母。她父母对她也是不怎么管的那种,要钱就给,她妈妈对我还挺好。有一次我在外面好几天都没弄到钱,非常饿,就去找她,碰巧她妈妈在家,还给我做了一顿饭,也没问我到底在做什么,连我亲妈都比不上她。我对她也很好,帮她打架,她有一次告诉我,有个人看上她了,要找茬,于是,我就和那人单挑,那人不是我对手,后来再也不敢来找她,大家都知道她是我的女朋友,没人敢欺负她。好景不长，我们相处了一年多，最后还是分手了，我对她的印象还是挺深的。

我恨我妈妈

我最恨我妈妈，我这辈子忘不了她，我恨她。我一直恨，恨她我不后悔。我妈妈经常说我不会争气，不是说我在外面混变坏了，经常偷；说我不知道帮着家里干活，养了和白养一样。她在我们家最艰难的时候走了，抛下生病的爸爸和我，还带走了家里所有的钱，我这辈子都不会原谅她。我跟我爸爸说："爸爸，你相不相信我，如果我有一天争气了，我将来回来第一个报答的就是你，我不会认我妈妈，如果你和我妈在一起，我只会认你一个，不会认我妈。如果我妈她想回来，跟着我们一起生活，我不会养着她，不会叫她一声妈。不会，我永远也不会。我绝不改变。"

想离开救助站

一个月以前，我被送到救助站。但我不喜欢这里。在这个地方待着，人太多的时候，吃饭的时候不快吃的话就吃不饱。

在这里得自己去打饭，人多的时候有一百多呢，整个食堂都坐不下，都要站着吃。我们男生还好点，尤其是女生，如果吃得不够快，就得饿肚子。如果吃得快，还可以再去打饭接着吃。

而且这里的生活很无聊，每天把我们关在楼里，几乎没有什么娱乐活动，虽说有一台电视，一个星期才让看两次。这些老师对我们也凶巴巴的。我还被一个老师骂过一次，当然也是我的不对。后来这里的老师慢慢了解我了，对我也还不错，我现在是这里的班长。老师给我买雪糕，给我吃饼干，还给我吃方便面，不过我还是很想离开这里。

我和这里的老师说我想回四川。他们说必须把我送到我父母亲身边。反正我是不打算回现在的这个家，把我送回去，我再跑出来，那我何必要回去，我干脆在乌鲁木齐火车站或某个地方跑掉。我就是这样想的，迟早都是要跑的，早晚的事情。我只想回到老家，不想回到家里面。

我想回到四川老家

我特别特别想回到四川，不管有没有人管我，我就要回到四川。想回到我老家。当初我妈妈带我们来的时候，我也不愿意那样，我也没有想过那么多。我当初想的是新疆有多么多么的美好。听救助站的老师说，16岁就可以办身份证了。如果有可能回到老家的话，我会办个身份证，然后打工。再说四川有我很多的亲人，我们那个大家庭都在四川，我相信他们会帮我的。我在想，如果当初我和姐姐没有和妈妈来到新疆,而是留在四川继续读书上学,现在会是什么样子呢?姐姐可以上她喜欢的中专,我还可以和我的那些小伙伴在一起,也许爸爸也会回来呢,妈妈也不会和爸爸分开,我们还是一个完整的家。这几年我不知道自己都干了些什么,有时候我也在恨自己为什么这么不争气,我想回到四川重新开始我的生活。

个案采编 2

小刚的故事

小刚是我到大连救助站后接触最多的一个孩子。瘦高个头,面色发黄。他的身体不是很好。听站里的人说,他来到站里很长时间还尿床。可能是长期在外流浪,睡在地上着凉的结果。和其他孩子不太一样,他很愿意接近我,特别是喜欢抱着我的胳膊,接触到我的皮肤。每当我到站里的时候,他也总是待在我身边。晚上,我回家,他还会把我送出来。

他在站里算是年龄大的孩子,待的时间也长,所以,基本上成了救助站工作人员的一个小帮手。管理人员很信任他,大事小事常常唤他去做。如给年纪小的孩子找衣服,跑出去找个人,管管纪律,等等。但是,站里的孩子也跟我说,他爱欺负小孩,站里有一个7岁上二年级的男孩,小刚经常打他,掐他,别的孩子都看不过去。我想这可能是他多年的流浪经历给他的内心留下的阴影所致。

小刚的经历很曲折,听了他的故事我们或许可以更好地理解他的个性和行为。

我的爸妈先后丢下了我

我家在黑龙江望奎县,我姥姥家在望奎县县城,我爸家在旺奎县霍建乡,这是我老家。后来我们全家去了海拉尔。

我5岁的时候,和我爸妈生活在一起。我爸天天出去卖糖葫芦,就是我们吃的那种。然后卖完了就回来,为我和我妈挣钱。我妈没有干活,我和我妈都靠我爸养着。后来,不知道怎么回事,我爸天天喝酒,然后我爸和我妈天天打架,有时候还动刀子,有时候还拿棒子,我爸拿刀拿棒打我妈。

有一天晚上,我爸回来了,那天晚上他没喝酒,回家就睡觉了。我和我爸在里屋,我妈就在边上睡。第二天早晨也就是四五点钟天亮的时候,那个时候是冬天,我妈就不见了。我和我爸开始找我妈,邻居家也找了,哪儿都找了,就是没有找到我妈,从那以后我就再也没有看见过她。

然后,我就和我爸一起生活。我爸对我非常好,有什么吃的让着我,有什么钱也给我花。有时候我犯了比较严重的错误了,他会骂我几句,算是处罚,不过从来没打过我。

记得有一次,我爸给我租了个房子,给了我10块钱,让我在那儿等着他,他吃完药就出去干活了。我就在那等着,一直等着,我爸就没回来。一个月后房子到期了,房东就把我赶出来了。

那时候我也就是六七岁吧,我就自己在外头游浪。天天就在大街上向人要饭吃。每天晚上在人多的地方,拿个碗,搁地上要钱,每天晚上能要十多块钱。晚上也没地方住,哪儿都住,有点钱了就住个暖和点的地方。有时候我去我爸给我租房的那个地方住,给他钱就在那儿住。从六七岁那个时候就在那儿了,一直到现在来到这个救助站,也就11岁左右吧。

我不恨我的爸爸、妈妈,因为再怎么恨他们也是我的父母。我从来没想过要恨他们。我有时候一点都不想,但有时候又很想他们。

调研员阿姨让我们每个人都画一幅画,画我们最想画的画。我就想起了我的爸爸和妈妈,想起了我流浪在外的生活。有一次我一个人流浪在外,下起了雨,我无处可去,就躲在了路边的一个旧房子里,那个时候,我多么想念爸爸和妈妈!

无法收留我的亲人

海拉尔救助站的人知道我是黑龙江人,就把我送到大庆,然后大庆救助站的人把我送到了霍建乡。他们没帮我找到家里人,把我放那儿就不管了。我自己下车后,已经是晚上六点多了,天都黑了,我谁也找不着,也不知道哪个是我家,那天晚上我就在别人家的草棚里睡的觉。第二天,那家的人拿草喂牛,一看我在那里边睡觉,吓了一跳。他就问我家是哪儿的,我就告诉他,说家是哪儿的,把情况都告诉他了。然后,在他家吃点饭,他就把我送乡政府去了。乡政府想办法,找到了我的一些亲戚。他们都能认出我来,知道我是谁家的孩子。但是他们都不知道我爸爸在哪儿。我爸那头的亲戚还有叔叔、伯伯,他们都来看了我,我在我爸爸的兄弟家住了几天。他们对我很好,来看我,给我买梨、苹果什么的。那些亲戚知道我姥姥家在哪儿,就把我送到我姥姥家去了,给了我20块钱。

听亲戚说我妈妈在我姥姥家,不过到姥姥家我没有见到她。我在姥姥家待了两天。姥姥家有舅舅、舅妈,他们也有孩子,五六口人住一块儿,一栋房子。他们对我很好,就是很穷。我姥姥连自己都养不起。我想自己能养得了自己,不用别人养了,我就自己出来闯。跟他们说了我就走了。

难兄难弟

在流浪的时候，我遇到了张×。他和我的身世差不多，我俩天天碰到了就一起说说话，后来就走到一起了。我们有吃的就给对方，有别的什么东西也是这样。我们俩在海拉尔天天过着那样的生活。有一天，我跟他说海拉尔不好要去别的地方，他就跟我走了。我们去了长春，待了几天，然后我们就从长春坐车来到大连。我们也不是想来大连，东奔西转，玩吧。我们坐拉煤、拉木头的那种火车，车上有蓬盖，我们俩就躲到篷盖里边，那里边有大米、化肥什么的。在那里头，我俩就睡了一觉。过了三四天吧，就到大连这儿来了，到大连下车的时候，我俩的腿都冻得不行了，那时候还是冬天呢，冻得直哆嗦，也都饿得不行了，腿也走不动了。但我感到最高兴的事就是跟他在一起，我们就算是难兄难弟了。天天在一起，有吃有喝的，你有吃的给我，我有吃的给你。到大连以后，他的爷爷把他接走了，已经有三四个月了，我很想念他。

我的受助经历

我去过海拉尔的福利院。我那时天天在大街上睡，有一天晚上，一个记者叔叔看我挺可怜的，就给我买了一个面包一根香肠吃，然后把我领他家去了。在他家待了两天后他把我送到孤儿院。孤儿院说我年龄比较大，那里边都是小孩，不想要我。我在那儿没有朋友，也不愿意过那里边受拘束的生活，待了不到一天就出来了。然后那个记者说把我领到他家住两天再想想办法，我没去，那个记者叔叔就给了我 50 块钱。我就天天在外头吃喝，除了吃喝就是睡。

我的流浪路线

我经常和派出所的人打交道。以前我和一帮小朋友天天做点小偷小摸的事，偷辆自行车、偷点铁什么的。有一天被人抓住了，就被送到派出所去了。派出所问为什么要偷啊，在哪偷的，都偷什么了？我们说就偷点铁。我对他们的印象还是挺好的。有时候，派出所也把我送到救助站去。

我去过很多救助站,第一次是在9岁的时候,我去了海拉尔救助站,是派出所把我送去的,后来我又去过那里很多次。海拉尔那个救助站我觉得挺好。但那个是临时救助站,就是在那儿待两天,要么把你送回家,要么让你自己出来,不能长期住在那儿。那个时候我也不想走,那里边的阿姨都认识我了,看我挺可怜的,有什么吃的都给我吃。在那里,流浪的人都住在一个屋里面,有大人也有小孩。比我大的人经常打我、骂我。我有时候告诉工作人员,工作人员就会采取行动。但是不久我又得和他们混在一起。

2006年,海拉尔救助站把我护送到大庆救助站。我在那儿住了十来天吧,感觉非常不好。他们把我关在一个房子里,房子里有监视器。我和大人混在一起,大人都欺负我。记得有一天早上我在那儿睡觉呢,才4点多,一个20来岁的男的就把我叫起来了。我就跟他说刚几点呢,就把我叫起来了。他说你就别问了,就在这儿坐着吧。我太困,就躺下了。他把我拽起来就是一顿打。他用鞋踹我,拿我的头往墙上撞。旁边那些受救助的人,都在那儿睡觉,也不知道什么原因。打了10多分钟吧,打完就走了。我很疼,哭了。我就在那儿坐着,我就在那想我犯了什么错了吗?怎么想也想不出我犯了什么错误。旁边的人都不敢去管他。

大庆救助站的人把我送到了霍建乡,把我放那儿就不管了。我找到一些亲戚,但是没人能收留我,我就一个人继续流浪。我去了趟绥化。我在大街上睡觉,警察看我挺可怜的,就把我带到派出所,给我买了一碗面。我吃饱了以后他们就把我送到救助站去了。绥化救助站还好,有什么事好好和我说,从来没打过我,但是在那里他们天天让我一个人待在一个房子里边。我在外边待惯了,不愿意住在那里。我就天天哭,看得工作人员实在受不了了,就让我自己出来了。

后来,我从绥化坐车到哈尔滨,在哈尔滨待了几天又回到海拉尔。我一路全部都靠乞讨要饭。我没有钱买火车票,碰见拉木头的车就上。碰见拉人的那种车,我趁检票的人不注意就往车上钻,钻到车座底下去,谁也不知道。然后,检票的检完了我就出来,也就没事了。

再后来,我和好朋友来到大连,被救助到这里。在我走过的这几个地方,我印象最深的就是大连和海拉尔。在大连这儿,小孩和成年人是分开的。工作人员从不打我,我也很少犯错误。我最高兴的事情就是能来到这个救助站,他们给了我一个温暖的家,有人照顾我,不像在外头每个人都欺负我。所以,我在这边觉得很高兴。

摆脱坏人控制

在海拉尔,我曾经和一些流浪的人生活在一起。我当时一个人在街上要饭,一个大人就问我家是在哪儿的,我就告诉他我没有家,我天天就这么乞讨生活,他说上饭店给我买点吃的去,我就跟他走了,结果被他们给抓住了。我当时也不知道为什么,有顿饭吃就跟他去了。

这伙人里有大人也有小孩,当时一共有二三十人吧。那些大人都是小流氓,是一伙的,幕后有一个老大。小孩有12个,有小姑娘,有小男孩,都是十二三岁。大人们给小孩单租了一个房子,都住一块儿。他们让我们这些小孩去要钱,每天至少要30块钱,谁要是要不回来的话,晚上就得挨打。每天早上六七点钟,我们一起出去,晚上九点回来。早饭和大人们一起吃,吃油条、牛奶。中午没有饭吃。走到哪个饭店问叔叔、阿姨要点吃的,我们不敢拿钱去买。我们要的钱都得交回去,如果让他们知道去买了吃的,不会轻饶我们。我们在哪要钱他们就去哪盯着。晚上一般吃方便面。吃过饭,他们把我们锁在屋里不让出去,那是二楼,我们也不敢跳。小孩在一起有的成朋友,有的天天打仗。我跟他们在一起待了两三个月。有一天晚上,睡觉前,趁他们没看见,我就跑了,到派出所去了。到派出所我就跟他们说了这些情况,然后,我就带警察去他们睡觉那边,把那个老大给抓住了。抓住后,那个警察叔叔问我还有什么要求,我说没什么要求了,他就让我出来了。

我的愿望是上学

我愿意待在大连。这里有人关心我,有人对我好,有人能让我学到知识。大学生礼拜六、礼拜天或者平时的下午都来给我们上课,有英语课啦、语言课啦、数学课啦。我去过的救助站,只有在这里能上课。我还有一个愿望,就是想上学。我们主任跟我说过,想让我学技术什么的,但是我不想学技术。我想正儿八经地上学去。我年纪是大了些,但是,我想从六年级开始。四年级、五年级我都能跟上,我现在周岁是13岁。我不敢跟主任谈,我现在还不能自己决定自己的事啊。

第六章　中国流浪儿童及相关预防和救助政策与实践的历史沿革

“少年智则国智，少年强则国强，少年独立则国独立，少年进步则国进步”。一个国家的未来要看这个国家儿童的发展状况，尤其对弱势儿童的关护更是衡量一个国家民主道德水平、经济发展水平的标准。流浪儿童的救助与实践历史记述了我国从古代社会到现代社会儿童福利政策的变迁，是我们借古论今的重要依据。在从“人治”社会走向“法治”社会的今天，回顾我国救助和保护流浪儿童的历史尤为重要。无论是从宗教思想的传承、宗族观念的延续，还是从各朝代政府救助政策的沿革以及现当代救助政策及其实践，我们都能领悟到儿童利益的重要性，这有助于我们今天更好地推动流浪儿童救助与保护事业的发展，充分保障流浪儿童的合法权益，使他们真正摆脱生存的困境，最终有美好的未来。

一、宗教思想中对孤儿、流浪儿的伦理关怀

中国古代的思想家，包括儒家、道家、佛家，对弱势儿童群体的关怀伦理奠定了我国救助儿童的福利体系的基石，对我们进一步贯彻新型儿童观起到重要的作用。

（一）儒家思想

儒家思想形成于春秋战国时期，是中华民族两千多年来绵延不断的文化主流之一。儒家学派的创始人孔子提出了“仁者爱人”之说，并将“爱人”作为人的本性。在他看来，安定和谐的社会，物同一体，人才会和睦相处，“老者安之，朋友信之，少者怀之”。儒家学派的另一代表人物孟子将仁爱思想得到进一步张扬。他说：“老吾老，以及人之老；幼吾幼，以及人之幼。天下可运于掌。”意思是，要像尊敬自己的长辈一样尊敬别人的长辈，要像爱护自己的子女一样爱护别人的子女。如果这样推己及人，统一天下就像在手掌心里转动东西一样。荀子在他的“庶人安政”之道中，把“收孤寡”放到十分重要的地位。这是他基于君为舟庶人为水的民本思想的具体善举。

《礼记·礼运》中记载“幼有所长，矜、寡、独、废疾者皆有所养”，并认为，

这是所谓大同世界的一个重要条件。

西汉时期，董仲舒提出“罢黜百家，独尊儒术”，并以五行学说陈述其行惠政的观点时说：凡“木用事”时，“则行柔惠，存幼孤”；而“土用事”时，“则养长老，存幼孤，矜寡独，赐孝悌，施恩泽。”待至“金用事”时，即要“存长老，无焚金石”。显然，五行中金、木、土用事施惠时，已经包含有存孤幼等思想。①

（二）道家思想

道家文化是中华传统文化中的重要一脉。先秦时期，道家即是从老庄为代表而形成的一个重要思想流派，及至东汉末年，道教正式创立，成为中国本民族土生土长的一种宗教。唐宋是道教的鼎盛时期，涌现出孙思邈等著名的道教学者，并产生了一批对后世影响深远的道教经籍，如《道藏》、《太上感应篇》等。《太上感应篇》是一部著名的劝善书，提出：“积德累功，慈心于物，忠孝友悌，正己化人，矜孤恤寡，敬老怀幼”等思想，对于缓解当时迅速激化的社会矛盾，适应社会心理需求起到一定的作用。

（三）佛家思想

西汉末年，佛教始由西域传入中土。佛教东传后，受到中国传统伦理思想特别是儒家思想的影响，形成了以善恶观、人生观为主要内容的中国佛教伦理思想。

佛教在中国本土化之后，它的社会功能趋向于劝善化俗之道，以通俗的教化劝导人们惩恶从善，避恶趋善。佛教高僧都深怀大慈大悲之心，把赈济、养老、育婴、医疗等救济事业看成是慈悲之心的外化表现。久而久之，乐善好施、济人贫苦就成为一种社会风尚。从武周时期开始，长安、洛阳及地方各道、州的佛寺就广为设置。唐政府对佛寺这种善举更是从经济上给予了资助，救济了长安城许多无着的流浪儿童。民国时期的慈善家熊希龄这样评论说：“儒学盛行之极，乃有佛教、儒、释、道相互传衍，数千年来深入人心，成为风俗。”

二、宗族制度在预防和救助流浪儿童问题中的作用

宗族是一个依托血缘关系和地缘关系而组建的社会组织，在我国古代社会中，它以强大的内在凝聚力和天然的区域优势影响着每个人的日常生活，甚至在生产力高度发达的今天，宗族仍然发挥着它特有的管理、教化、防卫等功能，是我们在研究流浪儿童的预防和救助体系中不得不关注的一个领域。

（一）宗族的定义与功能

宗族是由原始社会末期的父系家族制发展而来，由若干个父权家族组成，

---

① 参见周秋光、曾桂林：《中国慈善简史》，人民出版社2006年版，第35—36页。

随着宗法制度的不断完善,变成了宗族。其突出特点是属于同一男性祖先的子孙聚族而居,通过以血缘关系为纽带,构成一个由内向外、由亲及疏、由近及远、由小到大的家庭和宗族网络。到原始社会末期,宗族已成为我国最普遍的社会组织形式。综观我国古代宗族组织的发展,它在我国古代社会中主要发挥着行政管理、教育教化、赈济救助、军事防卫等功能。

宗族组织的管理功能是指在农村地区,宗族组织协助或代替乡村里的官方基层组织行使多项管理权的行为。通过行使官方基层组织的权力,宗族组织确立了族权的官方形象,强化了宗族管理的权威性和强制性,进而强化了对其成员的掌控。国家通过承认宗族组织权力在地方的存在,既达到了控制广大农村社会的目的,又弥补了国家行政力的不足。如此,在中国古代社会,宗族组织便获得了行使赋税催收、徭役征发、治安维护以及户籍管理等国家基层行政管理权力。

宗族组织很大的一个社会功能是对其族群成员进行教育教化,这一内容主要包括宗族组织通过家庭、宗族等背景单位对家庭或宗族成员进行的伦理道德、文化知识、生产技能等多方面教育培养,根本目的在于强化成员的宗族观和封建意识观,从而维护封建社会的基本统治秩序。但是宗族的教育仍然有值得肯定的一面,绝大多数宗族要求成员积极向善、遵纪守法、和睦邻里,这对于维护社会稳定,弘扬民族精神具有不可否认的积极作用。

（二）宗族的救助功能

宗族救助是我国传统社会救助体系的重要组成部分,上至高祖,下至玄孙,每个社会成员都生活在一个庞大的宗族网络中。宗族成员要互相帮助,扶危济困,其救助内容主要包括贫困救助、失业救助、孤儿救助、婚丧救助以及教育救助等。我国古代宗族救助对于加强宗族团结,维护宗族生存与繁衍起了重大的积极作用。

自明清以后,其救助实体更有组织,义庄作为宗族的经济实体,具备了初级形态的社会救助性质,从而使宗族通过义庄的运作发挥着社会的救助功能。义庄在社会救助基金的运筹等方面起到了协调统管的作用。

1. 宗族救助弥补了国家救助的不足

相对于社会最小单位的“家庭”,宗族即是这些家庭的集合,是一个“大家庭”,对于各个“小家庭”具有一定的约束力和监管职能。特别是当遇到天灾人祸等不可抗拒力造成的威胁时,宗族的代理家长的职能便充分的显现出来。

在我国先秦时期,绝大部分社会救助的工作都是由官方来实施,但在基层和广大的农村地区,官方的救助难以触及,此时宗族救助就发挥出它十分有效的救助功能,因而宗族救助在中国传统救助史上占有极其重要的地位。

我国古代社会是一个宗法制的社会,宗族一直是社会最基本的单位,因为那时虽然已出现了独立的家庭，但由于落后的生产力和不安定的社会环境，很少有家庭单独生活，各个小家庭力量弱小，能力有限，如果脱离了本宗族，将无法面对农业生产的种种困难，所以，只有依附于宗族才能得以续存和发展。宗族组织的体系相当发达，纵横交织，其结构呈现出多层次的特点，宗族是一个由不同的等级组成的庞大的网络系统，从天子到庶民，都生活在这样的宗族组织结构中。

尤其在灾荒年间，普通民众往往面临巨大的生存压力。我国古代很早就建立了较为完善的救助体系，而宗族组织进行的赈灾救济是这一体系链条上不可或缺的一环。宗族组织往往根据自己的能力，本着一种血缘亲情倾力相助，通常救助多是在宗族内部依照血缘关系的远近施予。这些救济措施在很大程度上解决了族人的困难，强化了宗族成员对宗族组织的信任感，增强了宗族的凝聚力。

2. 宗族在救助儿童方面的作用

宗族贫困救助的对象，多以无人照顾的老人和孤儿为主。一旦儿童幼年丧父母，要有本族的兄弟负责抚养成人，目的即为勿使其流离失所，冻死饿死。比如《仪礼·丧服》规定："夫死妻稚子幼，子无大功之亲，与之适。"郑玄注："子无大功之亲，谓同财者也。"大功亲死，其子不得随其母改嫁，而是由大功亲收养。只有当无大功亲时，才能随母嫁与他族①。

明清之后，凡有义庄之宗族，毫无例外将对孤儿等的救助列于其《义庄规条之首》，例如，吴江施氏义庄规定："族中应恤之人如下：甲、……；丁、少孤之人家贫不能存活者（此项子女，……其赡费，男至十七岁为止，女至出嫁之日为止）。"对于代为抚养孤儿之人户，念其辛苦，也给予一定的救助。如苏州彭氏"族中子女或幼失怙恃无人抚养，近房中有可靠之人代为抚养，除幼孤应得日米外，每月支米一斗五升，以偿辛苦，至十岁停止。"②

3. 宗族的教育教化功能起到预防儿童不良行为的作用

古人认为"修身、齐家、治国平天下"。梁启超在《新大陆游记》中曾说："吾国社会之组织，以家族为单位，不以个人为单位，所谓家齐尔后国治也。"而"齐家"的关键在于"修身"。

宗族的教育教化功能主要体现在强化对宗族成员的道德教化，培养宗族子弟的良好品行以及宣扬封建等级观念上。加强文化知识教育、培养宗族子弟，可以达到光宗耀祖，提高宗族社会地位的目的，从而在地方事务中发挥着

---

① 转引自甄尽忠：《试论先秦时期的宗族与宗族社会救助》，《青海民族研究》2006 年第 7 期。

② 转引自洪璞：《试述明清以来宗族的社会救助功能》，《安徽史学》1998 年第 4 期。

巨大作用。例如《史氏家训》中的"笃行"、"克己"等,就是要求族人品行端正、宽宏大量,且很多族规对损害宗族荣誉的不良行为实行禁戒,如不准酗酒、不准赌博、不准宿娼、不准斗殴、不准偷盗等①。这些都为宗族儿童培养健康的道德观、树立遵纪守法的观念起到积极的作用。

三、历朝历代的官方救助政策②

我国是一个以仁慈为怀,道德为本的社会,历朝历代的统治者都注重赈灾济困,维护社会安定和谐,尤其在救助弱势群体的施政上,更是如此。

《周礼·司徒》中叙述:"以保息六政养万民,一曰慈幼,二曰养老,三曰赈穷,四曰恤贫,五曰宽病,六曰安福。"爱护儿童位居六政之首,足见周朝已颇为重视儿童。

春秋战国时,齐国管仲提出了九惠之教,《管子·入国》中记载:"入国四旬,五行九惠之教,一曰老者,二曰慈幼,三曰恤孤,四曰养疾,五曰合独,六曰问病,七曰通穷,八曰振困,九曰接绝。"其中,慈幼和恤孤由专职官员——掌幼来负责。

两汉时期,汉文帝提出"赐天下孤寡布帛絮。"通过赐粟,给帛等措施让"老耆以寿终,幼孤得遂长"。南北朝期间,当时陈国规定"鳏寡孤独不自存者,官府每人每年救济谷或粟五斛。"萧梁始在建康设立赡老恤孤的孤独园。

唐代设立的悲田养病坊是古代第一个比较完善的专门矜孤恤贫、敬老养病的慈善机构。

两宋时期,朝廷相继设置福田院、居养院、慈幼局等社会福利机构,对流浪儿童实施救助保护。

北宋时期,针对贫困之家迫于生计将新生婴儿抛弃的现象设立了专门的收养机构——举子仓、慈幼局和婴儿局等。

宋太宗太平元年(976年),设立慈幼局,专门收养那些因为家庭贫困而遭遗弃的弃婴和孤儿。元符元年(1098年),宋哲宗下居养令,要求各州县设置官屋,收养鳏寡孤独之人,流浪儿童也附在此列。崇宁年间,徽宗广建居养院,流浪儿童的养护正式归属于居养院,这是宋代幼童救助事业发展中的一个重要关节点。无疑,这些举措为推动宋代流浪儿童救助保护事业的发展起了积

① 转引自张艳等:《我国古代宗族组织功能探析》,《安徽农业科学》2006年第4期。

② 摘编自曾桂林:《施善与教化:中国流浪儿童救助保护史述论》,《流浪儿童救助保护论文集》,中国社会出版社2005年版,第72—83页;成海军主编:《中国特殊儿童社会福利》,中国社会出版社2003年版,第34—49页。

极作用，至宋朝末年已趋于完备，它妥善地解决好了流浪儿童的收养、雇乳、衣食及教育等问题，并使之有章可循，有令可依。这对后世尤其是南宋的流浪儿童救助保护事业产生了深远的影响。

南宋时期，各地所设的幼童救助保护机构，或称慈幼局、慈幼庄，或曰婴儿局、举子仓，虽名称不一，然均"为贫而弃子者设"。比较著名的儿童救助机构有：举子仓、建康慈幼庄和临安慈幼局。至南宋末年，官方设立的慈幼局已十分普遍。

《宋史》记载，宋度宗时，江西提举常平司黄震开始变通救助流浪儿童的慈幼之政。他提出慈幼局要变消极救济之法为积极之策，教养并重，使幼儿长到一定年岁后能够独立谋生，糊口养身。这样就解决了慈幼局等救助机构儿童长大后的生计问题。这表明，南宋时期流浪儿童救助事业的发展已日臻完善，不仅得哺育，还开始重视教养。标志着宋代救助儿童事业已发展到相当高的水平。

到了明代，各地设立了大量的养济院。后来官方还在全国各地增设了栖留所、惠民药局、漏泽园、义学等设施。

清朝以后，流浪儿童救助组织得到进一步发展。顺治年间，扬州府的江都、高邮靠绅商的捐募相继建成育婴堂。康熙、雍正两朝还由江南地区逐渐向偏远的州县扩张，许多地方先后建立起各式各样的流浪儿童救助保护机构，除育婴堂外，还有救婴堂、保婴局、恤婴会、接婴所、保赤局、六文会等名目。

民国以后，北洋政府和南京政府也着手制定了一些关于社会救助事业的专门法律，如 1928 年 5 月，国民政府内务部公布的《各地方救济院规则》，共八章，对地方的救济机构作了详细的规范。对救济院的设置及施济对象，孤儿的收养标准、收养条件，成年后的安置等方面进行详尽的规定。1929 年国民政府公布《监督慈善团体法》，1943 年国民政府公布《社会救济法》，1944 年行政院修订公布《社会部奖助社会福利事业暂行办法》。1940 年 5 月，国民党中央政府增设"社会部"，其后，各省也设立"社会处"，专门负责儿童社会福利。社会部下设总务、组织训练、社会福利三司和合作事业管理局。社会福利司负责农工福利、儿童福利、社会救济、国民就业和国际劳工等事项，将社会福利和儿童福利事业推向高潮。

四、民间救助

在中国历史上，救助孤儿、流浪儿童的除当时官方政府外，有些有正义感、品德高尚的仁人志士也都在这方面起到不可忽视的作用。宋代赵延嗣恤主人之孤的故事,至今传为佳话。南宋叶梦得立卷救弃儿的故事,也为人们津津乐道。明清时期是中国民间慈善组织最为活跃的一个历史阶段,参与的社会阶层较为广泛,有影响力的乡绅、工商业主、普通老百姓都积极地参与到慈善事业中。近代以来,在华的西方教会也创办了育婴堂、孤儿院、盲童学校等救助机构,对近代中国儿童福利事业的发展起到引导作用,这一时期,出现了中国近代史上影响最大的四个儿童救助机构。

(一) 北平香山慈幼院

民国时期,北平香山慈幼院是最著名的慈善救助机构。民国五年,北京、天津、河北等地发生了多年不遇的特大水灾,三地的几十万人口受灾。水灾过后,哀鸿遍野,数万名儿童无家可归,流离失所。曾经担任民国政府财政总长的熊希龄,以及热心于儿童福利事业的一些人士等一起在北京共同创办了慈幼局。当时仅是一个临时性的救济所,以解决无家可归的流浪儿童的生活问题。水灾过后,大部分儿童回归家庭,另有一小部分儿童无家可归,熊希龄等便出资,于 1920 年在北京香山建立"北平香山慈幼院",熊希龄担任院长。

北平香山慈幼院是一个永久性的收养机构,专门收养因自然灾害、家庭困难和无家可归的儿童。持续了 30 年之久,收养孤儿总计达 6000 余人。建立初期,参照新式学校的方式设立幼儿园和小学,后来,随着儿童的成长,又设立适应儿童、青年特点的班级、部门等共八个部。慈幼院的各类教育齐全,办学方法独特,特别注重职业教育与实际训练,儿童在慈幼院一边学习文化课程,一边学习实用手艺。凡入院的儿童,如不能继续升学,都能习得一门技能,以为将来走上社会之后能自谋生计。当时舆论界称香山慈幼院是一个奇迹。1929 年美国记者参观后谓其"较之美国所办幼稚学校有过之而无不及"。1930 年国民政府教育部派戴应观视察后称:"这样伟大的规模和这样完美的组织,在中国教育界开了一个新纪元",并说:"这样的学校,在中国别的地方是不能再得到的,就是全世界里,也不见得很多"。①

香山慈幼院的经费主要来源于民间自筹和社会赞助,政府有时给予适当的补助。"七·七事变"后,因日本侵华而停办。

(二) 中华慈幼协会

该会由国民党政府财政部长孔祥熙,约请热心儿童福利事业的部分人士高凤池、邝富烁等人共同创办,于 1928 年 4 月 4 日在上海成立。该会的宗旨是,维护、教养和保障儿童的社会福利,谋求儿童的生活幸福。其经费来源是会员会费、热心于社会福利的慈善家的赞助、公益团体的赞助和政府给予的适

---

① 参见周秋光:《熊希龄与慈善教育事业》,湖南教育出版社 1990 年版。

当补贴等。

在抗战初起时，中华慈幼协会即在上海设立战区儿童收容所及战区婴儿收容所。1937 年 9 月至 10 月间，又在西安、洛阳、郑州等处组织战地儿童救济委员会以推动各战区救护难童的工作。其后，复于 1938 年 5 月在汉口设立办事处，专办难童救济事宜。同时还委托一些国际人士在上海、天津等沦陷区代为收容难童。1939 年年初，中华慈幼协会总会由上海迁至重庆，随后设立慈幼诊疗所。在此前后，中华慈幼协会尚在后方的陕、川、鄂等地自办了保育院、教养院、慈幼院。有资料表明，中华慈幼协会在后方与沦陷区的慈幼机构有 52 所。如四川万县的战地难童教育所，收容儿童达 1500 名，在陕西的西安、兴平、武功、宝鸡及河南的许昌、禹县、洛阳也设有慈幼机构，收容难童约 5000 名，并对儿童依其材质分别施以教养。在湖北宜昌，中华慈幼协会也设立了难童临时收容所，临时接待各方送来的难童。①

中华慈幼协会曾于 1931 年呈请当时的国民党政府规定每年的 4 月 4 日为儿童节，又于 1935 年举行儿童年。该会分别于 1934 年和 1936 年在上海和青岛两地发起了两次全国性的儿童福利会议。还到瑞士、法国、印度尼西亚等国参加国际性的儿童福利和儿童照顾会议，是中国近代史上影响较大的儿童救助与福利团体。

（三）战时儿童保育会

抗战期间的战时儿童保育会在这一特殊历史时期为救助难童付出了辛勤的劳动，作出了巨大的贡献，成为抗战时期最有影响的儿童救济团体之一。

抗战初期，无数的百姓在逃亡、在流浪，其中最悲惨的是儿童。他们或死于战火，或流离失所。特别是那些失去了双亲的难童，举目无亲，啼饥号寒。有些还被日军掳掠，施以奴化教育，充当战争的炮灰。

在这严峻的历史关头，中国妇女界的一批著名人士，在国民政府临时所在地武汉，开始了拯救受难儿童、保护国家未来人才的探讨和酝酿。于是，由沈钧儒、郭沫若、李德全、邓颖超、刘清扬、沈兹九、张素我等 20 多人正式发表了成立战时儿童保育会的发起书。发起书受到了国共两党上层人士和社会各界爱国人士的响应，很快即有宋美龄、宋庆龄、宋霭龄、何香凝、邹韬奋、田汉、陈立夫、张劲夫、曹孟君、郭秀仪等 184 人亲笔签名，作为成立战时儿童保育会的联合发起人。“救救孩子”的呼声向着实际行动转化。

1938 年 1 月 24 日，中国战时儿童保育会召开第一次筹备会议，李德全被推选为筹备会主任。3 月 10 日，中国战时儿童保育会正式成立。宋美龄应邀出席成立大会，被推选为理事长，李德全任副理事长。大会推选 56 人组成理

① 转引自孙艳魁：《战时儿童保育会的难童救济工作初探》，《江汉论坛》1997 年第 5 期。

事会，其中有中共党员、国民党成员、民主党派和无党派民主人士。

在武汉不断遭受敌机轰炸的危急时刻成立的战时儿童保育会，除就地收容难童之外，还派人奔赴战火纷飞的郑州、徐州前线抢救难童，很快实现了“抢救1000个难童”的口号，并将难童收养在5月1日成立的汉口临时保育院内。在各战区和大后方相继成立的20多个战时儿童保育会分会，也不失时机地到战区附近和沦陷区周围抢救难童，并设立起收养难童的保育院。1938年8月，日寇进攻湖北，武汉吃紧。战时儿童保育会将汉口临时保育院等处的儿童分散转移入川。工作人员在天空有敌机、长江无屏障的艰危之中，护送28批计1.5万名儿童平安到达大后方。之后，费尽千辛万苦在四川境内陆续建起8所儿童保育院，分别安置入川难童（加上四川分会、成都分会建立的保育院，四川全境共有中国战时儿童保育会所属的保育院23所）。各地分会及所属保育院，常常需要根据战局的变化，艰难地迁址到较为安全的地区。①

诞生于抗战烽火之中的中国战时儿童保育会，首创了中国历史上没有先例的战时教育事业。8个年头之中，共在南方诸省、陕甘宁边区、香港以及南洋地区设立24个分会，创办61所儿童保育院。各地的保育院一般都设有婴儿、幼儿、小学三部，保育院学生以上课学习为主，也在老师的组织带领下接受适当的军事操练，进行抗日宣传，并且参加力所能及的生产劳动。许多保育院，既是学校，又是工厂、农场、家庭。保育院在极其艰难的条件下为中华民族的复兴和新中国的建设培养了一批栋梁之材。

处于战时状态下，儿童保育院的经费没有固定来源，主要由战时儿童保育会拨给，而战时儿童保育会的经费则由政府补助一部分，其绝大部分主要靠国内各界及国际社会的捐助。

战时儿童保育会从1938年3月建立到1946年9月解散，历时八年半，为救助难童付出了辛勤的劳动，作出了巨大的贡献，据不完全统计，仅截至1943年年底，战时儿童保育会及其所设的保育院就已收容了28932名难童，有人如此评论说：“国民政府和社会各界对于战时儿童的救济和教善已尽了甚大努力。凡战区及与战区毗连地带的儿童，似已尽量收容。”②

（四）中国福利基金会

中国福利基金会由孙中山夫人宋庆龄女士联合部分民主人士和热心于儿童福利事业的有关人士于抗战期间创立。创立之初的宗旨是，为那些在战争

① 参见付延：《伟大的母亲——纪念中国战时儿童保育会成立六十周年》，载《人民日报》1998年8月5日第12版。

② 参见周秋光：《熊希龄与慈善教育事业》，湖南教育出版社1990年版。

中失去父母、家庭和亲人的儿童提供一个合适的生活环境;确保儿童有足够的营养而健康成长;保护儿童的合法权益;保障儿童成长质量。宋庆龄联合史良、何香凝、王造时等民主人士,在香港和海外募集了大量的资金和社会生活用品,源源不断地输送到后方和敌占区的儿童中去,中国福利基金会为抗战的胜利和抗战期间的儿童福利工作作出了积极的贡献,也为新中国的儿童福利工作作出了积极的、探索性的贡献。中国福利基金会,作为儿童福利组织,在抗战胜利以后保留下来,在新中国建立以后,仍然发挥着积极的作用,宋庆龄女士也成为新中国儿童福利事业的开创者和奠基人之一。①

五、当代中国的救助政策与实践

(一) 建立工读学校

我国的工读教育起步于20世纪50年代,目的是教育挽救有违法和轻微犯罪行为的青少年。这些青少年主要是因违法或轻微犯罪不适于在原校上学,甚至被开除的中小学生,年龄偏小,尚不够就业的条件。工读学校的建立是要让他们边学习,边劳动,教育他们,使他们不再继续犯错误,不再漂泊在社会上,避免他们因进入少管所等强制机构带来的弊病。

时至21世纪,工读学校经历了曲折的发展过程,但在教育转化青少年的初衷上没有任何动摇,为青少年、家庭、社会的良性发展作出了积极的贡献。根据社会发展的需求,工读学校也在不同的领域不同的程度拓展了自己的职能。自建立以来,工读学校的生源仅限于户籍在当地的青少年,这一做法在建国初期对于维护社会治安非常有效,但伴随着改革开放的逐步深入,人口的流动速度加快,来自于外地的有不良行为的流动青少年成为当地社会治安的隐患,他们没有固定的居所和稳定的职业,有的甚至有轻微的违法和犯罪行为。针对这一情况,有的工读学校开始尝试设立专门的班级招收符合入学条件的流浪儿童,使他们接受正规的义务教育,学得一技之长,不再在社会上流浪。

尽管工读教育的宗旨并不是直接面对流浪儿童,但在它半个世纪的教育历史中始终对救助流浪儿童起到积极的作用,对我国救助流浪儿童渠道的探索具有借鉴价值。

(二) 由收容遣送制度向福利救助制度转变

收容遣送在建国初期的50年代就有,当时这一制度的对象和后来有所不同,主要是收容国民党散兵游勇、妓女、吸毒者和流浪乞讨人员等。到60

① 参见成海军主编:《中国特殊儿童社会福利》,中国社会出版社2003年版,第41页。

年代，由于三年自然灾害刚刚结束，大量灾民涌入城市谋生。为了限制农民进城，1961 年 11 月 11 日，中共中央批转了公安部《关于制止人口自由流动的报告》，决定在大中城市设立“收容遣送站”，以民政部为主，负责将盲目流入城市的人员收容起来，遣送回原籍；公安机关负责对收容对象进行审查、鉴别。这实际上既是收容遣送制度的发端，也是收容审查制度的开始，改革开放后，大批农民又开始进入城市，于是收容遣送制度全面启动。但直到 1982 年国务院颁布《城市流浪乞讨人员收容遣送办法》，才使得收容遣送制度有了公开的法规依据。在 1982 年 10 月 15 日颁布的《城市流浪乞讨人员收容遣送办法实施细则（试行）》第二条规定：“收容遣送站是对城市流浪乞讨人员进行救济、教育和收容遣送的特殊性事业单位。”所以，从原始状态上说，收容遣送制度其实是人口流动管理、救济流浪乞讨人员的一项特殊社会性制度。但是，在其不断发展过程中却逐渐走样了。《城市流浪乞讨人员收容遣送办法》在我们的国家与社会生活中确实发挥过一定作用，但是，它的基本内容和目的不仅违反了宪法和法律，而且与法治的基本原则和法律的基本精神相违背。直到孙志刚死亡案引发社会关注，这一弊端重重的制度才寿终正寝。

2003 年 8 月 1 日《城市生活无着的流浪乞讨人员救助管理办法》的实施，标志着我国政府正式废除了强制性收容遣送制度，建立起自愿性社会救助制度，为我国救助保护流浪儿童工作指出了新的方向，提出了新的要求，也开辟了新的空间。救助保护已经作为新的理念指导着流浪儿童的救助实践。在实践中，救助管理工作的性质发生了实质变化，以往的管理型的救助工作已经被救助保护所替代，行政性、强制性收容遣送被福利性社会救助所替代。流浪儿童正在从被动接受救助的角色转变为行为主体。一些社会工作的专业方法越来越多地被用于救助保护的实践中。救助保护工作正在将流浪儿童回归主流社会和长远发展纳入自身的思考，并能够通过积极探索，寻求流浪儿童救助管理、保护发展之路。

（三）新时期的救助政策与救助实践

进入 20 世纪 90 年代以来，针对未成年人合法权益的保护，我国政府相继制定了一系列的政策法规。如 1991 年 12 月，第七届全国人大常委会第 23 次会议通过《中华人民共和国收养法》。1998 年 11 月，第九届全国人大常委会第 5 次会议对该法进行了修订。1991 年，第七届全国人大常委会第 21 次会议通过了《中华人民共和国未成年人保护法》。这是我国第一部未成年人方面的专门法律。并于 2006 年对该法进行了修订。1999 年，第九届全国人大常委会第 10 次会议通过了《中华人民共和国预防未成年人犯罪法》。1999 年 5 月，民政部发布第 14 号令《中国公民收养子女登记办法》和第 15 号令《外国人在中华人民共和国收养子女登记办法》。2003年6月,国务院颁发了《城市生活无着的流浪乞讨人员救助管理办法》。随后,2003年7月,民政部根据《城市生活无着的流浪乞讨人员救助管理办法》的有关规定制定并发布了《城市生活无着的流浪乞讨人员救助管理办法实施细则》。2003年10月,民政部颁布《家庭寄养管理暂行办法》。2004年,中共中央、国务院颁发《关于进一步加强和改进未成年人思想道德建设的若干意见》。

1990年,我国政府签署了《联合国儿童权利公约》,成为《联合国儿童权利公约》缔约国。1992年,我国参照世界儿童问题首脑会议提出的全球目标和《儿童权利公约》精神,发布了《九十年代中国儿童发展规划纲要》。进入21世纪,根据我国儿童发展的实际情况,我国政府制定了《中国儿童发展纲要(2001—2010年)》,提出的总目标是:坚持"儿童优先"的原则,保障儿童生存、发展、受保护和参与的权利,提高儿童整体素质,促进儿童身心的健康发展。

一系列的政策法规的颁布与实施为我国开展独具中国特色的社会救助与流浪儿童社会保护的工作手法和工作模式奠定了坚实的基础。根据2000年人口抽样调查统计,我国有3亿多儿童,是世界上儿童人口绝对数量最多的国家。民政部门的统计,我国的流浪儿童数量至少有15万。对于这样一个庞大的特殊儿童群体,我国政府多年来经过各种救助实践的探索,做了大量艰苦细致的工作。

截至2003年年底,民政部建立了130个专门为流浪儿童提供救助和保护的机构。与此同时,民政部还通过与国际组织合作,借鉴国际流浪儿童救助保护工作的经验,通过国际合作项目的典型示范作用,推动全国流浪儿童救助保护工作的开展。从1992年起,民政部先后与联合国儿童基金会、英国救助儿童会开展合作,提出了街头救助、"类家庭"、"大房子"、全天候救助点等一系列富有新意的救助概念,延展了救助工作的范围,充实了救助内容与方法,初步形成了流浪儿童救助保护的工作模式。

各地方根据自己的经济条件、地理位置、工作特点等形成各具特色的救助方式。比如广东、北京等省市建立了专门的少年儿童救助保护中心,改变了过去流浪儿童救助保护机构与救助管理站合一的体制。郑州市尝试运用现代社会工作的理念和方法,建立了街头全天候救助点和"类家庭"救助保护模式。武汉和上海探索利用工读学校的优势教育转化流浪儿童的做法将教育、矫正、救助、保护融为一体,形成别具特色的"校园式管理模式"。新疆流浪儿童保护中心借助英国救助儿童会善于开展项目活动的优势,为流浪儿童创造丰富多彩的课余生活,使新型儿童观的理念融入到儿童们的日常生活中。

除此之外,一些热衷于儿童慈善事业的"好心人"和非政府组织也积极的投身于救助流浪儿童的事业中,弥补了现行救助体制下尚未涵盖的领域,推动了流浪儿童救助与保护事业的发展。

个案采编 1

健谈的小胖

我在郑州全天候救助站遇见了小胖。他个头不高,圆圆的脸,憨憨的表情。他对救助站的情况很熟悉,在孩子们中间像个主事的。我问他,这么多年的流浪生活吃了那么多苦,怎么还挺胖的?他告诉我他以前在家时很瘦,出来这两年跑救助站,在救助站吃胖了,身体也好了。他很健谈,有浓浓的河南口音,语速也很快。他和我一起回忆苦难的生活经历,和我分享走南闯北那些刺激而有趣的流浪生活,一时间我很难想象这么复杂的经历和感受都发生在这个孩子身上。

我被人家捡了又扔

我不知道自己的亲生父母在哪,只知道被人扔在煤场,三门峡市义马煤矿,被煤矿上的人捡了回去。我那时候可脏可脏,捡的人给我洗了洗。我还有个哥,我俩是双胞胎,我哥小时候害病死了,大概是 1 岁的时候。捡我的这一家也有孩子,两个姑娘,一个男孩。他们家太穷,上学都上不起,我 5 岁时被赶了出来。我就开始流浪,被一家人给捡了。养了一年,他们家也不要我,我就出去要饭了。我先到渑池,有个人把我骗到火车站里,叫我等他,后来站上的警察见了,那个人就跑了。警察问我是哪里的,我说我不知道,警察让我在附近吃了饭,给我找了件衣裳。警察认识的一个朋友把我要了。路上,警察去吃饭,让我在那里等着,我没等警察,后来被车上人领走了。把我领走的这个人就是第三家人。这家人没有孩子,刚开始时他们对我也挺好的。可不到一年,他们带着我在新疆打工的时候,生了个双胞胎。从新疆回来,带回我两个兄弟以后,他们再也不对我好了。经常虐待我,把我赶出家门,以后我再也没有回过。后来我在外边,别人叫我往家里打个电话,我往家里一打,他们在电话里就骂我,骂几声就挂了。从那以后,我再也不敢回家,不想回去了。一年前,郑州救助站的人又把我送回去了。送到三门峡,三门峡的人又把我放出来了。他问我实话,我没有地址,就知道三门峡。送

到三门峡,又从三门峡跑出来了。去年,我被送到三门峡渑池民政局。回到这个乡,乡里的人又给我掏几十块钱的,我坐车到郑州。见到了一次养父母,他连理都不理我。他不理我,我也不理他,我跟他到屋里,一晚上都不理我。

我被铁链子拴了6年

最后一家人,我在他家第一年他们家就有孩子了。到我8岁那年就对我不好了,他们把我赶出去,让我睡到窑洞里。窑洞就在他家门口。我叔(就是他的兄弟姐妹)家以前在窑洞里住,后来,他们搬到洛阳那边了,窑洞就一直空在那儿。冬天窑洞里很冷,夏天蚊子特多。我不愿意住在窑洞里,就推门往屋里进,他们用铁链拴住我的脖子,另一头拴到树上,把我勒得恶心。吃饭时,他们用喂狗食的碗给我装饭,跟喂狗的碗一模一样,叫我吃。他家旁边没有住户,另一家离得很远,隔着山丘和窑洞。我被关在里面,我让平时和我一块玩耍的孩子们把铁链弄开后就跑了。但逃跑了好几回,都让他们逮回来了。他用棍子打我,用很粗的棍子打我,把棍子都打折了三节。最后一次是本村放牛放羊的人发现的,他把铁链弄开,把我给放了。我带着铁链逃跑了,跑到铁匠那里把铁链和锁都砸了。有人知道我被锁在窑洞里,乡政府多次到他家抓他,没抓住,他们夫妻二人都跑了,后来,乡政府把我领走,给我了100元钱,说“你走吧,找你亲生父母去吧,离开这个地方”。我14岁那年出来,我也不知道我的亲生父母是谁,就到处游荡。

走南闯北

我一个人坐上车,来到郑州。先到郑州救助站中心,之后他们把我送到这。在郑州救助站中心我表现不好,就送我到这里来重新表现。这里的孩子对我不好,老打我,我就跑了,跑到上海救助站,上海救助站把我送回来。我又跑了,跑到北京。北京也把我送回来,我又跑到山东菏泽,后又回郑州。又从郑州到青海,从青海到甘肃兰州,再到陕西,之后扒火车回到郑州。后来又到江苏、苏州、连云港东海县、湖北武汉,又到过湖南、最后回到河南新郑,从新郑扒火车经洛阳到郑州。我有个计划,明年想到海南,还想去广州。

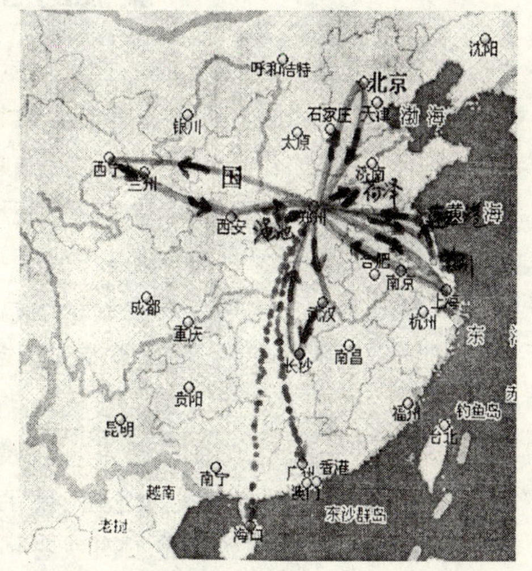

我去过的救助站

我去过郑州、上海、山东菏泽和北京的救助站,青海的也去过。在青海,他们没有把我送回来。我说我的年龄大点,他们对我说,“你是不是20岁了?”我说:“我哪有20岁?17岁而已。”他们给我买了一张票,到兰州。在兰州救助站,我假装是兰州人,逗他们的,他们就把我放在兰州了。我扒火车到山西,回到郑州。我又扒火车去了东海县城,连云港东海县那边可冷,离海边太近,把我给冻坏了。在那街上转来转去,最后遇见了河南老乡。他叫我跟他一块儿,他买了票,我随他混上车,趴在座位底下,又回到河南郑州。我从郑州去了新郑。新郑民政局掏了30块钱给我坐车,叫我回去,我没有回,坐到洛阳,又回郑州了。

我去过这么多救助站,我感觉洛阳救助站不怎么样,在里边跟大人一个屋,我受欺负。还有山东菏泽的也是一样。上海的救助站、北京的救助站挺好的。上海的救助站里睡在地上的木板上,可冷了。北京的和郑州的一样,都是上下床。上海的救助站是每间屋子一个男的管理员,每天早上还让我们锻炼。就是那里边的孩子老打人,管理员看见时就不让他们打,看不见就不管了。北京还好,管理可严了,吃饭都是用一个铁盘、套餐,这边是米饭那边是菜,还有馒头,各种各样的。我感觉北京和郑州一样好。湖南的、湖北的救助站都是大人,没有小孩,没有和我一样大的人,没意思。湖南的救助站吃的不怎么样,没油水。湖北的救助站也不怎么样,在那儿吃的馒头都是甜的,好像里边有糖,没有郑州的好吃。青海西宁的救助站还行,甘肃里边也有四五个跟我一样的孩子。我喜欢北京,然后是郑州,再是甘肃。

流浪的日子很苦

在外流浪生活是很苦的。捡破烂有时挣钱,有时不挣钱。有时一天能拾两三块钱,有时能拾十块钱。有时拾的钱都不够吃饭,吃一顿饿几顿。有一次坐火车,晚上扒的火车,从郑州到菏泽,走走停停。火车拉的煤,什么吃的都没有,我在车上饿了五天五夜,一口水都没有喝。我一直在上面睡觉,睡了五天五夜。到了山东菏泽腿都软了,一点劲都没有。这是我饿得最惨的一次。我在外流浪时生过一次病。我见到一辆拉煤车就跳上去,结果跳在火渣上,把腿和脚都烫伤了。我一扒,手就被烫了。我大声哭,最后被人救了。救我的人把我放在拉煤的小火车上。那人让我大声哭,一哭,那边的人就把我送到矿上医院,免费治了一两天,揭了一层皮就慢慢好了。我在外边时身上生过疙瘩,圆的白疙瘩,发痒。不知道是啥疙瘩,晚上睡在凉地上,到处都是痒的。

我在上海被人骗过。他们叫我去锅炉房里偷东西,我不偷,有几个娃给我打了我一顿。第二天老板让我干活,去偷东西,我不去,老板打了我一巴掌。我生气了。到晚上又叫我去偷东西,我就跑去派出所。派出所问我是不是迷了路,我说不是,于是他们就把我送到上海救助站。去北京那次我也是被人骗去的。我被人骗到北京门头沟的那边的木工棚里干活。干了有一个月,不给钱,我跟他们要钱他们不给,只给我十来块钱,我就走了。用一元钱坐公交到地铁,又用3元坐地铁去天安门看了看。地铁跟小火车一样!

街头救助—全天候救助点—救助中心—类家庭

我以前被郑州救助中心救助过,在类家庭里待过。后来从类家庭被送回救助中心,因为我表现不好,犯了错。在类家庭去上学要走过那些街道,会看见原来在一块儿待过的流浪娃们,我跟他们见面说话,被类家庭的人遇见,他们觉得不好,他们怕我再跟流浪娃沟通就跟他们跑了。我告诉那些流浪娃也进这里,我跟他们说了,他们不愿意进。流浪娃们都很可怜的,我自己在这又温暖又吃得饱,他们在外边受冷受饿,我看到流浪娃们心里就难受。我劝不了他们,就几次

把类家庭里吃的东西拿给他们吃。结果被发现,把我送回了救助中心。我在类家庭里边也有一个好多年的朋友,他也是犯错误被送回家了。他第一天先偷,我第二天才偷。他已经回家了,是他家里人来接他了。他犯错误,就被接走了。接走以后,我感觉没伴了,那几个流浪娃又来找我,我也恼了,我也跟着犯错误了。中心于阿姨,一个胖胖的、圆脸的女的,她问我,"想留下来不想?"她说再给我一次机会,叫我重新做人。可是那个阿姨走了,里边的领导决定把我送回三门峡,要不就给我一次机会了。我回到家待不住,又流浪出来,再次来到这个救助点。昨天我又碰见了中心的几个老师,他们问我愿不愿意回去,我都不好意思了。

我想有个家,如果再给我一次机会,我愿意回类家庭。家庭寄养也行,社会上有人献爱心愿意让我到他家去住,也行。

我想办一个救助站

我以后想有个家,再上学,等有了钱以后办一个救助站。让被救助人员有饭吃有地方住,让他们学技术赚钱养活自己。昨天有人问我,我也是这样说

的。他们问我咋办呢，我说即使是贷款也想这样做。

我感觉流浪娃和犯罪的小孩不一样。有些小孩跟大人出来是专门偷钱的。其实，流浪娃和犯罪的小孩是很容易辨别的。流浪娃穿得脏，捡破烂。要钱的不是流浪娃是骗子，骗钱的小孩眼神很灵活。要钱、偷东西的小孩都有人操纵。

这些流浪娃实在太可怜了。上次我们去发爱心卡的时候，看到他们在"二七"广场，有的睡在椅子上，有的睡在地上，有的睡在超市地下室。晚上睡在那些地方，白天就在广场上转。我有个朋友被人骗了，三天三夜，没吃东西，我看见他后和他一块去买了饭吃。政府要好好关心这些人，要好好劝劝他们。不能看见流浪的人来向他们要钱，就好像没看见一样，连管都不管就走了。有的流浪娃也愿意受救助，主要是要尽量做工作。有次出去我问他们为什么不来救助站，他们说不想来，说不得劲，还不如在外面，可有时他们还会到这里看一看。有的娃你叫他来他不来，你不叫他来有时他又会来。他们有的不好意思来这里吃饭，好像吃饱了就走不太好。反正他们进来是对他们最好的。

我觉得"多一份爱心，就多一份力量"。我在中心学习、看报，经常看到说"男人少抽点烟，女人少买点东西，买福利彩票，帮助流浪娃"。我想尽力帮助他们。

下　　篇

第七章　其他国家流浪儿童状况预防与救助综述

尽管流浪儿童问题有一定的相似性,但是由于世界各国和地区的政治、经济和文化等方面的差异,使得彼此之间又呈现显著不同的特点,在流浪儿童的预防和救助方面也是如此。从国家对儿童的保护角度来看,人类历史上自20世纪以来出现过两种比较完善的儿童福利制度模式,即福利国家模式和社会主义模式。尽管福利供给的实现手段不一样,但是这两种儿童福利制度模式都通过强大的国家力量为儿童编织了严密的社会安全网,基本上避免了儿童流浪问题的发生。除了福利国家和原来社会主义阵营的国家以外,世界上其他发展中国家和地区(如非洲、南亚、拉美等地区)还没有形成过完整的儿童福利制度,在对待流浪儿童问题上,民间组织所发挥的作用要重要得多。

一、流浪儿童的定义

谈到流浪儿童,首先碰到的是流浪儿童的定义问题。由于流浪儿童现象的复杂性,所以流浪儿童的定义也颇有争议。与流浪儿童相关的概念非常多,如Vagrant Children(流浪漂泊儿童)、Migrant Children(迁移流动儿童)、Homeless Children(无家可归儿童)、Working Children(童工)、Trafficked Children(被拐卖儿童)、begging children(乞讨的儿童),除此以外,还可以列出很多与流浪儿童相关的概念。由于这些概念都是从流浪儿童的某一方面的特征来定义的,因此很难穷尽。但在流浪儿童的救助与保护实践过程中,按照流浪儿童与家庭的关系进行分类在国际上比较统一。目前国际上通行的是两分法,即:(1)children on the street——仍然与家庭保持关系的街头儿童。这种情况最典型的是白天在街头工作晚上回家的儿童。(2)children of street——完全与家庭失去联系的街头儿童。除了两分法之外,也有人将Street Children这个概念引申出三分法。例如,在1994年蒙古国国家儿童委员会组织的一次关于流浪儿童的会议上,来自蒙古国议会、科学和教育部、少年司法部、少年监狱、Aimag儿童中心、联合国儿童基金会、英国救助儿童会的代表将流浪儿童分为三类:(1)白天在大街上工作,但是他们与家里有联系,并且通常夜间回家。(2)偶尔与家庭有联系,但是他们大部分时间都在大街上,尤其是在暖和的季节。(3)与家庭完全失去联系,永久地生活在大街上。① 再如,Tim Bond 在 20 世纪 90 年代将越南胡志明市流浪儿童分为三类。即:(1)那些离开家,或没有家,露宿街头的孩子;(2)与家庭或看护人一起露宿街头的孩子;(3)有家或有看护人,一般在家睡觉的孩子。② 除了以上的两分法和三分法之外,Street Children 还可以有四分法,例如,安怀世曾将中国流浪儿童分成四种主要类型:(1)与家人分离后独自生活的儿童;(2)与家人分离后与群体生活的儿童;(这两类可能受成人操纵和剥削;可能都在街头工作)(3)与家人同住,但在街头谋生;(4)与家人同住,但在街头游荡。(这两类儿童可能都未上学)③

除了国际认同和分类上的优势之外,"Street Children"这个概念更重要的是它广泛的包容性。如果我们从字面意思来理解的话,"Street Children"的含义是:不管属于以上哪种情况,只要有过街头生活或工作的经历都属于"Street Children"。儿童来到街头的原因可以是多种多样的,例如独自从家里跑出来、和家人一起流落街头、被人拐卖或控制流落街头、迷路回不了家等等。他在街头的生存手段也可以是多种多样,例如,捡垃圾、乞讨、擦鞋等等。也就是说,不管是哪类儿童,他们的活动空间一定是在街头。基于上面所述原因,本文如果没有特别的说明,流浪儿童一词就是指"Street Children"。

二、福利国家的发展趋势与流浪儿童问题

在福利国家,儿童福利制度具有特殊意义。一般说来,儿童福利制度是福利国家完全建成的重要标志。因此,儿童福利制度又被誉为福利国家的"最后一片瓦"。但是福利国家并不完全一样,福利国家模式不同,其儿童福利制度设计也不同,对儿童的福利保障程度也不一样。根据安德森的理论,西方福利国家明显地分为三种制度类型。第一种是盎格鲁—撒克逊(Anglo-Saxon model)模式,在其起源及演变中具有很大的自由主义特点。在此模式中,公共福利的责任范围较窄——主要是针对穷人,大多数人主要依靠市场来获得保障,代表国家是美国和英国。第二种是欧洲大陆传统(Continental European Tradition)模

① 参见 Andrew West,"At the Margins:Street Children in Asia and the Pacific",Asian Development Bank,2003,p. 8。

② 参见安怀世:《有关越南流浪儿童政策和实践的报告》,载《国家民政部与英国救助儿童会中国项目文献资料》(2001 年),第 61 页。

③ 参见安怀世:《国际背景与视角》,《救助流浪儿童国际学术研讨会论文集》,河北教育出版社 2003 年版,第 302 页。

式,其前提是就业和贡献相关联的公共社会保险计划,代表国家是德国。第三种是"社会民主"(Social Democratic)模式,主要是指斯堪的纳维亚制度,它与其他两种制度有着明显区别。它的前提是普遍性和平均性的给付原则,既与特殊需求无关又与就业记录无关,而只与公民资格有关。① 从国家保障的程度来看,三种模式中"社会民主"模式最强,欧洲大陆传统模式次之,盎格鲁—撒克逊模式最弱。正因为如此,我们可以看到儿童福利问题也是这样。

(一)"社会民主模式"

"社会民主模式"福利国家按照普遍性和同一性的原则,所有的公民都有权获得基本生活保障,并且由国家承担多种风险。保障内容除生育、疾病、伤残、失业、养老外,还有儿童、遗属、单亲家庭、住房、教育和培训津贴。除了现金津贴外,还提供医疗、护理等服务项目。在这种从摇篮到坟墓的福利模式下,一个人的生、老、病、死都由国家负责,因此流浪儿童问题也就很难出现。或者说这种福利制度安排能很好地消除流浪儿童问题的存在。"社会民主模式"典型代表是瑞典和挪威。

瑞典的儿童福利制度非常完善。首先,在儿童福利法规上,瑞典于1960年制定了"儿童及少年福利法",规范受虐儿童及犯罪少年的强制性保证。次年颁布了"儿童照顾法",规范学前儿童与学龄儿童的托育服务。1982年修订颁布了"社会服务法"(儿童及少年福利法及儿童照顾法也并入该法案中)。具体儿童立法情况见下表:

表7—1　瑞典相关儿童福利法规及纪事

年代	法规	内容	年代	法规	内容
1944	公共托育政策	公办托儿所	1961	儿童照顾法	学龄前及学龄儿童之托幼服务
1947	儿童津贴	对家中儿童给予现金补助	1974	家庭津贴	保障子女众多家庭之最低生活水平,给予现金补助
1947	有薪亲职假	提供服务休假并给薪在家照顾儿童	1975	学前教育法	入读小学前一年,免费一天三小时的学期教育
1960	儿童及少年福利法	受虐儿童及犯罪少年的强制性保证	1982	社会服务法	儿童及青少年的照顾与保护

资料来源:[台]郭静晃:《儿童福利》,扬智文化使用股份有限公司2004年版,第131页。

其次,政府提供的儿童福利服务上。在瑞典,政府基本上承担了儿童照顾和家庭支持的主要责任,其主要福利服务措施包括:(1)育婴假(产假)。不仅

① 参见考斯塔·埃斯平—安德森:《福利资本主义的三个世界》,郑秉文译,法律出版社2001年版,中文版序言第2—3页、42页。

母亲享有9个月(全职)或18个月(兼职)的带薪产假,父亲也有2周的产假并享有90%的工资。(2)托育服务。瑞典采取公共托育政策,托儿所和学前教育由政府兴办,卫生福利部管辖。(3)家庭协助服务。1982年的“社会服务法”规定:“对育有子女的家庭,当父母因无法照顾子女时,由地方政府的社会福利委员会安排家庭协助服务,家庭因生病或生产无法亲自照顾子女时,由专业的家事服务人员协助家务。”(4)家庭津贴。家庭津贴是为了让家中子女较多的家庭得到最低生活水平保障,年龄未满16岁(学生为满19岁)均可领取。(5)家庭之家。家庭之家是以寄养家庭作为儿童保护的主要措施。(6)儿童收容、安装服务方面包括婴儿之家、母亲之家、母子之家、暂时收容之家、特别之家等多种形式。① 挪威的儿童福利制度也表现在法律法规、现金补贴和福利服务等几方面。在法律法规方面,挪威的相关儿童福利主要立法有儿童福利法、收养法、家庭补贴法、现金补贴法、日托机构法、儿童法等。在现金补贴方面,主要包括儿童福利金(家庭补贴)、对幼小儿童的现金补贴计划、父母或养父母补贴。② 在福利服务方面,挪威有非常完善的公共儿童健康服务系统和教育服务系统,很好地保障了挪威儿童的医疗和教育权利。

(二)欧洲大陆传统模式

欧洲大陆传统模式的福利国家以德国为代表。德国自19世纪80年代俾斯麦创设社会保险制度以来,一直以社会保险作为社会保障制度的核心,强调劳动者的自我保障意识,体现了互助共济,同时国家要给予一定的财政支持的原则。在儿童福利上,强调父母教养儿童的权利和义务,及家庭对儿童的重要性。政府在儿童福利上所扮演的是辅助性角色,决不能轻易取代父母或家庭。德国也有完善的儿童福利制度。以合并前的西德为例,其儿童福利制度主要包括福利行政、福利设施、现金补贴和福利服务等方面。首先在福利行政上,县市设有少年局,少年局由少年福利委员会及行政部门组成,负责执行少年福利法规定的任务。为了确保各地少年局一致执行所赋予的任务,并支持工作,设立邦少年局。此外还有邦最高行政官署负责超地域的少年福利事物。在儿童福利设施方面主要包括:日间托育设施、育幼院、母子中心、孕妇咨询中心、教养咨询中心等。在现金补贴方面主要有子女津贴、教养津贴和母亲与孩子基金。在福利服务方面包括母亲保护、少年保护和疾病期间的子女照顾等。此外,工薪阶层还享有为期一年的育婴假。③ 由于德国一整套完善的儿童福

① 参见[台]郭静晃:《儿童福利》,扬智文化使用股份有限公司2004年版,第131—132页。

② 参见贺颖清:《福利与权利——挪威儿童福利的法律保障》,中国人民公安大学出版社2005年版,第81—119页。

③ 参见[台]周震欧:《儿童福利》,巨流图书公司2001年版,第64—73页。

利制度设计,也基本上能够避免儿童流浪问题的发生。

但是20世纪80年代人口老龄化和福利国家危机以来,德国的福利制度也开始调整,其表现之一就是在社会政策导向上试图通过私有化来提高社会保障制度的效率。尽管德国在福利改革的力度比一些其他欧洲国家(例如英国)小得多,但也对社会造成了一定的影响。在儿童福利方面的表现是人们又开始关注流浪儿童问题。实际上,德国流浪儿童问题是20世纪90年代媒体提出来才进入人们视野的。人们通常会认为,在德国这样的国家是不应该有流浪儿童的。因为所有不愿待在家里的未成年人都可以到青少年援助服务中心,而这些中心必须要照顾好这些未成年人。尽管如此,但德国近年来确实出现流浪儿童现象。1998年有一个估算,当时大约有6000—7000名居住在家和少教所的青少年超过3个月不回家或不与家人或青少年救助中心联系。2001年的统计表明,在德国柏林大约有3000—5000名青少年流落街头。① 但是德国流浪儿童问题与发展中国家有显著区别。发展中国家儿童流浪主要是由于经济原因造成的,而发达国家主要是由于家庭原因。帕米恩将德国流落街头的年轻人分为两类:一类是出生在德国。这类儿童流落街头的原因主要是家庭原因。1994年,德国"家庭、长者、妇女和儿童部"(BMFSFJ)发起和推动了一个研究项目叫"儿童和青少年的街头生活"。从访谈中可以看出,这些青少年逃到街头生活的主要原因是青春期不断升级的家庭冲突。例如,女孩比男孩说得更多的是受到父母的虐待。除此之外,主要是父母的问题引发了对青少年的忽视。例如,父母药物成瘾性(毒品、酗酒)。还有些女孩离家的原因之一是想通过斗争来获得更多的自由——如晚间参加团体活动,和男朋友约会等。② 由于家庭原因导致儿童流浪在两德合并之后情况变得更加严重。东西德合并之后加剧了失业、工作忧虑,导致越来越重的来自事业和消费方面的压力。这些因素增加了家庭的潜在冲突。③ 另一类是出生在其他国家的流浪儿童。这些人有的是无依无靠的青少年难民,还有很多是来自国外的年轻人,他们被家庭或犯罪团伙逼迫以街头为生进行偷窃、卖淫和贩毒。而这些人通常无法获得青少年救助中心的任何帮助。针对近年来出现的流浪儿童

① 参见汉纳·帕米恩:《在家庭、青少年救助中心、街头和监狱间流浪》,载《救助流浪儿童国际学术研讨会论文集》,河北教育出版社2004年版,第274页。

② 参见Hanna Perien,Gabriela Zink,(2002)"Preliminary Experiences with Life of the Street,First Attempts to Live on the Street,and What this Means for Youth-Care Organization",*in Growing Up in Germany——Living Conditions,Problems and Solutions*,Deutsches Jugendinstitut,p. 112。

③ 参见Hanna Perien,(1998),"Children and Juveniles between Family,Street and Youth aid:Results of a Research Project",in *Family Risk and Family Support——Theory,Research and Practice in Germany and the Netherlands*,Uitgeverij Eburon,p. 117。

问题,德国社会也采取了一些相应的措施。例如近10年来,德国建立了许多旨在帮助离家出走和流落街头的青少年救助中心,他们为流浪街头的年轻人提供稳定的住所、帮助他们停止流浪生活。

(三)盎格鲁—撒克逊模式

美国非常重视儿童福利。作为世界上最发达的国家,美国的儿童福利制度非常完善,主要表现在以下立法、福利服务和现金补贴等几个方面:

在儿童福利相关立法方面,美国众议院在1990年的一项报告中指出有关儿童福利相关法案有127项,可以分为辅助、营养、社会服务、教育训练、保健和住宅六大类。Pecora等人将美国联邦法案中有关儿童福利的服务及政策选出12条,见下表:

表7—2 美国联邦的相关儿童福利法规立法

年代	法案	目的
1935	社会安全法第4款	制定依赖家庭儿童补助(AFDC),提供现金援助给低收入家庭的儿童
1965	社会安全法第19款修正案	依据医疗补助方案,为符合收入规定的个人及家庭提供健康照顾
1974	儿童虐待预防及处理法	补助各州对儿童虐待疏忽加以迁腐机处理,并提出报告
1974	少年审判及少年犯罪预防法	提供补助,促使各州减少对未成年人不必要的拘禁,并加以防治
1975	残障儿童教育法	要求各州为残障儿童提供支持性教育、社会服务、个别教育计划、回归主流
1978	印第安儿童福利法	加强迁移管理,为世居美国的儿童及家庭提供多样化服务
1980	收养补助及儿童福利法	运用基金奖励及手续上的改革,促进儿童安置的预防及永续计划
1981	社会安全法第20款修正	各州以邦基金、透过街区安排,提供多样化的特别服务方案
1986	自主生活创新法	为收养照顾的青少年准备在社区独立生活时提供基金补助
1988	家庭支持法	为低收入家庭财务补助制定新的措施,要求其必须接受训练及就业
1990	农民法	贫苦儿童食品券的再确认
1991	印第安儿童保护及家庭暴力预防法	每年拨款保留地种族实施儿童受虐个案的强制举报及处置

资料来源:[台]郭静晃:《儿童福利》,扬智文化使用股份有限公司2004年版,第108页。

除了儿童福利立法之外,美国还有发达的儿童福利服务系统。儿童福利行政的最高主管机关是卫生与人文服务部,人文服务部下设儿童家庭署。儿童家庭署之下又有儿童、少年及家庭处。儿童、少年及家庭处内设四个局,即儿童局、托育局、家庭及少年局和启蒙局,分别掌管儿童福利相关事务。从儿童福利的项目来看,内容涵盖收入保障、食品与营养、医疗卫生、教育和住房等领域。福利形式包括现金、所得税抵免、实物、服务和代金券等等。在管理上实行中央与地方分权,具体到每个项目又分属不同的部门管理,各部门间权责分明,各司其职。

尽管美国的儿童福利制度已经非常完善,但是美国的流浪儿童问题却是发达国家中最严重的。根据美国国会教育部门的报告,1997 年,美国有 63 万儿童无家可归(6—17 岁)。这个数字还只是接受公共或私人机构服务家庭的孩子或在校注册过的孩子,不包括只在特定时间无家可归的孩子。① 另外还有人估计,20 世纪 90 年代美国大约有 100 万无家可归的儿童。仅在费城就有大约 900 户无家可归的家庭和 2200 名无家可归的儿童,而且其中 60% 都在 5 岁以下。② 与欧洲福利国家相比,导致美国社会儿童流浪的原因要复杂得多,主要包括以下几个方面:

(1)贫困问题。美国虽然有"儿童天堂"的美誉,但是其儿童贫困问题却非常严重。以儿童饥饿状况为例,1989—1990 年,华盛顿食品研究和开发中心(Food Research and Action Center,FRAC)发起的对全国 7 个州的儿童饥饿程度调查表明,美国有大约 550 万 12 岁以下的儿童处于饥饿中,超过 600 万的 12 岁以下的儿童面临饥饿威胁。每四个 12 岁以下儿童中就有一个遭受食品短缺之苦。③ 事实上,美国社会福利制度的发展对于预防老年贫困方面所取得的成就最为显著,而儿童贫困问题却越来越严重。有研究表明,20 世纪 90 年代中期 65 岁以上人口的贫困率低于 6%。但是 1999 年 18 岁以下儿童的贫困率是 16.9%,对于单亲家庭的非裔美国儿童来说,他们的贫困率几乎达到 50%。④ 贫困使很多家庭无法获得固定的居住场所,迫使父母带着儿童流浪街头。

---

① 参见 Roslyn Arlin Mickelson,"Globalization,. Childhood Poverty,and Education in the Americas",in Roslyn Arlin Mickelson,1993,*Children on the Streets of the Americas-Homelessness,Education and Globalization in the United States,Brazil and Cuba*,Routledge,2000,p. 27。

② 参见 Elaine R Fox,Lisa Rose,"Homeless Children,Philadelphia as a Case Study",*Annals of the American Academy of Political and Social Science*,Vol 506,1989,pp. 141—151。

③ 参见 Whitaker,William H."A Charity/Justice Partnership for U. S Food Security",*Social Work*,1993,p. 38。

④ 参见 Neil Gilbert, Paul Terrell:《社会福利政策导论》,华东理工大学出版社 2003 年版,第 67 页。

(2)住房问题。在美国,住房的供给是以市场为导向的。尽管美国20世纪30年代就创设了针对低收入家庭住房问题的公共住房政策(Public Housing),1974年又发展了租金补贴政策。但是到了20世纪80年代初期,由于种种原因公共住房的供给大量减少,政府又开始削减公共住房的补贴,与此同时低收入家庭却在不断增加。在这种情况下,很多低收入家庭无法找到他们在经济上可以承受的住房,所以只好带着儿童流落街头。

(3)移民及种族问题。美国有“世界大熔炉”之称,美国全国调查委员会(National Research Council)于1997年估计,每年有100万—110万的合法和非法移民进入美国。来自世界各地的移民刚到美国的时候由于语言、经济问题等原因往往容易陷入困境。当他们陷入困境时,由于缺乏对美国的福利制度的了解,往往不知道如何向政府和慈善组织求助。对于非法移民来说,求助的可能性就更小。在这种情况下,移民更容易带着儿童流落街头。

(4)儿童福利制度取向与改革因素。美国的福利制度具有明显的残补倾向,福利供给具有明显的选择性。在儿童福利方面,政府所负担的主要工作对象是限定在正常社会中未能满足需求的儿童,特别是针对贫穷、偏差和残障以及一般机构安置仍然无法满足需求的儿童。这种制度理念上的选择性使得国家无法保障所有儿童的福利和权利。更重要的是,美国自20世纪80年代开始执行新自由主义政策以来,不断对儿童福利进行削减和改革。例如,联邦政府于1996年颁布了《个人责任与就业机会协调法》(PRWORA)。这个法案从根本上改变了“抚养未成年子女家庭援助计划(AFDC)”的体制和方法。新法案废除了AFDC项目,取而代之的是“贫困家庭临时援助(TANF)”。新项目的主要特点表现为以下两方面:一是节省开支。在TANF项目下,各州不再获得联邦政府无限制的资金支持,而只能从联邦政府获得一笔固定的拨款。二是工作要求。从项目的名称“贫困家庭临时援助”可以看出,福利的领取不再是无限期的。在领取福利金过程中,各个时段都可能有更进一步的要求。达不到要求的人将会被削减和取消福利资格。这些改革措施在一定程度上增加了儿童流浪问题发生的可能性。

三、社会主义福利制度的转变与流浪儿童问题

和福利国家一样,原社会主义阵营国家同样也曾经存在一张严密的儿童福利安全网,并且很好地预防了儿童流浪问题。但是20世纪80年代以后,随着苏联的解体、东欧剧变以及中国市场经济体制改革的推行,原有社会主义儿童福利制度发生了根本性的变化,儿童流浪问题变得空前严重起来,大规模的流浪儿童开始在这些国家城市的大街上出现。

俄罗斯由于社会制度的改变造成儿童流浪问题甚至比中国还严重。在解体之前，苏联同中国一样都属于“国家保险型”的福利模式，其制度特征包括：(1)国家性。苏维埃社会主义国家承担着公民享受社会保险的神圣职责，国家不仅是社会保障制度的立法者和监督者，更是这项制度的执行者和实施者。国家（或通过国营企业）是社会保障绝对主体。(2)广泛性。苏联的社会保障向没有劳动能力的公民提供物质和文化生活服务的国家与社会措施体系。其保障范围包括养老、医疗、伤残、生育、教育、住房、丧葬补助等各个方面。保障的对象则覆盖全体公民，不论男女、老幼、居民还是庄员都享受社会保障福利。(3)平等性。在宪法层次上，国家赋予每个劳动者平等的享受社会保障的权利，而不论民族、种族和性别差异。从具体的制度安排来看，苏联实行初级和中级义务教育，教育是免费的。高等学校、中等专业技术学校和技术学校的学生还享受国家提供的助学金。此外还有专门对残疾人开办的职业教育学校，学生在校的一切费用由国家财政负担。在住房方面，苏联绝大多数居民的住房是由国家负责建造和提供的。国家对居民的住房实行低租金和高补贴制度。为了照顾孤单的老年人和残疾人，苏联在全国各地普遍建立了福利院。对于妊娠和生育的妇女，国家规定可享受产前、产后共56天的产假和相当于其两个月工资的补助费。国家还对生活困难的家庭和公民提供社会支付和物质帮助，主要包括对多子女家庭津贴、低收入家庭补助及丧葬补助费等。[①] 苏联这种以国家为主体的福利制度安排很好地照顾了儿童出生和成长过程中各个方面的需要，从而避免了儿童流浪问题的发生。

随着苏联的解体，俄罗斯政治、经济与社会的快速转型，流浪儿童问题成了俄罗斯社会生活中的重要新特征。目前俄罗斯境内有多少流浪儿童还缺乏统一的数字。有统计资料显示，近年来俄罗斯孤儿和没有父母监护的流浪儿童人数上升迅速，在俄罗斯联邦境内人数从1999年的65.82万，上升到2000年的66.22万，2001年的68.22万，2002年的70万，到2005年达到100多万。[②] 俄罗斯2002年的官方数据显示，俄罗斯无家可归（homeless）和被忽视（neglected）的儿童是110万—130万。国内事务部（Ministry of Internal Affair）认为是200万—250万，而联邦委员会（Council of the Federation）和独立专家估计的数字是300万—400万。[③] 针对近年来越来越严重的流浪儿童问题，俄罗斯政府和社会各界也采取了种种措施。例如，俄罗斯内务部公共秩序局在

① 参见张桂琳、彭润金：《七国社会保障制度研究——兼论我国社会保障制度建设》，中国政法大学出版社2005年版，第192—198页。

② 参见蓝瑛波：《俄罗斯流浪儿童问题研究》，《中国青年研究》2006年第10期。

③ 参见A. L. Arefev，“the Homeless and Neglecter Children of Russia ”，*Sociological Research*，Vol. 44. No. 4，2005，pp. 22—44。

2004年开展了保护青少年行动中,4万名家长因没有尽到养育未成年子女的义务而被追究责任。在这4万名家长中,有575人因对孩子施虐还被追究刑事责任,约3.6万名家长被剥夺了做父母的资格。尽管如此,俄罗斯的流浪儿童问题正如俄罗斯教育专家马林娜·马赫季诺娃指出的那样:"苏联解体前,国家对孩子关爱有加,之后这个国家经历了深层的社会震荡,虽然目前的经济形势有所好转,但社会状况得到改善还需要数年时间。"

同属社会主义阵营的古巴当前也正经历着经济改革的阵痛给儿童造成的影响。经济破产、美国长达37年的禁运、苏联的解体、初级市场经济改革等因素迫使一些儿童和年轻人到街头谋生。但是,古巴街头的儿童不同于世界上大部分发展中国家和地区的流浪儿童,因为古巴实际上没有真正意义上生活在街头和工作在街头的儿童。古巴街头儿童产生的原因主要是:迅速增长的旅游业为街头生活创造了市场,越来越多的儿童通过乞讨和纠缠游客的方法困扰游客。但是这些儿童并非无家可归,他们有家、学校、医疗照顾和食品。即使在持续不断的经济危机中,古巴仍然保持了紧密的社会主义福利安全网。因此,古巴街头工作的儿童(Working Children),几乎没有无家可归的情况,并且还享受着国家的福利。此外,在数量上,古巴街头的儿童也比世界上其他发展中国家和地区少得多。在哈瓦那,每天有5000名左右的游客。1996年,社会预防委员会在6个月发现了2223名街头儿童个案,而1995年是2027个。大约40名来自市区的儿童每周都出现,另外20名来自哈瓦那其他地区。他们大部分都是5—11岁之间的男孩。① 针对那些没有家庭的孩子,古巴1984年的76号法令为他们制定了保护制度。这个制度包括为6—17岁孩子建立的bogares(家),为6岁以下孩子建立的Cirulos Infantiles Mixtos(混合日间照顾中心),两者目的都是为孩子提供类似家庭的生活和照顾。

原社会主义阵营的国家还包括东欧和一些中亚国家。原东欧社会主义国家在解体前的福利制度同苏联比较类似。政府都曾从立法上许诺提供全面福利。任何公民都有权享受这些政府提供的福利,主要包括免费医疗、免费教育以及政府养老金等。另外还有食品和住房的高额物价补贴,几乎免费的托儿所、幼儿园等等。中亚哈萨克斯坦、吉尔吉斯斯坦共和国、塔吉克斯坦、乌兹别克斯坦和蒙古共和国等国家的流浪儿童问题也是与苏联的解体和快速市场经济转型密切相关的新现象。与原先苏联式的福利制度相比,在新的经济条件下往往缺少对家庭和儿童的福利支持系统。由于强调"市场",这些国家的政府往往努力去解除而不是发展国家社会服务,再加上这些国家大都是在政治

① Mickelson, *children on the streets of the Americas-homelessness, Education and Globalization in the United States, Brazil and Cuba*, 2000, Routledge, p. 26、27、62.

不稳定的情况下进行社会经济改革，因此这些地区的很多国家由于流浪儿童的数量不断增加变成了一个新社会问题。

四、其他发展中国家的流浪儿童预防与救助

除了福利国家和原社会主义国家之外，其他地区的发展中国家还没有形成完善的以政府为主导的儿童福利制度来防止儿童流浪问题的发生。尽管广大发展中国家和地区（包括非洲、拉美、南亚和东南亚）是世界上流浪儿童问题最严重的地区，近年来这些国家和地区也努力发展儿童福利制度，但从目前的情况来看政府做得还是非常少。

（一）非　洲

与世界上其他地区相比，非洲儿童流落街头的问题最严重。非洲流浪儿童产生的最主要原因是贫困问题。以肯尼亚为例，根据 Mukui（1993 年）和世界银行（1995 年）的对肯尼亚绝对贫困的分析，1981 年农村地区贫困线下的人口比例超过 47%（大约 900 万）。1992 年城市地区贫困线下的人口比例仍然接近 30%（大约 125 万）。此外肯尼亚贫困问题的地区差异很大。例如，贫困率最高的是西部省份（54. 8%），其次是 Rift Valley 地区（51. 5%），Nyanza 地区（47. 4%），Coast 地区（43. 5%）和 East 地区（42. 2%）。有些地区的绝对贫困甚至更高。例如 Busia 地区（67. 6%）、West Pokot 地区（65. 2%）和 Kericho 地区（64. 7%）。在南非，农村地区总人口中有 72% 生活在贫困中。① 正是因为贫困的原因，所以大部分的非洲流浪儿童来到街头都从事一些经济活动。例如，一项对尼日利亚伊巴丹街头流浪儿童的调查显示：有 84% 的儿童都从事某种经济活动，其中 60. 9% 的人从事搬运工作，16. 6% 的人赶车，7. 1% 的人使用摩托车拉客。② 这同时也恰好解释了非洲流浪儿童中男孩占大多数的原因。有研究表明，非洲流浪儿童中男孩的比例津巴布韦是 95%，安哥拉是 84%，埃塞俄比亚是 76%，赞比亚是 70%。③ 正如其他发展中国家流浪儿童性别结构一样，男孩居多的原因是要出来解决家庭经济困难问题。

其次是艾滋病对儿童流浪问题的影响。在东非的乌干达，有 110 万 15 岁

---

① 参见 Loe L. P. Lugalla & Colleta G. Kibassa, *Poverty, Aids and Street Children in East Africa*, the Edwin Mellen Press, 2002, p. 31、280。

② 参见 B. O. Olley, "Social and Health Behabiors in Youth of the Streets pf Obadan, Nigeria", *Children Abuse and Neglect*, No 3., 2006, pp. 271—282。

③ 参见 Angela Veale & Giorgia Dona, "Street Children and Political Violence, a Socio-demographic Analysis of Street Children in Rwanda", *Children Abuse and Neglect*, No 27., 2003, pp. 253—269。

以下儿童由于艾滋病失去父亲或母亲。在坦桑尼亚,2000 年艾滋孤儿约为 68 万。在肯尼亚,艾滋病已经使 70 万的儿童失去父母,孤儿的数量在 2005 年将达到 250 万。①

再次是种族问题。例如,南非种族隔离造成了南非社会贫富差距过大,限制了黑人家庭的发展,大量贫困家庭的儿童不得不依靠街头谋生。卢旺达在 20 世纪 90 年代种族大屠杀之后,有 70% 的幸存者是妇女,700 万人口中有 48% 的年龄低于 16 岁,有 12 万儿童失去了原先的家庭转由寄养家庭或"替代家庭"照顾。大屠杀使得卢旺达的流浪儿童中,几乎一半(42%)无家可归,他们中大部分是孤儿或丧失父母一方。② 此外,20 世纪 80 年代以来的非洲的政策结构调整问题、债务问题、战争和政治动荡等问题也进一步恶化了非洲的儿童流浪问题。

尽管非洲流浪儿童问题和形势如此严峻,但是由于种种原因,非洲各国政府对流浪儿童的悲剧或者置之不理或者采取的措施十分有限。一些非洲国家的政府也有相关的儿童发展政策,也建立了相应的部门来处理妇女、儿童和青少年的问题,但总的说来效果都不是很理想。乌干达是 1990 年纽约世界儿童峰会的签约国,也是非洲最早发展全国性儿童行动项目的国家之一。在国内,Museveni 总统于 1992 年发起乌干达全国儿童行动项目(UNPAC),作为指导儿童生存、保护和发展的社会服务行动政策。1993 年又建立了全国儿童委员会(National Council for Children)。此后政府更加努力通过立法和政策改革来改善儿童的状况,包括 1995 年的宪法和 1996 年的儿童法。此外,乌干达政府通过"去中央化"制定了一套流浪儿童重新整合方法:首先,儿童必须要交给相关的地方部门。这些部门要负责跟踪儿童的家庭,并强迫他们与儿童团圆。然后,非政府组织和社区组织通过建立和儿童的信任关系,让他们和家人团聚。那些同意回家,并准备待在家里孩子将有社工陪伴。父母或监护人要在地方首领在场的情况下,要求保证努力不让孩子离家。社工也要对这些孩子进行家访,以便观察他们重新回归家庭的进展情况。

坦桑尼亚对儿童的政治承诺已经很久了,但作用却非常小。这些承诺包括批准反对各种歧视妇女儿童的宪章以及儿童权利宪章、组织全国儿童会议和为妇女儿童建立相关责任部门。从立法的角度来看,坦桑尼亚没有针对流浪儿童的立法。与流浪儿童相关的法律仅散见于不同的儿童权利立法中,而

---

① 参见 Loe L. P. Lugalla & Colleta G. Kibassa, *Poverty, Aids and Street Children in East Africa*, the Edwin Mellen Press, 2002, p. 12。

② 参见 Angela Veale & Giorgia Dona, "Street Children and Political Violence, a Socio-demographic Analysis of Street Children in Rwanda", Children Abuse and Neglect, No 27., 2003, pp. 253 – 269。

这些法律在很多地方甚至是自相矛盾的。例如,"儿童(child)"和"年轻人(young person)"两个术语没有统一的定义。由于在法律上将流浪儿童和其他非弱势儿童混在一起,因此有人认为坦桑尼亚政府没有承认流浪儿童是弱势群体,也没有给予流浪儿童特殊的法律保护。在肯尼亚,流浪儿童的数量,尤其是流浪女童的数量被认为是国家的耻辱,但是这种愤怒并没有引起这个问题的任何实质性改变。在全国范围内,也没有解决流浪儿童问题的制度性方法。尽管肯尼亚是儿童权利宪章(Convention of Right of Child)的签约国,但是肯尼亚政府并没有明确的政策来处理流浪儿童问题。现在的流浪儿童救助机构中,主要是教堂和其他非政府组织在解决这个问题。

(二)南　美

巴西是拉美最大的发展中国家,也是拉美流浪儿童问题最严重的国家之一。据估计,1991 年巴西工作和生活在大街上的儿童达到了 1700 万。① 与其他发展中国家的情况类似,巴西大部分的流浪儿童(street children)并非无家可归。由于经济和家庭危机,他们总是不间断地从家里来到街头工作和生活。正因为这个原因,所以童工问题在巴西非常严重。1987 年的调查显示,巴西有大约 30% 的 10—17 岁的儿童参加工作,在城市的比例是 24.3%,在农村地区的比例是 43.1%。② 在美洲其他发展中国家,由于家庭贫困造成儿童流落街头也是最主要的原因。一项对哥伦比亚流浪儿童的研究表明,有 36% 的儿童离家是由于极端贫困,27% 是由于家庭破裂,20% 是由于遭受身体虐待,10% 是由于出来寻找机会。③ 这些儿童中很多是和父母从农村转移到城市,并和父母一起生活在街头。以外,也有一小部分是真正没有父母和家庭完全没有关系而在街头生存的流浪儿童。

总的看来,拉美国家对流浪儿童问题的认识和对策也有一个过程。以巴西为例,其儿童政策经历一个从矫正——救助——儿童权利的演变过程。(1)在 20 世纪 60 年代到 70 年代之间,弃儿和违法儿童被看成是对社会的威胁,采取的是救助与压制相结合策略。(2)80 年代早期,越来越多的草根组

---

① 参见 Steven J. Klees, Irene Rizzini & Anthony Dewees, "A New Paradigm for Social Change: Social Movements and the Transformation of Policy for Street and Working Children in Brazil", in Roslyn Arlin Mickelson, *Children on the Streets of the Americas-homelessness, Education and Globalization in the United States, Brazil and Cuba*, Routledge, 2000, p. 83。

② 参见 Nelly Moulin and Vilma Pereira, "Families, Schools and the Socialization of Brazilian Children: Contemporary Dilemmas that Create Street Children", in Roslyn Arlin Mickelson, *Children on the Streets of the Americas-homelessness, Education and Globalization in the United States, Brazil and Cuba*, Routledge, 2000, p. 47。

③ 参见 Kaven J. Lalor, "Street Children, a Comparative Perspective Research", *Child Abuse and Neglect*, Vol. 23, No. 8, 1999, pp. 759—770。

织、非政府组织开始寻求满足“非正常儿童的需要”。这些组织开始在全国范围内考察流浪儿童问题的严重程度并倡导全国性的运动,以引起公众的注意。(3)到80年代中期,关注流浪儿童问题的全国性运动转向关注儿童的民主和权利。这些运动的宗旨是为争取儿童权利的新政策而斗争。正是在这些儿童民主与权利运动的推动下,政府也开始重视流浪儿童问题,重要表现之一就是开始完善相关儿童立法和建立儿童福利机构。1990年的儿童少年法就是这些保护青少年利益运动的结果。少年儿童法令代替原来的未成年人法规,作为少年儿童法律系统、社会福利系统和政策制定系统的原则具有重要意义。从过去“未成年人(Minors)”到“少年儿童(Child and Adolescent)”的术语的简单改变使法律本身发生了深刻的变化。新的法律强调了人类生命的阶段,赋予特殊阶段的权利保护。新法令赋予儿童的权利主要包括自由迁移和使用公共空间的权利、自由表达权、自由宗教信仰权等等。在方法上,原来的“未成年人法规”是为了从生活环境中消除流浪儿童和童工,以达到矫正的目的。而儿童少年法是为了通过有效的社会教育性项目,在他们生活的环境中帮助和教育儿童。为了执行这些深刻的改变,法令还要求新的决策机构本地化和参与性,要求各地建立保障这些儿童权利的机构。但是,由于种种原因法令的真正执行起来却非常慢,1997年,巴西5500个市镇中,只有55%左右建立了“儿童权利委员会”,而且他们中的很多还是部分执行。除了政府以外,巴西非政府组织做了大量流浪儿童救助工作。特别是与天主教有关的组织,训练很多街头教育工作人员,在街头帮助流浪儿童。

(三) 南 亚

南亚是世界上最大的流浪儿童集中地。例如,印度有1800万流浪儿童,是世界上流浪儿童最多的地方。所有的流浪儿童都极端贫困,一半以上都是Dalit种姓,或者属于其他与生俱来的种姓和部落,具有深深的先天不平等模式。1996年,尼泊尔有大约3万流浪儿童,其中只有不到4000流浪儿童和他们的家庭生活在一起。他们大部分来自贫困的农民和农业工人家庭,他们在学会读写计算之前就辍学了。在巴基斯坦,流浪儿童大部分都做过童工。1994年,14岁以下的流浪儿童的数量即使是保守的估计也有1000万。这些儿童在贫困和危险的情况下“奴役般”的劳动。与其他地区相比,南亚地区的政府在流浪儿童的预防和救助方面做得比较少,而NGO在为流浪儿童提供了服务和干预方面有更多的经验,特别是在儿童参与方面有较多的经验。比较著名的例子是印度的儿童工会、孟加拉国的儿童之桥和印度流浪儿童的“蝴蝶”项目,其他的例子包括尼泊尔的“儿童俱乐部”等。

(四) 东南亚

东南亚大陆地区流浪儿童问题是由很多原因造成的,主要包括:(1)由于拐卖妇女和儿童的人口流动。(2)毒品和尼古丁泛滥以及由此带来的儿童和年轻人的毒品滥用问题。(3)色情业、艾滋病和性问题是这个地区流浪儿童的普遍问题。而在东南亚岛国,例如印尼1999年的军事运动以及其他国家一系列的独立运动对这一地区流浪儿童的产生有重要影响。此外,对儿童的性剥削也一直是这一地区的大问题。

在流浪儿童的预防与救助方面,近年来这一地区的政府作出了种种努力。以菲律宾为例,政府于1978年就颁布了《儿童与青年福利法案》,1992年颁布了《反虐待、剥削、歧视儿童特殊保护法》,1996年通过了《关于建立家庭法庭》的法令,2002年通过《儿童早期照料和发展法案》。针对流浪儿童保护工作,菲律宾国会专门通过了《反流浪法案》,不允许人们在街头流浪。在福利机构方面,菲律宾的儿童福利委员会是直接受总统委员会领导的跨部门儿童综合事务协调机构,由卫生部、劳工部和就业部、农业部、司法部和国家营养委员会、社会福利和发展委员会、教育部、内务和地方政府部、国家经济和发展委员会和国家反贫困委员会等部门组成。下设儿童特殊保护委员会,家庭和寄养照料委员会,基本公民权委员会和儿童早期照料和发展委员会。儿童福利委员会在全国17个大区设立了办公室,指导大区内各省的儿童保护工作。每个省、市、乡、镇也设有相应的儿童福利委员会,开展相关的儿童工作。在泰国,政府也有负责保护儿童的机构——保护儿童福利处(包括流浪儿童工作)。它是劳动和社会福利部公共福利司的一个组成部分。保护儿童福利处的职责可以分为三种主要的类型:被虐待儿童;无家可归、乞讨和被剥削儿童;少年犯。这些单位接收的儿童可以由父母、警察送来,或由该处负责调查被虐待和忽略儿童案件的社工送来。服务类型有提供住宿、基础教育、职业培训、帮助寻找家并重新融入家庭。

第八章　巴西流浪儿童现状、预防与救助

在巴西，流浪儿童是一个突出的社会现象，尤其是随着城市化进程的推进，巴西贫困人口的增加，破碎家庭数量的增长，流浪儿童比重呈逐年上升趋势。1993年，有人估算流浪儿童占到巴西总人口的6%。问题的突出引发社会的关注，导致了学术研究的热潮，也促使巴西政府在立法和实践中采取了一系列的措施。巴西与我国同属发展中国家，同处城市化进程之中，经济、社会现象具有许多相似之处，总结和分析巴西流浪儿童状况及原因，尤其是阐释巴西预防和救助流浪儿童的政策和措施，对完善我国相关政策和措施具有重要意义。

一、巴西流浪儿童概况

（一）巴西流浪儿童的定义与种类

原先，巴西学术界将在街头遇到的未成年人均视为流浪儿童，后来他们发现流浪儿童的出现与家庭有着密切的联系，能够返回家中的未成年人不应该纳入流浪儿童的范畴，与那些长期只能在街头生活的儿童有着很大的区别。20世纪80年代后，巴西流浪儿童研究者 Mark Lusk，在对里约热内卢街头113个流浪儿童的面对面调查中，采纳了联合国对流浪儿童的界定，并且对流浪儿童进行了分类，得到绝大多数学者的认可。

联合国将“流浪儿童”界定为，“以街道（广义上包括无人居住的场所或荒地）作为经常居住的场所或者谋生来源地，没有受到监护人适当保护、监督或者指导的任何未成年人。”①此定义包括在街头工作但与父母住在一起的未成年人。可见，联合国对流浪儿童的界定并不以是否长期脱离监护人监管为标准，而是以谋生或居住场所在街头以及监护人缺乏监护能力为前提，如前文指出，我国官方有关流浪儿童的定义是，“流浪儿童是指年龄在18周岁以下，脱离家庭和离开监护人流落社会连续超过24小时，失去基本生存和可靠保障而

① Udi Butler, Irene Rizzini, “Young People Living and Working on the Streets of Brazil”, *Journal of Educational Policy, Research and Practice*, University of South Florida, USA, winter 2001, Vol. 2, Number 4.

陷入困境的少年和儿童。”可见，我国关于流浪儿童的定义与联合国和巴西的有所不同。

Lusk 根据此定义，将流浪儿童分为无家有工作型、无家无工作型、有家无工作型、有家有工作型四大类。①

(1)无家有工作型，即独立的流浪儿童工作者，他们占被调查总数的50.5%。其中，61.5%的双亲均在，男孩占73.1%，其中30.8%自称仍在上学。这些流浪儿童长期睡在街道上，更多从事与非法活动有关的事情，占所调查者的44.9%。有60%的人进过警察局或者教改机构。在Lusk看来，这些流浪儿童一般是随着家庭关系的瓦解而逐渐融入街头文化的。这些流浪儿童有自己的工作却居无定所，家庭和亲人也不需要他们来养活，他们工作纯粹是为了自己，他们是街头流浪儿童中真正的独立自主者。

(2)无家无工作型，即纯粹的街头流浪儿童，占调查总数的14.6%。其中，53.3%来自于双亲家庭，男孩占73.3%，平均年龄14岁，只有6.7%的人在上学。他们有着很强的从事非法活动的趋向，其中的80%与毒品有关，被调查者中很多人承认曾经被捕或进过未成年人教改所。他们既与家庭无关，又没有合适稳定的工作，在这个充满暴力和歧视的环境中游荡、胡混，在城市的街头上追求着所谓的愉悦和自由。

(3)有家无工作型，即社区家庭中的流浪儿童，占调查总数的13.6%。他们大多来自单亲家庭，且多与母亲生活在一起，调查中只有35.75%的家庭有父亲。父亲形象的缺失，使他们在生活的困难和家庭责任面前虚弱无力，他们充满了对现实的抵触和幻想的渴望，从而在这种矛盾中游走在街头和家庭之间，他们是承受不了家庭的重压而逃跑的孩子。在该类流浪儿童中，男孩占64.3%，他们的平均年龄更低，只有10.4岁，14.3%在上学；他们与非法活动也有很大关系，其比例为38.5%，其中与毒品案有关的占57%。虽然如此，由于经常与家人待在一起，他们并不常与管制机构(如警察局、教改所)发生联系。

(4)有家有工作型，即街头养家者，他们占被调查人数的21.4%。其中，59.1%的家庭由父亲(或继父)和母亲组成，男孩占90.9%，72.7%在上学，涉入非法活动者比其他的人群少。这些儿童通常与他们的家人住在一起，需要工作时才到街道上去。他们将自己所得的一部分用来补贴家用，一部分给自己买一些衣食用品，可见，他们依然与家庭有着千丝万缕的关系，摆脱不了自己在家庭中的地位和责任。

---

① Udi Butler, Irene Rizzini, “Young People Living and Working on the Streets of Brazil”, *Journal of Educational Policy, Research and Practice*, University of South Florida, USA, winter 2001, Vol. 2, Number 4.

通过对上述四类流浪儿童的描述,我们可以得出以下几点结论,第一,凡是与家庭联系紧密的,其违法犯罪的可能性降低。这说明,尽量保持流浪儿童与原生家庭的联系,恢复原生家庭的功能对预防流浪儿童违法犯罪具有重要意义。第二,自己或家庭收入所得的多少与接受教育的可能性呈正相关关系。此点表明,流浪儿童不能接受教育的限制源于经济困难,同时,无家有工作型、完全自主独立的流浪儿童其上学比例高于无工作型,说明流浪儿童希望和社会中的其他人一样通过教育提高生存能力,改善生活状况。而非像很多人认为的那样,他们懒惰,不愿意通过合法渠道融入主流社会。第三,街头上的流浪儿童所从事的“工作”很多都与非法活动,尤其是毒品有关。一方面可见,街头生存的复杂性、艰难性;另一方面,也提醒我们有过流浪经历,尤其是长期流浪经历的儿童习得违法犯罪观念和行为的可能性很大。要尽早对其提供有效救助和干预,使之早日回归主流社会;否则,他们在违法犯罪的道路上可能会越陷越深。

(二)街头生活状况

儿童出外流浪,是为了逃避饥饿、贫困、暴力、冷漠、控制,但他们来到街头仍然面临类似问题,与以前不同的是,这些问题都得他们自己解决,而没有可以依赖的成人。个体的力量是单薄的,他们必须结集成群,否则,就会被街头吞噬。出外流浪的儿童,通过各种渠道融入到集群中,他们接受和学习这个群体的文化和行为方式,最终融入街头文化过着集群生活。通过集群,流浪儿童可以获得帮助和保护,以抵抗暴力、警察;他们可以彼此交换信息,提供“工作”;在没有食物和生病时得到他人的照料;另外,他们可以在集群中获得在家庭生活中所缺乏的安全感、归属感、友谊和情感等精神需求。

在街头,流浪儿童一起从事“工作”,他们卖花、卖报、卖糖果,给超市运货、擦皮鞋、乞讨、扒窃、抢劫,甚至贩毒、吸毒、贩卖枪支。他们进行的违法犯罪活动,往往由成人控制,这些成人中有他们的亲戚,甚至父母。由于违法犯罪,流浪儿童经常会在少管所、监狱以及街头间辗转。对于有过违法犯罪前科的流浪儿童,救助机构往往将其拒之门外。

随着社会管理部门对大集群的敏感和采取的强制性措施,流浪儿童白天活动时的集群规模越来越小,一般一组在4—6人之间,但在晚上,他们会自动集结在一起以抗拒暴力的危险。他们通常会通过口哨进行集结。

在集群生活中,流浪儿童之间也会发生冲突,有的流浪儿童会因为争吵或打架而离开或被驱赶出集群。有的流浪儿童很难融入到集群生活中,他们生活在社会的最底层,这些儿童不仅不被主流社会接纳,而且还被其他流浪儿童排斥,他们被所有的人歧视,找不到归属感。这类人很快就会走上违法犯罪的道路。

流浪儿童在街头会面临各种各样的身体和精神上的伤害，主要有暴力、饥饿、毒品、警察以及偏见和歧视。他们经常会无端遭受他人的殴打或辱骂，实施这种行为最多的是警察，其次有私人保安人员、还有中产阶层的“花花公子”和其他未成年人。在夜间，恐惧感会更加强烈，不知何时便可能遭受毒打，甚至丢掉生命。

流浪女童是一类特殊的群体，她们在流浪生活中更加脆弱，更容易受到威胁和侵害。她们时常受到过往路人的猥亵和侮辱，在这些路人看来，她们是低贱的，愿意或者就应该被威胁和侮辱。这些流浪女童还经常受到来自集群男性流浪儿童的伤害，他们会在娱乐、酗酒之后对她们进行性或其他身体伤害。为了自我保护，女性流浪儿童经常从外表和行为上伪装成男性。那些能以女性面目出现的流浪女童，在她的身边往往都有特定男性的保护。

流浪儿童并不只生活在街头，他们会在街头、家庭和机构间游走，他们不时地会回到家中，与家人团聚或共同生活一段时间，当他们无法忍受家庭生活时，他们就重新回到街头，继续他们的流浪生活。在流浪期间，如果他们感觉流浪生活太疲惫了，或者卷入帮派之争，或被警察追捕，需要找个栖息或被保护的场所，他们就会来到救助机构暂时待上一段时间，待休息完毕或风头过去，就找机会回到街头。

总之，流浪儿童在街头找到了食物、友谊、认同、归属、自由、情感、快乐等等他们在家庭中很难得到的美好事物和感觉，但对于这些，流浪儿童并不具有充分的掌控权；他们在街头同样面临着饥饿、暴力、排斥，只是伤害对象发生了变化，过去更多的是家庭、亲人或熟人，现在主要是警察、街头管理者以及陌生人。在街头，他们的收获还往往与犯罪密切相关。对于流浪儿童而言，美好的事物和感觉并不与他们的命运同在，那些只是偶尔的上天恩赐。

（三）流浪儿童对流浪生活的认识

巴西流浪儿童一方面觉得能够在流浪生活中找到家庭中缺失的关爱、安全感、归属感、友谊和自由；另一方面，他们又很厌恶动荡、危险的街头生活，他们时常经历恐惧、痛苦，有强烈的被歧视的感觉。过上流浪生活，他们虽然不再受父母的监督，但时时处于警察的监控之下，警察强行限制他们能做与不能做的界限，而且经常使用十分残暴的方式。在他们眼中，流浪生活带给他们两个矛盾的世界，而本质上，流浪生活并不可能给他们提供一个安全、发展的空间。

他们真正渴望的是实现主流价值观，有自己的家，有学习的机会，有一份正式的工作，渴望实现自己的梦想，渴望自己被尊重。绝大多数流浪儿童表示流浪生活一无是处，长期面对街头暴力和歧视，使他们产生了恐惧、失望心理和疲惫、怠懒情绪。他们渴望超越偏见，希望被社会作为一个“普通人”和公民平等看待。

二、巴西儿童外出流浪的原因

与世界其他国家一样,巴西的流浪儿童绝大多数来自生活于底层的贫穷家庭,在这些家庭中,充满了饥饿、忽视、破碎、虐待、控制、冲突和暴力,许多青少年处于一种动荡不安的生活状态之中,这是他们离开父母、家庭、社区的主要原因。然而,再去追溯贫穷的原因,我们将会看到贫穷家庭对此的无奈与无力,因为社会历史因素和现实原因使得他们成为贫穷阶层,也使得他们将自己的孩子推向街头。在流浪儿童中,还有许多走上街头是自身的主动选择,他们认为街头可以摆脱家庭的束缚,获得更多的自主和自由。就此有人认为,儿童走上街头并非完全是家庭的原因和责任,儿童享有更大的主动权,然而,我们认为其本质还是在于儿童无法在原生家庭获得基本的爱与生活,父母不具备给予他们基本的爱与生活的能力和素质。当然,这些父母之所以不能具备养育孩子的能力和素质,还得追溯到导致其能力和素质低下,无法从社会获得帮助的社会原因上。可见,巴西儿童外出流浪的直接原因是家庭因素和儿童选择,而儿童选择流浪与父母、家庭密不可分,家庭原因则是由社会因素促成的。下面我们将从宏观到微观,从外在到自身来具体阐述巴西儿童流浪的社会原因、家庭原因和自身原因。

(一)社会原因

从社会的角度分析巴西儿童流浪的原因,既有历史遗留问题,也有现实环境因素,既有经济全球化所带来的普遍性问题,也有巴西社会的特殊性。

第一,21 世纪经济全球化使经济不平等现象日益凸显,经济不平等造成大量贫穷化的结果,巴西在这种经济趋势下也难逃厄运,贫穷化的加剧造成大量贫困家庭,贫困家庭又引发家庭破碎、单亲家庭,从而恶化了儿童的生存状况,大量儿童被迫走向街头,过着流浪的生活。

第二,由于奴隶制废除的失败、土地分配的极大不平等以及破坏耕地行动等社会历史原因,巴西迄今还遗留着很不平等的收入分配机制,联邦政府也没有建立起帮助穷人的再分配计划,这进一步加深了巴西经济、社会的不平等程度,贫困人口数量增加,下层阶级对主流社会的融入变得异常困难。

第三,巴西政府还没有采取有效的措施,干预贫困家庭,帮助他们提高抚养能力,预防儿童离家流浪。

第四,巴西具有贫穷的父母无力抚养子女,应由政府代为抚养的传统观念和做法,救助机构中住着许多父母尚有基本抚养能力,本不该住在这里的儿童,使得原本资源匮乏的救助机构更加人满为患,同时还提高了救助成本,降低了救助水平，机构根本无法满足儿童的生活、发展需要，为此，儿童不愿长期留在机构中，宁愿选择街头。

（二）家庭原因

1. 贫困

在巴西，许多家庭由于经济困难而无力抚养孩子；贫困还导致大量单亲家庭，单亲父母更是无法靠一己之力抚养孩子。这些孩子只得走上街头，自谋生路。有的父母也会因为生活困难主动遗弃孩子。巴西国家统计局2000年的统计表明，0—19岁的青少年有600万，其中36.7%生活在最低收入水平的家庭中。57%的1—17岁的孩子生活在不到最低工资一半水平的家庭里。超过一半的巴西家庭至少有一个不到14岁的家庭成员，这些家庭中近40%低于贫困线。①

同时，贫困还是导致其他家庭因素的基础性原因，贫困的父母往往没有接受过良好的教育，缺乏建立良好亲子关系和处理家庭矛盾的能力，无力为孩子提供一个安全的生活环境和健康的教育环境，家庭中矛盾、冲突不断，使得家中的儿童无法感受到家庭的温暖和家人的关爱，甚至经常会遭受暴力虐待。贫困还增加了家庭不稳定和破裂的可能性。

另外，贫困还与子女的教育密切相关。贫困家庭中的子女很难接受足够的学校教育，使他们失去了发展兴趣爱好，培养工作能力的重要途径。

2. 家庭破裂、重组

由于贫困、离异、遗弃或父母一方死亡等原因，巴西许多家庭经历了破碎、重组等过程，有的家庭甚至多次面临这种情形，许多孩子目睹、经历着全过程，在破裂、重组的过程中，他们被迫卷入一系列矛盾、冲突之中，经历一次次情感的破裂，包括对其影响深远的父母的无情伤害，他们很难确立稳固、长久的家庭和情感关系，并成为矛盾、冲突、动荡的牺牲品，这些孩子感到失去了家庭的呵护和关爱，只能来到街头寻求安宁和情感。

在重组家庭中，儿童与继父母、他们带来的孩子以及再婚新生儿之间的对抗成为儿童流浪的直接因素，许多流浪儿童把继父母作为导致其走上街头的首要原因。

3. 家庭暴力

家庭暴力是导致儿童流浪的又一重要因素，暴力在原生家庭、单亲家庭和重组家庭中都可能存在，如果家中有人酗酒，暴力发生的可能性更大。家中的

---

① 参见 Udi Butler, Irene Rizzini, "Young People Living and Working on the Streets of Brazil", *Journal of Educational Policy, Research and Practice*, University of South Florida, USA, winter 2001, Vol. 2, Number 4。

成人甚至会采取导致孩子死亡的暴力方式。

4. 家庭生活不稳定

巴西学者研究发现,流浪儿童的家庭很不稳定,他们经常因为租金、找工作而搬家。他们在亲戚之间轮流看管,或由父母之外的其他人抚养,这些因素使孩子很难与家人建立关系和情感。同时,由于经常搬家,他们的学习总是被中断,而且因为不同学校其教学进度不同,许多内容都得重新学习,孩子总得不断适应新的学习环境,这都增加了他们的学习难度。搬家还使得学校或者社区很难与家庭建立联系。

除此之外,有的儿童是因为父母犯罪进了监狱而流浪在外的。

在理论上,我们可以将巴西儿童流浪的家庭原因划分为贫穷、家庭破裂、冲突、家庭暴力、缺乏关爱以及不良的亲子关系等各种内容,实际上,这些因素之间往往是密不可分的,就像儿童流浪的社会因素、家庭因素以及自身因素之间的关系。例如,家庭破裂经常导致动荡、冲突和暴力,这样的家庭也就很难有关爱和良好的亲子关系。需要再次强调的是,贫穷是这些因素的基础,而贫困又以宏观社会环境为基础。

(三) 个体原因

儿童外出流浪很多是自己主动的选择,他们通过与社区中有过流浪经历、或正在流浪的同龄伙伴、成人交流,感觉街头有着很多带给自己好处的机会,在他们看来,这些好处有,第一,可以挣钱摆脱贫困状态,或者贴补家用。第二,可以寻找自由感。在巴西学者对流浪儿童的调查中可以发现,儿童对自由和自主的渴望是他们出外流浪的一个主要原因,他们感到在家中受到束缚,父母过于控制他们,有的父母为了使孩子远离居住社区不良风气的影响,会要求他们待在家中,如果父母对之不辅以恰当的解释和疼爱,子女往往将之误解为一种监禁。"来自贫穷、封闭并且不时有暴力发生的环境中的未成年人,被看上去有希望提供给他们自由、愉悦的城市中心所吸引。与其他男孩女孩一起生活,与异性游荡、胡混,参加聚会,去海滩以及抽烟吸毒等这些在没有成人监督的情况下有可能发生的事情,十分吸引人,尤其是在令人愉悦的宽阔的城市中心,愉悦身心的机会和可能性离得更近。"①第三,可以寻找安全和归属感。对于存在暴力、感情淡漠等问题的家庭,儿童很难获得应有的,也是个体心理必需的安全感和归属感。与街头其他流浪儿童在一起,不时可以得到这样的感觉。根据发展心理学理论,学龄期和青春期是个体建立社会联系和发展独立性的重要时期,这两个时期个体需要寻求同龄的友谊,得到认同和归属,建

---

① Irene Rizzini & Udi Mandel Butler, "The realities of marginalization: the life paths of children and youth living on the streets of Rio de Janeiro."

立自我认识，成为具有独立性的个体，如果此时个体的需要在成长环境中被限，他们便会到家庭、社区以外的环境中寻求满足。巴西学者有关流浪儿童第一次街头流浪年龄的研究证明了该观点，他们的研究表明，大约一半的被访谈者在7—11岁学龄期有了第一次流浪经历；四分之一的被访谈者在12—15岁青春期第一次经历街头生活。①

很多流浪儿童一开始还会跟着寻找他们的父母回到家中，但随着对家庭一次一次的失望以及不断的逃离，他们愈加发现街头可以满足他们经济独立、友情、休闲、创造等方面的欲望，他们在流浪生活中发现了挣钱的渠道，手头有了可以自己支配的金钱；在与其他流浪儿童的交往中，他们获得了友情、甚至爱情，由于他们有着类似的成长和生活经历，他们彼此认同和接纳，有困难时共同帮助和支持；他们还可以自由地安排自己的生活，休闲和娱乐。于是，他们与街头形成很强的亲和关系，越来越适应街头生活，养成一种街头习惯。当然，很多流浪儿童并未就此完全与原生家庭破裂，他们还会不时回到家中与家人团聚交流。

实际上，流浪儿童现实感受到的流浪生活并不像他们想象得那么美好，那里充满了危险，必须通过非法活动，甚至冒生命危险才能生存下去，他们还不时面临暴力风险、警察的抓捕以及他人的歧视与侮辱。虽然如此，他们还是愿意选择流浪生活，这其中虽有未成年人对自由的错误理解和追求，但总体而言，还是由于机构和家庭生活不如流浪生活，可见，成人社会给他们提供了一个多么糟糕的生存环境，他们宁愿选择危险的街头生活，而不愿回到家中或呆在机构中，这不得不成为有关部门深思的问题。

三、巴西流浪儿童的预防和救助

以流浪儿童离开家庭流浪前后为标准，我们把政府或其他社会组织所确立和采取的理念、政策和措施，分为流浪儿童的预防和流浪儿童的救助。所谓流浪儿童的预防，是指在儿童离开家庭出来流浪之前，政府或其他社会组织所采取的使儿童不走向街头，尤其是愿意留在家庭、社区生活、成长所确立和采取的理念、政策和措施的综合。流浪儿童的救助，是指政府或其他社会组织对已经出外流浪的儿童所采取的保护性的理念、政策和措施的综合。本部分我们将回顾巴西流浪儿童的预防和救助，总结和分析现状与问题，以及巴西流浪儿童的预防和救助工作带给我们的启示。

---

①　参见 Irene Rizzini & Udi Mandel Butler，"The realities of marginalization：the life paths of children and youth living on the streets of Rio de Janeiro."

（一）巴西流浪儿童的预防和救助的历史演变

在巴西，机构化是预防和救助流浪儿童的特色，无论预防和救助工作是由政府开展，还是宗教机构等非政府组织进行。可见，对于儿童流浪问题，巴西政府或社会组织所采取的措施几乎是救助，而预防工作做得极少，也就是说，巴西流浪儿童的预防和救助史几乎可以简称为流浪儿童的救助史。虽然20世纪90年代后，机构抚养有逐渐弱化的趋势，但仍占主流。这种特色既是历史传承的结果，也是现实困境的反映。

殖民时期开始，巴西许多家庭，包括社会精英家庭①，就习惯将孩子送到寄宿学校、神学院以及其他一些机构，让他们远离父母和社区接受教育，当然这种现象主要还是存在于贫穷阶层的家庭中，绝大多数机构用来安置、关押孤儿、弃儿、父母不能或不愿照顾的孩子以及违法青少年。所以，将流浪儿童抚养在机构中的理念和实践在巴西是根深蒂固的，起初进行预防和救助流浪儿童工作的巴西政府和宗教机构都是如此。

19世纪下半叶至20世纪中期，在城市化进程和国家发展的历史背景下，“少年犯”、“无价值的孩子”、“弃儿”、“孤儿”、“违法者”成为流浪儿童的代名词。他们被视为扰乱社会秩序的危险分子，需要将其与社会相隔离，为此，政府还成立专门以将不好的事物与城市相隔离为指导的警察队伍，抓捕流浪儿童，将其强行安置在机构中。他们父母的贫穷和无知也被社会、甚至父母自身认为需要由政府代为承担抚养职责。为此，流浪儿童成为政府和宗教、博爱机构等社会组织干预的特定对象。

20世纪中期，保护流浪儿童的慈善组织对机构化模式提出了质疑，但1964年，军事专制政府成立，质疑之声很快受到遏制，当时政府认为可以通过阻止孩子生活或滞留在街头以保护青少年免受“由自身给自己或社会带来的危险”，并以此为指导确立了“为未成年人之福利的国家政策”，由于慈善组织缺乏社会和经济支持，无法与强大的政府对抗，机构模式被再次强化。

20世纪90年代前，隔离和孤立是巴西青少年机构模式的基本特征，抚养机构刻意使流浪儿童与原有生活环境保持距离，抚养机构甚至被设立在孤岛上。政府想当然地认为，这样可以避免孩子受不良环境的影响，以使机构对之产生有利影响，并尽可能重新塑造流浪儿童，最起码可以使社会免受“危险孩子”的影响。虽然，机构给流浪儿童提供的生活环境是恶劣的，虐待致残、致死事件时有发生，但专制的军事政策和体制内的审查制度使普通社会公众无法看到流浪儿童在抚养机构中的真实生活状态，流浪儿童的恶劣生存状态鲜为人知。

① 社会精英将孩子送到寄宿学校接受教育的风气直到20世纪中期才日渐衰弱。

20世纪70、80年代,粗暴对待低收入家庭孩子的社会现象在巴西日益突出,激进分子对此义愤填膺,许多草根运动、非政府组织、天主教堂与进步因素开始揭露抚养机构中的丑恶现象,指出机构抚养的弊端,批评军事政府对此的漠视和保护,倡导公众对政治事务的参与,研究机构抚养对流浪儿童的不良影响以及机构抚养的高成本现象,并就此发表了一系列研究成果,在巴西形成了各学科背景的专业人士对此的积极参与和深刻反思,他们还借助媒体揭露和批判抚养机构的条件以及警察对流浪儿童的处理,调动全社会的目光关注流浪儿童问题,机构化的理念和实践再次受到挑战。民主人士也将其作为攻击和推翻巴西军管政府的有力武器。1985年,随着民主政府的回归,流浪儿童的特殊需求受到重视,社会公众广泛参与到改进流浪儿童处境和改革机构抚养的讨论中,青少年、流浪儿童也卷入这场运动,他们的主张通过新闻和公众言论出现在各种出版物上。政府对此积极回应,1986年,500多名青少年参加了巴西第一届流浪儿童全国会议,一些青少年还在巴西国会上发表了演讲。同年,政府建立了搜集青少年的需求信息以促进宪法修订的"全国儿童委员会"及"宪法委员会"。巴西政府着手对机构抚养进行改革。

联合国大会分别于1989年通过了《儿童权利法案》和1990年通过了《青少年条例》,这两部联合国法律以青少年权利为基础,为救助低收入家庭青少年提供了新的视野,这两部法律有两个核心理念,即不得剥夺儿童自由以及不得将其与他们的父母和社区分离。以此理念为基础,所提供的救助流浪儿童模式由单一的封闭式机构抚养向多元的、开放式抚养转变,如日服务或在周末将儿童送回家里。《青少年条例》特别指出,"决不允许儿童被隔离,除了实施违法犯罪的青少年外,不得对未成年人采取机构化模式,流浪儿童庇护所只是临时性的机构。"

与世界上许多国家一样,联合国《儿童权利法案》和《青少年条例》对巴西青少年保护产生了积极影响,其影响恰好与巴西积极改善流浪儿童处境的社会背景相契合,导致该领域的重大变革。其代表性的变化是,1990年10月《青少年法案》(Law 8. 069, July 13, 1990)的通过,该法案是巴西"全国儿童委员会"在广泛吸纳社会阶层意见,经过无数次修订才得以通过的。联合国《儿童权利法案》的基本精神被规定在了法律中,《青少年法案》的核心原则是保障青少年享有充分的人权,给予青少年特别的援助和保护。其中,关于流浪儿童的规定指出,机构抚养是临时性的庇护照料,应该从制度上保证流浪儿童与社区和原生家庭保持联系。

法律的通过使人们对机构化抚养的态度发生了变化,理念上接受了机构的作用仅限于临时性庇护的观点,实践中容纳500人左右的大孤儿院也消亡了,但现实使得绝大多数抚养机构不得不延续传统做法,这些现实原因有,第一，随着城市化进程的推进，城市贫穷问题日益突出，贫穷导致大量单亲家庭，单亲父母往往无力抚养孩子，即使父母双全的家庭，许多也无力抚养孩子，他们便将孩子交给福利机构，有些孩子则走上街头，违法犯罪，扰乱社会秩序，破坏社会形象，国家也不得不将他们安置或关押在机构中。也就是说贫穷和以此为基础的犯罪率的提高使得需要机构抚养的青少年的总数不断增加。当然，根据西方发达国家的经验，要减少因贫穷所导致的青少年流浪、违法犯罪等社会问题，政府需要采取全面政策给贫穷家庭提供经济、教育和社会支持，而巴西政府还未就此采取相应措施。第二，家庭和社区暴力大幅度增长，孩子是最直接的被害对象，这也使得孩子离开家庭寻求自我保护，从而增加机构抚养的数量。第三，巴西学者调查发现，虽然有些人认为机构是最后的求助手段，但更多的人还是支持机构抚养的理念，在他们看来，机构抚养最起码可以使孩子避免来自父母和社区的暴力及其他虐待风险。正因如此，当今巴西社会关于"遗弃和违法的青少年是否应由机构抚养"的讨论，已变化为对"如何保障与其父母生活时和在社区生活中面临风险的孩子的基本权利"的讨论。① 为此，有巴西学者认为，无论是过去还是现在，巴西一直存在着机构化的文化现象，这使得巴西在政治和意识形态上阻碍了提高流浪儿童抚养状况，或者通过改进普通人的生活水平以减少家庭外抚养的数量等方面进行重大改革，当然，在上述使机构抚养盛行的原因中，贫穷乃根本原因。

当然，在理念和政策的指导下，巴西流浪儿童的预防和救助也发生了一些变化，如机构模式的多元化、巴西政府对贫穷家庭的干预和经济援助，流浪儿童在生活选择方面有了更大的自主权等等。对于这些变化我们将在当今巴西流浪儿童的预防和救助理念与实践中详细阐述。

总之，虽然从 20 世纪 90 年代开始，巴西流浪儿童的预防和救助机构有弱化之趋势，但贯穿历史的仍然是机构救助理念和实践，这是由巴西的历史和现实条件所决定的。

（二）当今巴西流浪儿童的预防和救助理念与实践

1. 当今巴西流浪儿童预防和救助理念

20 世纪 90 年代迄今，《青少年法案》是指导和规范巴西流浪儿童工作的核心，根据该法案，巴西流浪儿童预防和救助理念发生了很大变化，具体表现在以下方面：第一，抚养方式多元化，机构抚养仅作为多元选择的一种形式。第二，保护流浪儿童与其家庭和社区的联系。为此，政府认为给流浪儿童提供保护的机构只能是临时性的庇护所，它可以成为联结流浪儿童与家庭和社区

① 参见 Irene Rizzini and Irma Rizzini, "Children and Youth in Institutional Care in Brazil Historical perspectives and current overview."

的媒介。《青少年法案》指出：

开展庇护项目的机构应当遵循以下原则：Ⅰ保留与家庭的联系；Ⅱ在原生家庭抚养资源耗尽之时，综合在一个抚养家庭中；Ⅲ在小群体中采取个性化抚养方式；Ⅳ尽可能避免将儿童转移到其他组织；Ⅴ参与地方社区生活；Ⅵ逐渐与机构断绝；Ⅶ在教育程序中，要有社区的参与。总之，这个机构的法人与监护人有着同等的权利和责任。（《青少年法案》，Ⅱ章，1部，92条，p. 38）

第三，应当更加关注导致流浪儿童流向庇护所或机构的原因。

第四，流浪儿童在选择其生活方式时享有主动权。

受以上救助理念的指导，巴西流浪儿童预防和救助实践也随之发生了变化，但实践与理念并未出现协调一致的局面，实践往往不尽如人意。

2. 当今巴西流浪儿童预防和救助实践

（1）巴西预防和救助流浪儿童机构①的种类

根据不同标准，巴西预防和救助流浪儿童的机构可以分为不同种类。根据机构的归属性质，可以分为公共组织和私人组织两类。公共机构一般是国家或州投资设立；私人机构由宗教组织和非政府组织创建，宗教组织在很早就参与了流浪儿童救助工作，非政府组织一般不接受政府资助。

根据机构接受流浪儿童的时间长短，分为短期救助机构和长期救助机构。

第一，短期救助机构。

在巴西，短期救助机构被称为“临时庇护所”，他们接受的对象是，因处于危险环境而正在等待监护协会和少年法庭作出评估的流浪儿童，这些机构给他们提供短期照料。待评估结果出来后，他们或被送回家庭，或被送到长期救助机构。理论上，流浪儿童在一个庇护所最多能待三个月的时间，但实际上孩子们往往会长期滞留在庇护所，或者在街头、家里和多种机构间摇摆。使得只能承载20到30个孩子的这些机构人满为患，拥挤不堪，工作人员也不得不高负荷运转；而且长期摇摆不定和恶劣的生活状态，使许多青少年对未来失去了希望，认为这些机构只是街头生活的一段插曲。

虽然机构中的工作人员包括社会工作者、心理学家、教育者和志愿者以及其他一些专业人士，但由于这些机构只是为处于危险之中的流浪儿童提供一个暂时的庇护场所，所以他们没有在流浪儿童的教育和社会活动方面提供必要的条件，也无法给孩子提供连续性的照顾，生活其中的青少年每天只是吃

---

① 在巴西，儿童救助机构安置的并非全是流浪儿童，有的孩子从来没有街头流浪的经历，而是他们的父母无力承担或丧失监护职责而不得不在机构中成长。例如有的孩子的父母认为不能向他们提供基本生存所需的资源，便通过一定的法律程序将孩子交给救助机构抚养；有的孩子则是因为遭受家庭暴力的侵害，无法在家庭中生活而由特定机构决定送到救助机构。

饭、睡觉、看电视，经常处于无所事事的状态，得不到发展的机会。

其中的一名教育者指出："庇护所的问题已形成了恶性循环，青少年第一天进去，第二天出去，得到一个'坏'服务，该做的工作永远无法完成。"①

第二，长期救助机构。

这些机构给无法再回归家庭的流浪儿童提供长期照料。长期救助机构的典型代表是集体之家和替代之家，其中，替代之家由一对经过训练的"社会父母"组成一个核心家庭，照顾多个流浪儿童，但最多照顾12个孩子，这些"社会父母"，给孩子提供监护、教育和健康的环境。集体之家照料的孩子数量远远大于替代之家。

长期机构具有以下特征，第一，他们接受无法回归家庭的流浪儿童；第二，给流浪儿童提供教育和发展的机会，这是此类机构最大的特色，也是最吸引流浪儿童之处。他们让流浪儿童接受正规教育，依据流浪儿童的不同条件，提供不同的课程，并颁发学历。除此之外，机构中的社会教育工作者、心理学家和社会工作者还提供非学历的文化和教育活动；第三，他们给流浪儿童提供的生活条件也远远超过庇护所；第四，在这些机构中的流浪儿童由被称为"社会教育者"或"社会父母"的员工照料。"社会教育者"或"社会父母"都要经过培训；第五，这些机构是一个开放性的环境，在集体之家中，每个居住单元可承载15—30个孩子；第六，流浪儿童可在这些机构呆到18周岁。总之，长期机构的条件和专业性更好，流浪儿童能得到更好的照料。

从规定和理论上看，庇护所只是一个临时性救助机构，集体之家和替代之家才是无家可归的孩子长期成长之处，但实践中流浪儿童首先被送到庇护所，只有遵守规则的孩子才可能被送到长期收养机构，在巴西流浪儿童眼中，庇护所就像是通往集体之家和替代之家的通行证。

虽然长期救助机构的流浪儿童比庇护所的孩子能得到受教育和发展的机会，也会得到更好的照料，但长期机构也存在着自身的问题，这些问题表现在，因机构中的流浪儿童数量超过机构所能提供的必要条件，使得长期机构不能保持条件提供的稳定性，在居住上也经常出现承载数量过多的现象，另外，由于不断有新的流浪儿童的进入，对机构中原有流浪儿童的生活也会造成冲击。

（2）流浪儿童来到机构的渠道

流浪儿童可以通过以下渠道来到救助机构：

第一，孩子自己找来。这些流浪儿童有的是因为家庭暴力、家庭贫困，而有的是由于其他目的来到救助机构，这些目的包括街头生活太累了，需要找机

① Irene Rizzini and Irma Rizzini, "Children and Youth in Institutional Care in Brazil Historical perspectives and current overview."

构"休养"一段时间,在机构中不用愁吃愁穿。还有为了摆脱街头危险,寻求保护,这些危险可能是由于毒品交易所引发的帮伙之争,也可能是为了躲避警察以及其他一些因素。这表明流浪儿童在他们的生活中有了更大的主动权,他们的行动不再由组织或政府当局掌握或安排。

第二,由少年法庭送来。这样来到救助机构的流浪儿童一般是弃儿或者遭受暴力侵害的孩子。

第三,由其他官方机构送来。通过这种方式来到救助机构的流浪儿童往往是由于在街头流浪期间,被社会工作者、警察或其他官员强行送过来的,流浪儿童认为被强行送过来的过程是很暴力的。

第四,由警察机构中的青少年保护部送来。这种流浪儿童都是犯罪孩子。

(三)巴西在流浪儿童的预防和救助中存在的问题、原因及对策

虽然自20世纪90年代《青少年法案》通过后,巴西流浪儿童预防和救助工作取得了很大的进展,但仍然在改革推进和实践中存在着这样、那样的问题,实际状况与立法意图相距甚远,这些问题也许已在前文有所涉及,但为了保证本部分内容的完整性,下面我们对问题进行全面的总结与分析。

第一,在这个改革进程中,行为主体——孩子、家庭和社区绝大多数是被边缘化的,他们没有机会参与其中,对以他们为调整对象的改革提出自己的意见。

第二,许多救助机构仍然采纳居住照顾式的老抚养模式运行,没有为流浪儿童提供更多的发展性条件。

第三,无论是短期还是长期救助机构,所救助的流浪儿童都远远超出机构本身的承载量。流浪儿童的生活、成长质量并不能得以保障,机构中的工作人员对一些恶劣的条件熟视无睹。

第四,流浪儿童的生活轨迹具有强烈的移动性,由家庭、社区到街头,由街头到避难所、戒毒所和拘留所等各种各样的机构,再由这些机构到家庭、社区,到街头,周而复始,循环往复。流浪儿童在这种摇摆中渐渐长大,逐渐失去连续成长和接受教育的机会,也逐渐失去对未来的希望。这表明巴西流浪儿童的预防和救助制度并没有从根本上解决流浪儿童的生活稳定,预防和救助常常反复,既伤害了流浪儿童,又浪费了国家资源。

第五,流浪儿童仍然遭受社会的歧视,社会认为他们是失败的、边缘化的、是社会的难题。

巴西流浪儿童预防和救助中存在的问题表明,救助并不是解决流浪儿童的方法,它只能是临时性的解决措施,儿童流浪后的救助办法很难帮助流浪儿童走上正常生活轨道,融入主流社会,使他们成为可以掌控自身生活和发展的个体。应当把更多的人力、财力投入到减少流浪儿童数量上,也就是说将力量投入到导致儿童流浪的原因上，前文已经指出，贫困是导致儿童流浪的直接原因，在里约热内卢的一位工作人员说，2001 年至 2002 年由于极度贫困要求机构代为抚养的家庭增加了 20%，这些父母很爱他们的孩子，但没有能力负担他们的生活。[①] 因此，减少儿童流浪数量的长期和根本措施在于减少贫困，虽然巴西政府正在加大解决贫困问题的投入。但对于通过解决儿童流浪原因，减少儿童流浪数量，巴西政府更主要的还是停留于理念的认识，尚未有卓有成效的举措。我们认为，就现阶段而言，应当是在制度上尽量减少社会不平等现象，在青少年不脱离家庭、社区的前提下，增加对无力承担抚养职责的家庭的干预，从物质、教育和精神上帮助他们承担起正常的抚养职责，使青少年在健康的环境下成长。当然，不能因为事后救助不能给流浪儿童的生活带来根本改变，就此否定事后救助的价值，它在保证流浪儿童基本生活和安全，为他们提供教育和发展机会方面还是起到了很大的作用。

（四）巴西流浪儿童的预防和救助的启示

前文我们回顾了巴西流浪儿童预防和救助的历史，总结了当今理念与实践的现状，指出和分析了存在的问题，这些内容都带给我们很好的启示。

(1)流浪儿童的预防和救助应当以预防儿童流浪为核心。这是从儿童成长规律和社会资源利用的有效性两个角度得出这个结论的。第一，从上述内容我们可以看出，儿童一旦走向街头，他一般是长期承受贫困、饥饿、暴力的结果；走上街头后，同样面临生存的困境，甚至生命的危险，他们会在街头接触毒品、犯罪，他们得学会很多越轨手段才能活下来，他们必须变得自私、崇尚暴力和欺骗、低自尊，他们被社会边缘化。根据社会学理论，早期社会化对个体的影响是长久而深刻的，流浪儿童的早期社会化显然是极其不成功的。根据心理学理论，早期的创伤体验同样对个体的影响是长久而深刻的，他会造成个体严重的不安全感、疏离感，社会适应不良，扭曲成人后的生活状态。因此，在走上街头前后，流浪儿童都承受过巨大的痛苦，并习得不良、甚至越轨价值与行为，不经过系统化矫正是难以回归、适应主流社会的，而机构化抚养往往很难达到矫正效果，甚至会雪上添霜。第二，巴西政府和社会组织对儿童救助工作投入了大量的人力、财力和物力，但成效甚微，对流浪儿童而言，他们所设立的救助机构更多的只是他们流浪生活的中转站或临时避难所，救助机构经常会处于重复救助的无效劳动中。而且，由于流浪儿童数量远远超出机构承载能力，在抚养机构中的儿童也没有得到充分的成长和发展机会。即使政府和社会组织有着良好的以儿童利益为初衷的救助理念，恐怕现实也不尽如人意。

---

① 参见 Irene Rizzini and Irma Rizzini，“Children and Youth in Institutional Care in Brazil Historical perspectives and current overview.”

那么，如何预防儿童流浪呢？实践表明，儿童流浪的直接原因是由于其原生家庭没有能力或不愿意承担抚养之责，因此，加强对这些家庭的干预，帮助他们创造一个有利于孩子健康成长的生活环境，才可以减少儿童流浪数量。当然，我们并非就此取消对流浪儿童的救助，因为必然还会存在儿童离家情况，但救助只能是临时性的保护，不到万不得已不要长期将儿童与其父母隔离，除非存在原生家庭已经不存在，或者父母存在吸毒、犯罪等情况，与其生活对儿童极其不利的情形。

（2）在制定预防和救助流浪儿童政策和开展工作时，应当充分调动流浪儿童、家庭、社区的参与，因为他们真实了解和熟悉离开家庭、走上街头的原因；他们也了解什么样的措施是有效的，应当如何改进。当他们切身感受到政策和工作符合他们的需要时，也才会调动起他们参与的积极性。

（3）保持救助机构的开放性，有利于社会公众对救助机构的监督和帮助。在20世纪80年代前，由于封闭外界并不了解巴西救助机构中的流浪儿童的真实生存状况，那时，有许多流浪儿童在机构中受到伤害，甚至致残致死，直到激进人士、媒体对此予以揭露后，这些丑恶现象才得以曝光，因此，保持救助机构的开放性，使社会公众方便了解生活其中的流浪儿童的真实情况，有利于保护流浪儿童的利益。与此同时，通过开放性的畅通渠道，也便于社会及时了解救助机构存在的困难，有利于调动全社会的力量帮助救助机构，使得救助工作变成全社会的工作，整合全社会资源参与其中，从而降低政府成本，提高救助的有效性。

（4）在流浪儿童的预防和救助中，要努力使流浪儿童保持与原生家庭、社区和社会的联系。在20世纪80年代前，巴西政府对待流浪儿童的政策是以将儿童与其原生家庭、社区相隔离为特征，这种政策虽说有保护流浪儿童免遭伤害之意，但更多是以社会为本位，也就是说以保护社会免受流浪儿童的侵害为政策制定的指导原则。在这种理念的指导下，儿童被封闭在机构中，甚至远离城市，隔绝在孤岛上。这种政策对儿童成长是非常不利的，首先，儿童成长需要与亲人建立联系。因为，父母是对儿童影响最为深远的人物，自怀孕这种影响就已经开始发生，他们也是个体成长必须的角色。否则，该个体心目中将缺失父亲或母亲形象，没有可仿效的对象，他在社会规范的习得以及成人后情感、家庭关系的建立方面都将存在严重问题。可能有人会说，与其给儿童一个坏父母形象，不如给他一个集体父母形象，但集体父母很少与孩子进行情感交流，在这种环境中成长的儿童，情感发育往往会存在问题，而且容易与社会、他人产生距离感和敌意，他们在行为上不善于与他人合作和交往，容易具有攻击性，德国犯罪学家的研究已经证实了这些表现。因此，尽量使儿童在原生家庭中成长和生活，在万不得已的情况下，采取规模较小的家庭抚养方式。

其次，儿童成长还需要社会环境，需要与外界社会发生联系，在这种联系中，他们获得社会感觉，建立人际关系，适应社会。社会帮助他们，是因为他们自身的成长环境不能使他们顺利完成社会化过程，但完全的隔绝，同样隔断了个体成长所必要的社会条件。因此，在流浪儿童救助中应始终保持救助环境、儿童与社会的密切联系。

总之，流浪儿童的预防和救助应当充分考虑儿童成长规律，完全以儿童利益为本位。

第九章　印度流浪儿童的现状、预防与救助

印度是一个宗教、文化、语言和地理环境多样化的国家。印度有 10 亿多人口，并以每年 1.6% 的速度增长。18 岁以下的人口占 40%，儿童大约有 4 亿，大约占了全世界儿童的 20%，与 1947 年印度独立后的全国人口相当。印度有将近 30% 的人生活在城市中。作为一个发展中国家，印度流浪儿童数量庞大，问题比较突出，但与此同时，在预防和救助方面，印度也取得了相当大的成就，一些预防、救助理念、制度和具体措施值得思考和借鉴。

一、印度流浪儿童状况

（一）印度流浪儿童的界定

政府和非政府组织对流浪儿童的定义都侧重于将流浪儿童视为需要关心和保护的儿童群体。如印度西孟加拉邦政府将流浪儿童定义为没有父母、没有家庭，容易受到社会伤害的儿童。实际上，流浪儿童的定义问题本质是流浪儿童的权利问题。

非政府组织认为流浪儿童是具有高度风险和容易受到伤害的儿童。高度风险意味着印度宪法赋予的儿童权利受到了侵犯和干涉。有非政府组织认为用工作儿童比流浪儿童更确切，任何一个离开学校的儿童都是儿童劳工。因此，儿童照看兄弟姐妹，从事家庭杂事对儿童来说也是一种危险的工作，因为这就意味着他们无法上学，这在女孩中更为突出。有几个机构曾经指出，贫民窟和街头生活在多个方面对女孩更加糟糕，例如她们无法得到合适的卫生设施，也无法保护她们的隐私。西孟加拉邦的非政府组织（IPER）指出 90% 的 5—15 岁的流浪女孩曾经受到暴力伤害和虐待。

流浪儿童是不幸的儿童，他们有的虽然与父母、家庭（通常只有母亲或者姐妹）有联系，但大部分时间生活在城市的街头，与其他流浪儿童在一起。他们基于各种原因离开家庭。有的因为家庭问题从一出生就被父母或者亲属抛弃。从家庭出走的孩子有些是因为不幸的家庭环境而离家。他们遇到自己不能解决的家庭问题，如家长酗酒、家庭暴力、被继父母虐待、父母失业、家庭贫困等等。他们忍受不了家庭中的种种问题，最终只能选择离家

出走。

对流浪儿童的这些描述在本质上都是以权利为基础的，正如德里的非政府组织蝴蝶组织曾清楚指出的那样，每一个儿童都有权利得到保护、尊重，都应有机会得到发展和参与。

（二）印度流浪儿童的数量

世界银行在2000年指出，印度有世界上数量最大的儿童劳工。1991年，政府统计大约有1128万名儿童劳工，1996年Chaudri报告说儿童劳工的数量超过1亿。如果将流浪儿童从范围更广的农村、城市儿童劳工中分离出来，全印度大约有1800万流浪儿童，其中一半是Dalit（贱民）儿童。当然，印度究竟有多少流浪儿童是一个有争议的问题。例如，以流浪儿童而著名的西孟加拉邦首府加尔各答市，一个非政府组织估计该市有10万名流浪儿童，其中一半是女孩，他们中有99%都在街头至少住过一个晚上。但另一方面，西孟加拉邦政府通过政府财政和非政府组织提供的住所为11500名流浪儿童提供了帮助，政府估计全邦的流浪儿童数量为15000—16000人，但是比较公认的全邦流浪儿童的数量是25000—30000人。也有人估计，在孟买、加尔各答、德里各有10万—12.5万的流浪儿童，在班加罗尔有4.5万的流浪儿童。

流浪儿童的具体数量问题一方面与对流浪儿童的不同定义有关，另一方面也与缺乏基本的信息有关。西孟加拉邦政府已经开始进行流浪儿童数量的统计工作，从而为政府需要建立的流浪儿童保护中心提供决策依据。据说印度政府在联合国儿童基金会的帮助下，计划加强建立全国的流浪儿童数据库。

（三）印度流浪儿童的构成特征

1. 年龄构成

据估计，流浪儿童中有33%是6—10岁，40%是11—15岁，27%是16岁以上。

2. 性别构成

据估计，80%左右的流浪儿童是男孩，流浪女孩的行为更难掌握，但是她们最容易受到伤害。

3. 宗教信仰情况

在印度的不同地区，流浪儿童的宗教信仰不同。但是，总体上，大约有70%的信仰印度教，18%的信仰穆斯林、基督教和其他教派。在孟买等地区，信仰印度教的流浪儿童高达82%。

（四）印度流浪儿童产生的原因

流浪儿童的产生背景比较复杂，与快速的城市化、社会不公正、消费主义的流行、农村人口大量涌入城市等都密切相关。

1. 贫穷和儿童劳工

极度的贫困和日益严重的贫富分化是城市移民的主要原因。城市大规模的失业导致资源占有不公平的现象愈演愈烈,也导致奢华的消费主义盛行。人口的快速增长尤其是贫民的无计划生育更加剧了这个问题。许多贫穷的农村居民包括儿童希望在城市里找到工作,过上更好的生活,但他们来到城市后通常都是被迫生活在贫民窟。有些儿童工作是因为他们的父母有病或者依赖他们的工作收入来维持生活。在印度,离开家乡来到城市的孩子很多在别人家里从事家务劳动,这其中很多是父母送来的。那些跟随父母来到城市,或者出生在贫民窟的儿童,如果他们的家庭不能提供充足的生活资源如收入、食物、住所、衣服等,那么这些儿童成为流浪儿童的可能性就比较大。

那些被迫或者被诱惑来到城市的人,他们的孩子很容易生活在危险的恶劣环境里,有些从事违法犯罪的活动。有些儿童被杂志和电影中所描绘的城市生活所吸引,他们来到城市想学习和工作,但是却没有机会和能力去实现。这些儿童在城市生活的地方通常都缺少基本的生活设施,没有安全的饮用水。他们工作的地方缺乏劳动安全保障,所受到的健康危险也没有得到相应的补偿。

2. 失学

有些儿童因为学校的抛弃和不关心而离开学校,儿童失学现象严重。在印度,尽管旨在减少失学人口的行动声称取得了成功,但仍然有33%的儿童失学。

3. 虐待

无论在城市还是在农村地区,儿童被虐待也是造成儿童流浪的重要原因。虐待包括暴力、性和情感虐待。虐待导致儿童离家出走,城市生活的紧张和贫困容易导致家庭关系的恶化,从而引发虐待和暴力。父母和社会的虐待使流浪儿童的生活更加恶化,也使儿童劳工尤其是从事商业性交易和那些被拐卖来做乞丐的儿童更加容易受到伤害。

4. 人口贩卖

人口贩卖是印度农村很突出的一个问题,并且常与农村贫困联系在一起。很多受害人的目的是挣更多的钱,但往往成了乞丐、性工作者和劳工。联合国儿童基金会通过调查发现,有些父母将自己的孩子卖给人贩子,他们知道将要在孩子身上发生的事情,知道自己的孩子可能要从事卖淫等工作。

总之,流浪儿童现象是一个复杂的问题,儿童流浪问题的原因是多方面的,不能仅仅归结于贫穷,与儿童劳工、移民、人口贩卖、商业性交易、强迫乞讨、虐待等都密切相关,学校教育存在的问题,对儿童权利的漠视等也都是造成这一问题的原因。

(五) 印度流浪儿童生活、工作及健康状况

1. 流浪儿童的生活、工作情况

流浪儿童能很快地学会如何在街头生活。印度的流浪儿童通常依靠下列活动来维持生活:卖拾捡废纸、废塑料和易拉罐等废品;洗车;卖水、糖果、饼干、衣服等;在街上卖报纸、卖花;制作、出卖花环;乞讨、为妓女拉客、偷窃、行骗;在路边商店或者修理铺干活;在小旅馆、饭馆厨房等地方出卖苦力。很多流浪儿童都能为自己找到一份工作,但是这些工作不稳定,经常会失去。他们很多人将拾破烂作为自己的工作。一项调查表明,39.3%正在工作的流浪儿童抱怨他们的工资过低,34%的正在工作的流浪儿童被迫超时工作。大部分流浪儿童被迫生活在恶劣的自然环境中,经常直接暴露于恶毒的阳光、雨水和寒冷之中。

当然,许多在街头生活和工作的流浪儿童在从事违法犯罪活动,有些是被拐卖的,有些是被迫从事偷窃和其他街头犯罪,有些是因为找不到工作。

印度的一项研究表明,45.6%的流浪儿童希望生活在一个安全的环境里,71%的流浪儿童迫切希望改变他们当前的生活。63%的流浪儿童希望未来的生活更有意义。

2. 流浪儿童的健康状况

流浪儿童的健康状况整体上比较糟糕。很多人患有肺结核、麻风病、伤寒、疟疾等疾病。在14岁以上的流浪儿童中,性病蔓延的情况比较严重。流浪儿童患艾滋病的病例也被大量发现。尽管在所有的城市里都有政府设立的免费医院,但是要么流浪儿童通过行贿进入这些机构得到合适的治疗,要么得到的只是漠不关心或者怀有敌意的治疗,孟买、海得拉马等地都发生了这方面的极端案例。

二、政府预防和救助

(一) 中央政府主管部门及其职责

在过去的近30年里,印度流浪儿童的救助保护工作得到了很大发展,政府也将其作为工作的重点和优先考虑的问题。在1982年,流浪儿童问题并没有被政府所认识和重视,但是,1988年的“流浪儿童项目”先后在印度的七个主要城市对流浪儿童进行调查研究。但也有人认为,印度独立后直到1993年,流浪儿童才正式进入官方的视野。在当地和国际上非政府的流浪儿童援助组织的压力下,于1993年2月成立的印度社会福利部发起了援助流浪儿童的计划。这项计划最初只在印度的六个主要城市进行。

印度政府中的社会福利部主要负责管理低种姓少数民族残疾人和街头乞讨者,其中包括流浪儿童。1998年社会福利部更名为社会正义与权利部。印度社会正义与权利部在儿童救助保护中的主要作用是加强和支持救助保护流浪儿童的基础性工作,提供政策指导和部分资金,执行青少年司法法案,流浪儿童救助保护的具体执行主要依靠各地的邦政府和非政府组织。印度社会正义与权利部为全国性的流浪儿童融合计划提供资金用于流浪儿童避难所、收留中心的修建和流浪儿童的康复、教育和职业培训,也为儿童热线项目提供资金支持。

(二) 政策与法律

根据对流浪儿童流浪原因和生活情况的分析,以儿童得到关爱和保护的权利为基础来制定政策、法律已得到印度所有机构的认同,这也成为印度流浪儿童救助保护政策、法律制定的基本原则。

1. 2000年青少年司法法案

与流浪儿童保护最相关的法律是2000年的青少年司法法案。流浪儿童是政府组织和非政府组织在这部立法中所要体现的核心问题。当然该部法律也为工作的儿童提供了保护,规定了雇佣儿童从事乞讨的惩罚性措施。这部法律是对关于违法青少年和需要关爱、保护儿童之相关法律的统一和修订。法律的宗旨是以关爱、保护为原则,从儿童发展需要,最大限度满足儿童利益的角度处理与儿童相关的法律事务,通过法案所建立的机制最终实现问题儿童正常回归社会。

(1)该法案中政府保护儿童的主要政策

2000年的青少年司法法案规定了政府保护儿童的主要政策:社会志愿组织包括非政府组织在儿童保护中发挥的作用,与政府部门的合作;儿童在他们的家庭和社区中进行社会性恢复的重要性;非机构化的重要性:儿童不再要求必须生活在有关机构中。

(2)该法案的主要内容

2000年的青少年司法法案取代了1986年的青少年司法法案,1986年通过的青少年司法法案(The Juvenile Justice Act)将违法犯罪的儿童作为规范对象的重点,但同时也有条款来规范乞讨和被忽视的儿童。在2000年法案中青少年指的是18岁以下的儿童,对象涵盖乞讨的儿童以及那些需要关爱和保护的儿童。整个法律分为两大部分,其中一部分针对需要关爱和保护的儿童,另外一部分针对违法青少年。对于违法青少年,法案规定在一个地区或几个地区成立在地方法官领导下的青少年司法委员会。对于违法青少年的调查由该委员会进行,调查必须在4个月内结束。法案规定邦政府可以独立或与非政府组织一起建立“观察之家”,临时接纳、康复、扣押那些因为没有交纳保释金而无法获得释放的孩子。对于需要关爱和保护的儿童,法案规定邦政府可以在一个区或几个区设立儿童福利委员会。儿童福利委员会接纳的儿童包括:流浪儿童、那些不与监护人居住在一起,或者是与伤害过自己的人住在一起的儿童、可能被贩卖的儿童、儿童性工作者、受折磨和虐待的儿童。对于每个孩子具体情形的调查同样需要在4个月内完成。能够遣返的孩子,就遣返,不能遣返的,应该安置在由政府或政府与非政府组织共同在每个区设立的“儿童之家”(children’s homes)。法案包含了对儿童之家的检查、监督和评估的规定。

2000年青少年司法法案是对流浪儿童以及所有儿童关心和保护的核心法案,反映了印度儿童政策的转变,朝着救助保护、非机构化演变,注重集体和协调的工作模式以及儿童本身的参与。这个法案鼓励政府与非政府组织合作共同进行儿童保护工作。社会正义与权利部指出,社会上的志愿组织包括非政府组织已经根据青少年司法法案在儿童保护工作中发挥新的作用。

2. 其他法律

1986年儿童劳动法也与儿童保护有一定的关联。1986年儿童劳动法是随着国际、国内越来越多认识到童工问题严重存在的情况下出台的。关于是否儿童劳工问题,一直有两种主张:一是主张儿童根本就不应被允许工作;二是儿童应该从事与年龄相符的工作。最后的法律反映了上述两种主张,规定14岁以下的儿童禁止工作,14—18岁之间的儿童也允许在一定的领域参加工作。另外法律还规定了55种工作,由于工作性质过于危险而不允许儿童参与,如化学品处理等。

(三)儿童热线

1098儿童热线是印度一个为处于危难的儿童提供救援服务的24小时热线与紧急响应系统。它的创始人杰鲁·比利莫利亚是印度塔塔社会科学院的一名讲师。儿童热线从1996年开始在孟买运行,2000年青少年司法法案以法律的形式规范了儿童热线的相关法律制度,到2002年儿童热线已扩展到印度30个城市,为寻求帮助的儿童提供信息、寻找所需的帮助和服务,也可以通过这个热线来报告失踪儿童的情况。当小孩受到虐待或遗弃时,就可以随时拨打这个电话,一个小时内,社工人员就会前去把小孩接走,做紧急的治疗及安置。

儿童热线将技术和人的服务融合在一起,将政府、企业和民营部门联系在一起,以达到效率的最大化。儿童热线的中央机关——印度儿童热线基金会的全国中心位于孟买，起着监管全国的扩展工作、订立标准、监测结果、调拨资金，推广更好的儿童热线服务的作用。而在每一个实施推广儿童热线的城市，都会有一个儿童热线协调人，都有一个统一的组织结构，包括一个知名的学术机构作为“为首的”机构来组织运作、培训、文档记录与宣传，还有一些诸如青年联合志愿行动（YUVA）这样的协作组织，为热线提供工作人员，还有一些提供后援支持的组织和进行长期援助的资源组织。除此之外，每个城市的儿童热线在运作之前，必须首先得到警察局长和负责医疗的高级官员的书面合作承诺，并建立一个由警方与医疗部门、青少年福利委员会、电信部门与其他关键机构的要员们构成的儿童热线顾问委员会。而政府要向儿童热线的合作伙伴拨款，付给儿童热线的福利工作者和队员们工资。印度是城邦制的国家，幅员广大，各省其实都有不同的语言、文化、管理制度等等，几乎是各自为政。所以要让全国各地的电话一拨 1098 就会转接到电话中心（Call Center），接到电话之后，又可以在一个小时之内找到受虐或有需要的孩童，实在相当不容易。

到 2002 年 10 月，儿童热线已回应了 270 万个电话，在这个网络中有 120 多个组织直接实施儿童热线服务，有超过 2000 个提供援助的组织。该热线网络还有一个不同寻常的计算机数据库系统：它是为那些很容易无所适从，通常是半文盲的用户设计的，用图画和声音发出指令，它的电话跟踪系统也成为儿童保护信息的一个重要来源。

同时，儿童热线计划了一系列针对警方、医疗系统与铁路官员的培训研讨会，并与政府的全国社会保卫协会和 78 个有合作关系的组织一起，开展一场在全国提倡保护儿童的运动，希望通过对官员们的法律教育，介绍他们认识街上的孩子们，告诉他们儿童热线的情况，使警察局、医院、学校与火车站能对儿童友善。①

（四）全国性的其他政府行动

为了整合多方面的资源，一项保护儿童的全国性动议于 2000 年发起，这

① 参见 David Bornstein ：《印度 1098 儿童热线》，http/www. chinainnovations. org。

个动议涉及与儿童有关的多个部门如卫生、交通部门等。这些部门的工作人员要求意识到如何正确与儿童相处。社会防卫的全国性机构来训练这些工作人员。

另外,有关成立儿童委员会的法案已经通过,根据这个法案成立的儿童委员会将同人权委员会或妇女权利委员会一样,专门处理践踏儿童权利的案件。

(五) 邦政府救助保护流浪儿童的措施

印度社会正义与权利部的儿童保护全国计划需要在邦政府和地方政府的支持下实施。西孟加拉邦以流浪儿童多而著名,相应的其救助保护流浪儿童的措施和开展的项目也比较丰富,具体来说主要有:

1. 流浪儿童融合项目

这个项目从 1993 年启动,在 1998 年发展到了顶峰,它是一个全国性的项目。西孟加拉邦建有 195 个中心,为 11500 名 14 岁以下的流浪儿童提供救助保护。这些中心为流浪儿童提供非机构化的救助,在流浪儿童的营养、卫生、基本医疗、环境、免疫和小学教育等方面提供帮助。这些中心也有一些职业训练,如缝纫技术。在加尔各答,有 26 个非政府组织从事这个项目。它们 90% 由政府提供资助,10% 的费用由非政府承担。

2. 儿童热线

西孟加拉邦的儿童热线(1098)每天大约有 100—150 个电话,每月救助 40—45 名流浪儿童。至 2004 年,西孟加拉邦共有六个地区开设了儿童热线,其中包括加尔各答市。

3. 根除贫困项目

这个项目的对象是 14 岁以下的儿童,为流浪儿童提供食物、教育、职业培训,到 2004 年,西孟加拉邦共建立了六个中心,为 300 名流浪儿童提供了服务。这个项目没有非政府组织的参与。

4. 儿童融合发展项目(The ICD Scheme)

这个项目由两部分组成。它的主要功能是为母亲尤其是正在哺乳的母亲、六岁以下儿童提供营养支持。另外,这个项目还为贫民、残疾人、老年人、被拐卖的女孩提供帮助。这个项目在地区级层次上开展,西孟加拉邦共有 16 个地区,每一个地区都有一个项目官员,负责 30 个左右的项目发展官员。每一个六岁以下的儿童都有权通过这个项目来免费获取食物。

三、非政府组织的预防和救助

政府的很多流浪儿童保护政策在很大程度上都需要依赖于非政府组织的合作和推动,这也是印度流浪预防救助和保护工作最重要的特色。印度儿童

(包括流浪儿童)救助保护的非政府组织数量庞大,机构众多,在印度流浪儿童救助保护工作中发挥了重要、积极的作用。这里重点介绍国际著名的蝴蝶组织和西孟加拉邦的非政府组织。

(一) 蝴蝶组织

蝴蝶组织是一个国际知名的流浪儿童救助组织,成立于 1989 年。当时,在印度德里,一个叫丽塔·派尼克的中年妇女,在接触了众多无家可归的街头儿童后,发现这些儿童生活状况极令人同情。于是她开始用个人的力量关心和帮助他们,用不同的方法把教育引入他们的生活中。蝴蝶组织从最初的一名工作人员发展到现在大约有 70 名志愿者。到 2004 年,蝴蝶组织已经为 25000 名儿童提供了服务,每年大约与 13000 名儿童接触。

蝴蝶组织的工作方法注重非机构化,注重流浪儿童的参与和权利。工作方法的民主和儿童的独立参与是蝴蝶组织开展工作的关键,这主要通过以实地为基础的救助和非直接的救助来实现。蝴蝶组织有来自德里市 12 个联系点的街头教育者。他们采取融合性的工作方法来进行流浪儿童保护、教育、卫生和儿童集体的发展。在蝴蝶组织的民主教育实践里,有四个基本的原则:自由、信任、温暖和爱。蝴蝶组织的创始人丽塔提出教育不仅仅是为了学术,教育也是为了生存。事实表明这个观念对于世界上许多贫困儿童来说是对的。

1. 教育

除了正式的学校,通过开放式学校为流浪儿童提供选择性教育。对于流浪儿童,选择性教育十分必要的,因为有些流浪儿童没有上过学,由于年龄大的原因,他们又不能进入小学读书。选择性教育包括计算机技术培训、卫生教育。职业技术教育通过电器修理、居民商业学校、食品生产、儿童发展银行等项目、活动来进行。

2. 儿童媒体

这个项目为儿童办他们自己的报纸、广播节目提供机会。这些报纸、广播不仅有新闻栏目、节目,还有生活技巧类的知识,也被用来宣传儿童权利保护问题。这个项目最重要的特色之处是由儿童自己办报纸、广播。儿童自己办的报纸、广播包括:全国儿童时代、全国流浪、工作儿童报、蝴蝶儿童广播。全国儿童时代最初是墙报,后来政府禁止儿童在墙上刻画,所以后来变成了报纸。蝴蝶儿童广播收录了许多各种媒体对“蝴蝶工程”的报道及对街头儿童的采访。它谈论儿童的权利和受教育的意义,在蝴蝶组织的 11 个联络点轮流播放。

3. 公共厨房

几年前,蝴蝶组织有一个餐厅用来出售食物,但后来交通部门由于需要在这块地上修建火车站,所以,接管了这块地。蝴蝶组织随后建了一个公共厨房，向流浪儿童和工作的儿童出售食物。如果流浪儿童参加教育班级，将得到公共厨房免费提供的食物。公共厨房还为青少年提供职业训练。公共厨房的目的是为儿童创造双方共赢的结果。

4. 儿童议会

“儿童议会”每个月召开一次，参加会议的儿童带着自己的想法，在会上讨论、决定需要从蝴蝶组织得到的帮助。“儿童议会”每年回顾并评价蝴蝶组织当年开展的活动。1992年“儿童议会”还成立了一个分支机构。这个机构收集虐待和剥削儿童事件，然后向警察机构提出控告，或者向蝴蝶组织提出控告雇主的需求。

（二）西孟加拉邦的非政府组织（IPER）

这个组织的目标是在社区里为儿童提供安全的地方，在儿童、家庭和社区三个层面上开展工作。IPER由心理和教育研究会设立，由一些大学教师和研究人员于1971年成立。IPER非常关注流浪儿童和儿童劳工问题，为他们提供教育、下午学校、假日学校等。

IPER在救助过程中非常注重儿童自己的参与。参与这个IPER救助的儿童有他们自己的“议会”，自己的团体，相互之间讨论解决问题的方法。

IPER的教育中心主要有：

1. 火车站附近的教育中心

这个中心是为流浪儿童提供一个安全的休息和接受教育的场所。有些儿童早上、傍晚在集市卖菜，晚上回到家中。下午，这些儿童除了赌博无事可做，很容易被他人利用来干坏事。他们也无法上学。中心为这些儿童提供茶水、娱乐和教育。

2. 社区中心

这个中心为当地不能入学和一天里需要部分时间工作的儿童提供不同水平的教育。场所通过政府由当地的社区提供。这些场所晚上由成人使用，白天则免费提供为IPER使用。

（三）儿童发展银行

这开始来自一个储蓄项目，后来发展成一个信贷团体，2001年成为银行，但没有领取营业执照。2004年6月，儿童发展银行在印度的其他城市和地区也开展业务，甚至已经扩展到了印度之外的巴基斯坦、阿富汗、尼泊尔、孟加拉，中亚国家对此也比较感兴趣。儿童发展银行不仅从事储蓄贷款业务，儿童可以向银行存钱，获取贷款，也通过业务的开展来进行有关金融、企业业务的培训。

（四）德里儿童权利俱乐部

1998年由儿童工作者联合会和其他儿童组织联合成立。这个俱乐部

2004年有来自12个非政府组织的6000名成员。在选举中,俱乐部与所有的政治团体见面,并把这些政治团体的主张写进俱乐部的对外宣传材料中,俱乐部也同时要求这些政治团体将俱乐部的主张写进他们的对外宣传材料中。俱乐部也约见政府官员,表达主张。

四、印度流浪儿童救助保护工作的主要特色

(一)非机构化

人们往往最先想到的是利用制度化的机构来对流浪儿童进行救助和保护,这实际上也是最容易的做法。但实践证明,通过青少年司法系统等政府机构来救助流浪儿童这种比较陈旧的思路和方法并不合适和有效。利用制度化机构的救助模式至少存在以下问题:费用昂贵;难以聘用到真正关爱流浪儿童的工作人员;这些机构经常被错误地用来解决贫困问题,有些家长和其他人将儿童放在这些机构,依靠这些机构抚养;生活在机构里的儿童容易受到虐待,已发生过多起这样的案件,有些儿童也因为受到虐待而从机构里逃跑;机构的生活不利于培养儿童的生活能力,如果儿童在8至10岁的时候离开社区和社会进入机构生活,然后在18岁的时候离开机构,则他们难以获得在社会上生活的能力。因此,制度化的机构救助保护被认为是最后的手段。

非机构化的重要性现在被很多儿童保护部门所重视,也是印度政府政策的重点之一。非机构化被认为有利于儿童权利的保护,也是对儿童需要和生活环境作出正确反应的有效制度。非机构化的方式更容易与流浪儿童接触,更容易得到流浪儿童的认同,也更容易为他们提供非正式的教育和职业教育。蝴蝶组织的工作很清楚地证明了这一点,其他致力于儿童保护和社会性恢复的非政府组织的工作也证明了非机构化的重要性。如蝴蝶组织对流浪儿童的教育没有教室,取而代之的是12个联络点,每个联络点有两名老师,他们和附近的街头儿童商量达成一致的时间,通常是生意清淡的时候,聚集在一起上课。这些联络点都是在商业繁忙区,比如火车站、市场、旅游点这些孩子们可以找到赚钱机会的地方。

(二)儿童的参与

流浪儿童自己亲自参与救助计划的制定和实施的重要性在目前被严重低估。实际上,以社区为基础的救助模式,强调儿童的参与,信任儿童并与之建立友好关系,在流浪儿童生活、工作的地点建立提供服务的“联系中心”,对于流浪儿童的救助更有效果。流浪儿童参与救助保护活动是非机构救助方法的一个关键,也是很多非政府组织工作的关键,如充分发挥流浪儿童的独立自主性,让他们充分参与到流浪儿童的救助和保护工作中是蝴蝶组织开展工作所

坚持的基本原则。例如，虽然蝴蝶组织为每个联络点准备了一些普通学校用的教材，但上课内容要根据当天情况而定。孩子们如果遇到了什么麻烦，比方说被警察欺负了，那当天的课堂时间就是来讨论怎么解决问题，查寻相关的法律信息；如果一些孩子提出如何清算当天的收入时，这节课就成为数学课。如果孩子们问如何向外国游客销售纪念品，那就要教他们从"Where are you from?"(你从哪里来?)开始。再如前述印度德里的儿童发展银行从职员到行长全部由街头流浪儿担任，银行的贷款规则和具体制度也都由流浪儿童自己决定。他们认为，街头流浪儿童应该有更多的机会管理自己的金钱，也更应该为脱贫而相互帮助。

通过儿童的参与，尊重儿童的独立自主性，蝴蝶组织对流浪儿童的教育至少取得了两方面的成功。一是与儿童建立了信任关系，而信任是教育有效的前提。信任对于这些街头孩子来说是最难培养起来的一种关系。在他们的人生经历中，不仅警察、老板打他们，连自己的父母也提起鞭子抽打他们，但他们对蝴蝶组织员工则非常信任。这种信任的获得从一方面来说直接得益于教育者没有试图强加任何东西给孩子们；另一方面是教育者对孩子们的尊敬。他们没有把蝴蝶组织当成一个慈善机构来运营，而是遵循劳动者是有尊严的原则。二是帮助儿童建立起了信心，使他们能够以乐观的生活态度生存下去。①

五、印度流浪儿童救助保护工作面临的挑战

尽管印度的流浪儿童救助保护工作发展得比较快，但仍然有许多事情需要去做，面临诸多挑战。

(1)印度有全世界最大数量的儿童劳工。贫困人口众多，失业严重，由农村向城市的移民增多，导致流浪儿童不断增多。流浪儿童营养不良、饥饿，健康状况不良，物质滥用，偷窃，被城市警察和铁路当局伤害，受到心理和性伤害。

(2)经费的不足导致很多项目缺乏持久性，尤其是不能聘请合格的有经验的社会工作者。有些项目的执行缺乏力度和监督机制，法律的执行也不是很得力。

(3)缺乏出生登记制度。

(4)政府的儿童工作缺乏儿童的参与，在以儿童为中心方面也不足。

(5)统计数字的准确性严重缺乏。政府和非政府组织都意识到更准确、完善的流浪儿童统计数字十分重要，但目前全国、各邦和地区都尚未建立准确

① 参见庞辛:《印度流浪儿童的街头课堂》,《看世界》2006年第9期。

的流浪儿童统计数据库。

(6)在学校教育方面,主流的学校如何对所有的儿童开放并接纳他们是一个很突出的问题。

(7)非政府组织儿童保护工作的效果也是需要进一步研究的问题。

(8)人们虽然认识到流浪儿童工作不能忽视村庄社区,但这个是目前工作中的薄弱环节。

第十章　澳大利亚流浪儿童现状、预防与救助

实行联邦制的澳大利亚各州拥有自己的法律体系，不同的州对儿童的定义不同。如新南威尔士州规定儿童是指16岁以下的人群，而16—17岁的人群被称作青少年，而在另外一些州则规定所有18周岁以下的都为儿童。流浪儿童指的是无法拥有长期、固定的安全居所的儿童群体。澳大利亚由于福利制度的历史久远，因此与世界其他的国家和地区相比，其流浪儿童现象并不明显，他们主要通过改善儿童的医疗卫生条件以及社会保障状况（收入救助）来减少流浪儿童的数量，还通过有效的出生登记制度、地方政府相应的出生监控体系来减少遗弃儿童现象；另外经济状况的改善和贫困人口的减少对于减少儿童遭遗弃同样发挥着重要作用。尽管社会保障体系发挥了重要作用，但是澳大利亚流浪儿童的数量近年来并没有明显减少，其中一个重要原因是家庭因素。根据统计资料显示，澳大利亚流浪儿童的数量自20世纪80年代以来，一直维持在2万人的水平。在澳大利亚，救助站和孤儿院几乎不存在，政府和民间慈善机构主要采取托养、寄养等方式照顾孤儿或流浪儿童，目的是尽最大可能使儿童享受家庭的温暖，防止儿童流浪或受虐的情况发生。

一、澳大利亚流浪儿童现状及原因分析

自20世纪80年代以来，虽然澳大利亚的经济水平有了大幅度提高，但澳大利亚流浪儿童的数量一直没有明显降低，维持在2万人左右，占其总流浪人口的1/5。尽管如上所述，澳大利亚有比较成熟的福利体系，但根据2003—2004年AFHO（Australian Federation Of Homelessness Organizations）的年度报告显示，每天仍然只有1/75的12岁以下流浪儿童获得流浪人员组织提供的服务。澳大利亚流浪儿童所面临的问题与世界其他地区相比并没有明显不同，他们通常会出现如吸食毒品、酗酒、药物滥用以及不同程度的心理问题等，并且上述问题的出现，在很大程度上都与他们的流浪经历有关。例如研究显示约一半拥有精神疾病的儿童，他们的问题出现在流浪之后。流浪儿童的典型特征是长期缺乏情感关怀、受到虐待和家庭暴力、有不愉快的学校经历、拒

绝父母的陪伴或者生活中曾经历过一起或多起重大的悲伤性事件，或者是以上各方面因素的综合。虽然各级政府都强调预防和早期干预的重要性，但是只有很少的救助和项目直接服务于上述目标。尽管联邦政府已经确定国家流浪人员的政策目标，但是该目标的实现经常遇到资金问题，例如政府希望对那些无家可归的流浪儿童进行早期干预，但是由于资金问题，每天仍有 11% 的流浪儿童不能获得临时性住所。

研究表明，绝大多数流浪儿童的离家出走都是因为和父母或父辈们之间的冲突有关。澳大利亚也不例外。57% 的流浪儿童都是因为与父母的冲突而离家，流浪儿童在描述他们所面临的问题时最经常提到的是缺乏情感关怀、家庭中的训斥文化、面临无法摆脱的痛苦和失落。很多流浪儿童认为，如果在他们离家出走之前，父母和以及其他成年人能够改变对待他们的行为方式、理解家庭变迁对他们所产生的影响、停止虐待并及时寻求第三方的协调、增进与子女之间的沟通，他们可能不会选择离家出走。对于他们和父母之间的冲突，流浪儿童最主要的观点是他们应该得到尊重、父母应该倾听他们的声音、改变对待他们的行为方式。家庭文化冲突最明显的是体现在父母和子女对家的不同理解上，虽然都认为家是感受到安全、爱和依托的地方，但是父母没有像儿童那样，将感受的具体形成过程包含在对家的认识中。另外上述的冲突还表现在对流浪儿童离家出走的原因认识上，父母通常将问题归结为流浪儿童本身。因此可以推断儿童离家出走过程中的一个重要因素是父母的因素，他们在儿童成长的过程中忽视了儿童的情感需求。

家庭因素中的第二个方面是家庭破裂、家庭暴力、贫困、父母的不良行为如吸食毒品、酗酒等行为。澳大利亚流浪儿童中 9% 是因为受到了身体和情感虐待而流浪。澳大利亚各种不同的儿童救助机构的资料显示，家庭破裂是造成儿童离家出走，寻求救助的另外一个因素。导致家庭破裂的因素有很多，如经济贫困、家庭暴力、突发事件所导致的家庭压力增加等等，但是一个共同的因素是流浪儿童生活的家庭通常表现出较低的化解矛盾和危机的能力，家庭结构脆弱。脆弱的家庭结构中，没有健康的家庭文化，孩子生活在这样的家庭中离家出走的概率就很高，因为他们会经常目睹家庭暴力的发生，甚至自己也会受到身体、心理和情感上的虐待，同时父母的不良行为如吸食毒品、酗酒等行为也会在一定程度上复制到他们身上。

除了家庭因素以外，不愉快的学校经历也是流浪儿童出现的重要因素。在对流浪儿童所面临的问题调查中，很多流浪儿童都曾经有过不愉快或不成功的学习经历，他们厌学，在这种情况下如果社会没有良好的预防和干预机制，他们极容易成为流浪儿童。因为缺少有效的学校教育，他们不能获得基本的与人相处的技能，也缺乏独立生活技能，随着劳动力市场竞争压力的增加，没有一技之长的16—18岁的儿童很难获得工作机会。当然与家庭因素相比，学校因素并不是主要的，因此在应对流浪儿童问题过程中，主要还应该解决好家庭这一基本元素。澳大利亚流浪儿童救助体系中就有很多针对家庭所采取的项目，如“重新联系”项目（reconnect），目标就是使得离家出走的儿童与家庭重新发生联系，最终回归到正常的家庭生活中。还有一些培训项目也是针对家庭进行的，例如，如何促进家庭沟通，如何提高为人父母的技能等。

澳大利亚部分流浪儿童并没有放弃求学，因此为早期干预提供了机会，早期干预和预防可以有效防止流浪儿童的长期流浪。目前澳大利亚的流浪儿童仍然有部分不能得到有效救助，他们游走在救助体系之外，并且早已与家庭分开，因此迫切需要通过救助手段重建与家庭的联系。帮助流浪儿童确立对某一社区的认同、寻找归属，消除孤立感对解决流浪儿童问题有积极效果。

二、澳大利亚流浪儿童权利保护工作重点和原则

澳大利亚联邦政府对流浪人员分为三种，并有不同的应对措施。第一种类型指的是没有居所，因此处于危机状况。第二种拥有临时居所，包括居住在朋友家里的一些年轻人，对于这种类型，政府需要进行早期干预。第三种是拥有长期住所，但是居住条件不佳，如单间或寄宿房间，并且没有其他选择。澳大利亚政府针对上述三种情况分别实行不同的计划和安排，即危机计划、早期干预和预防。在讨论解决流浪儿童问题方案时，一个理念是社会保障系统必须为流浪儿童提供相应补偿。

关注流浪儿童的核心是关注他们的权利以及关心的方式，澳大利亚对流浪儿童的救助，时刻强调儿童本身的参与，认为儿童参与是保护儿童、实现儿童权利的重要手段。人们普遍认识到在儿童发展、人格形成以及权利的实现过程中最核心的因素是家庭的关心，因此儿童福利工作在减少虐待儿童现象的同时，还应该帮助流浪儿童改善家庭条件和生存机遇，尤其是通过教育手段改善他们的境况。澳大利亚政府意识到对于那些有过受救助经历和违法犯罪问题的青少年，如果脱离救助和保护体系或者青少年司法体系，则较其他青年更容易成为流浪人员，因此社会应该采取广泛和深刻的预防、早期干预和危机应对手段，形成长期的救助体系，从家庭、教育以及青年本身着手，减少流浪人员的出现。

澳大利亚2001年国家流浪人员战略报告显示，澳大利亚流浪儿童工作目标是加强联邦和州在青年政策问题上的协调；建立早期预防机构降低流浪儿童出现的可能性；预防得到救助的儿童离开社会救助体系而成为流浪儿童；为儿童提供更多的安全和实惠的居所。为了实现上述目标，各级政府需要采取

以下行动:加大预防和早期干预工程的建设,处理诸如家庭冲突、酗酒以及滥用毒品和虐待儿童问题,提高父母的教育技能;提高学校和其他预防机构发现和处理流浪儿童问题的能力;强化联邦和州之间有关儿童保护条例之间的联系,确保12—17岁之间的儿童如果不生活在自身的家庭里,有权利获得收入支持、获得关爱和保护体系的救助;规划和评估现有的儿童救助体系;建立和扩大青少年司法项目,帮助儿童发展与人共处的技能和独立生活的技能。

澳大利亚不存在一个全国性的流浪儿童救助体系,各州有自己相对独立的儿童保护和救助体系。尽管如此,在流浪儿童救助和保护工作中,他们遵循着一些共同的原则,如首要原则、儿童参与原则、持久性救助原则。关于上述原则的具体内容,1998年新南威尔士州的《儿童和青少年法案》中明确规定,首要原则指的是所有有关具体儿童的决策和行动,他们的安全、福利和康乐必须是首要考虑因素。参与原则的意思是流浪儿童、他们的父母、他们所在的寄养家庭都应该参与流浪儿童的救助过程。具体包括,流浪儿童的父母对于流浪儿童在受救助过程中的发展和进步享有知情权;寄养儿童的家庭在决定接受寄养之前,有权知道待寄养儿童的具体情况,以便作出是否接受待寄养儿童的决定。参与原则中最重要的是流浪儿童本身的参与,即流浪儿童对救助体系中与自己有关的决策,有权作出与自己年龄和能力相称的决定,救助信息的提供应该以他们以及任何人都能理解的方式提供;儿童有表达自己观点的机会;儿童有权知道自己的意见如何被听取以及得到怎样的尊重;儿童有权知道一切和他们有关的决策以及决策的形成原因;儿童有权对决策提出建议,参与相关会议并表达观点。儿童救助的持久性原则指的是为儿童找到稳定、持久、长期的安置方式。

以上是儿童保护和救助制度设计中应该遵循的基本原则,一份澳大利亚最新的研究报告显示,针对澳大利亚流浪儿童的现状以及流浪儿童救助工作的具体情况,在具体的救助过程中还有一些基本的救助原则需要得到遵守。

首先,当儿童或父母需要帮助时,能够及时获得救助机构的回应。对澳大利亚流浪儿童的访谈资料显示,他们在遇到问题时,最希望在第一时间获得相关救助的信息,知道如何获得救助以及获得怎样的救助,因此从控制和预防的角度来看,社会救助机构的快速反应机制能够有效预防流浪儿童的出现。

其次,在流浪儿童救助工作中,对于问题家庭应该有更加包容和理解的态度,充分理解其经济、社会和文化背景。不能将家庭中出现的问题一概理解为家庭关系上根本的失范或存在根本不能解决的问题,而应当理解为压力环境下的问题,救助工作中应该着手解决根本问题,缓解家庭压力和冲突。另外在救助过程中,应当给予流浪儿童和父母同样的尊重,因为流浪儿童的救助实践表明,救助过程中,如果流浪儿童感觉救助者将其流浪原因归结于流浪儿童本身，就会产生严重的逆反心理，拒绝合作，救助也就不能发挥相应作用。

除此之外，澳大利亚的不同救助之间应该加强协调与合作，从结构和制度上改革现有的救助体系。

三、澳大利亚流浪儿童预防与救助的措施

澳大利亚政府分为三级，联邦、州和地方政府，联邦政府处理宪法规定的事务，州以及地方政府的权能是处理所有宪法没有规定的事务。在澳大利亚1901年实施的宪法中，不包括儿童保护的内容，因此如果不修改宪法，联邦政府则不能干预儿童保护事务。当然如果联邦政府与州或地方性政府签署相应协议，则可以以联邦的名义提供服务。澳大利亚的儿童保护体系以州为单位，没有全国性的保护儿童立法。澳大利亚各州拥有自己的法律，通过、修订以及生效的时间都不同。如昆士兰州的《昆士兰儿童保护法案》于1999年修订，但是最终的出台是2004年，一直处于不断修订过程中。其他的一些州，新南威尔士以及北领地相关的法律仍然在修订过程中。各州关于流浪儿童保护的法律制度在具体内容上面存在一定冲突，这种法律上的冲突会导致现实的流浪儿童保护存在缺陷，如针对年龄较大的流浪儿童保护问题，依据某些州的规定，他们不属于儿童保护的范畴，同时一些成年流浪人员救助组织又不能为他们提供救助，造成了他们游离于社会救助体系之外，加剧了大龄流浪儿童问题的严重性。

下面分别以澳大利亚首都堪培拉以及昆士兰州为例介绍澳大利亚流浪儿童的预防和救助措施。

（一）堪培拉的流浪儿童预防及救助

1. 住宿援助项目（Supported Accommodation Assistance Program 简称SAAP）

SAAP为无家可归者提供过渡性住宿及相关的支援服务，该项目由非政府组织运作，并由社区服务部（Department of Community Services 简称DCS）资助。该项目根据1985年《住宿救助法案》启动于20世纪80年代，在此之前70年代，澳大利亚存在一部《流浪人员救助法案》。SAAP是联邦政府、州政府和地方政府共同出资，每5年签订一次协议的社会救助项目，目前已进入第五个五年计划。根据SAAP法案，州和州以下的地方政府为了提供相应救助，可以资助非政府组织，使其承担流浪人员的救助任务，上述举措意味着澳大利亚已经形成多元的流浪人员救助体系。

SAAP项目的救助对象包括所有流浪人员，在2004—2005年间，SAAP救助的对象中有大量儿童，占救助对象的3/4，总数量为68100人。在受救助的

流浪儿童中有83%的儿童是在母亲陪伴之下,大部分是逃避家庭暴力,儿童的年龄在12岁以下。大部分无人陪伴的儿童年龄在14—17岁之间,女性居多,占62%。另有5%的无人陪伴的流浪儿童带着他们自己的孩子或兄弟姐妹。到SAAP寻求帮助的流浪儿童基本分为两种情况,一种是逃避家庭暴力,另外一种是家庭破裂。研究显示目睹家庭暴力的儿童承受了严重的心理混乱,他们大部分极度沮丧并缺乏自信,并在行为上表现出压抑的倾向。另外有部分父亲陪伴的儿童大部分是由于经济上的困难。

尽管SAAP有着良好的制度性基础,也是非常成功的项目,但目前仍然面临如下的问题:每天仍然有11%的需求不能够得到满足;尽管在前述所有三个层面上约有10万名流浪人员,但是政府却认为流浪人员的问题已经得到控制,数量已经不再增长,因此投入和重视程度都不够;政府也不能提供足够的预防和干预措施;流浪人员中儿童的数量正逐年增加;提供住房的压力越来越大。SAAP本来是一个短期的住宿救助,但是由于受救助对象无法找到住所,或无法找到合适的住所,因此不得不长期居住在SAAP提供的住房中,由此加剧了提供住所的压力。严格说来,18岁以下的儿童应该受到儿童保护体系的保护,而不是SAAP的救助,但事实上目前SAAP正在进行着保护儿童的工作。在10万名流浪人员中,只有12%可以得到SAAP所提供的住宿救助,尽管不露宿街头,但仍然可能有使用毒品以及精神上的问题。

2. 青年署项目

青年署目前进行两个项目,即重新联系(Reconnect)项目以及职业介绍和培训项目(Job Placement And Employment 以下简称JPE)。

(1)重新联系项目

研究显示早期干预对于预防流浪人员成为长期社会问题的出现至关重要,研究也同时显示,流浪儿童可能会因为依赖社会福利体系形成一个怪圈。重新联系项目和职业介绍培训项目希望能够对那些刚开始与家庭出现问题的孩子发挥作用。重新联系项目是政府针对流浪人员启动的一项试验性项目,运作非常成功,并快速向全国推广。项目针对的对象是12—18岁的流浪儿童或处于上述年龄段即将成为流浪儿童的人员。目标是协同家庭解决流浪儿童面临的问题,但因为他们可能会受到虐待,因此并不要求他们必须回到家庭中,尽管如此,重新联系的目标仍然希望流浪儿童能够与家庭重新发生联系。研究发现,家庭支持下的儿童和青年适应性都会有很大程度的提高,因此对于上述人群来说,最好是能够和家庭发生联系。在澳大利亚全国范围内有98家重新联系的救助机构,14家位于社区内。儿童和青年主要是通过学校或其他机构寻求重新联系组织的帮助。重新联系组织与社区有很紧密的联系,这样便于工作的开展。父母和孩子可以到重新联系机构讨论他们之间存在的问题。重新联系机构还可以帮助儿童寻找能够提供长期住宿的场所，重新联系项目还努力帮助那些离家出走的孩子继续回到学校或寻求一份工作。

(2)就业介绍和培训项目

这一项目帮助那些年龄在15—21岁之间的孩子。全国约有130家这样的机构，他们重视教育和就业，主要关注的对象也是流浪儿童，这些儿童可能有各种各样的问题，如酗酒、吸毒，也有可能是难民，甚至有的可能是刚刚被解除监教。澳大利亚有一套青少年可以使用的就业网络，但是有上述问题的青少年一般很难得到就业机会，因此就业介绍和培训项目的目标是帮助他们掌握生活技能，例如，学会如何独立生活，如何与别人相处等。

(3)家庭社区服务机构(Family and Services Departments，以下简称FSD)

在澳大利亚，每一个州和地方政府都有受到青年署项目资助的家庭社区服务机构。尽管州政府会接受家庭社区服务机构的相关报告，但州政府完全不参与此项工作。国家一级的机构会举行一些培训活动，同时每两年会举行一次论坛，一起分享经验，他们还会对地方机构的运行情况进行评估，以决定是否继续与一些地方机构续约，一般的合约期限是3年。总的说来，项目的运行是成功的，加强了社区的凝聚力。

上述青年署项目面临以下几个方面的问题：仍然有一些不能满足的需求，流浪儿童数量的增加，问题的复杂性也在增加，农村和一些土著地区的流浪儿童仍然无法得到相应救助。

(二) 昆士兰州的儿童保护

1. 昆士兰州的儿童保护法律

昆士兰1999年《儿童保护法案》明确儿童的定义是“18岁以下的人”。法案旨在保护正面临伤害的儿童以及那些父母不能或不愿意保证他们免受伤害的儿童。在《儿童保护法案》的第9部分对伤害作出以下规定：任何对儿童生理、心理和情感的健康可能引起损害的行为；如何伤害本身并不重要，伤害可以是身体上、心理上或情感上的暴力或漠视，也可以是性侵犯或非法性行为。在法案中还包含《受救助儿童权利宪章》。

2. 儿童安全部及其政策原则、主要职能

如世界任何一个地方一样，昆士兰州虐待儿童的现象也在日益增加，政府日益关注发生在寄养家庭中的虐待儿童现象。一项对虐待儿童现象进行的重要调查，提出了110项针对性建议，现在已经付诸实施，包括在政府层面改革整个儿童保护体系。在设立儿童安全部之前，昆士兰有一个家庭部，职能包括土著政策、残疾人问题、老年人问题、青年问题、家庭暴力、流浪儿童、儿童保育以及儿童保护等方面。目前昆士兰有独立的儿童保护部门，即儿童安全部，另外还有独立的儿童和青少年委员会，原有的家庭部现在称社区部，负责儿童政

策以外的事务。

儿童安全部的政策原则和主要职能简单介绍如下：

儿童参与：法律和相关的政策都明确规定了儿童参与的重要性。在儿童生活的很多方面，人们都鼓励儿童对自己的生活发表意见。在澳大利亚的相关立法中都规定孩子对自己的居所以及如何获得救助有发言权，上述规定会涉及所有在儿童生活中发挥作用的人群，如抚养人、老师、社会工作者（case worker）等，要求他们与孩子认真讨论孩子所需要的帮助，并确保儿童的意见得到尊重。在政策层面，儿童安全部与 CREATE 组织保持密切联系，该组织积极主张那些受到照顾孩子的权益，因此在政策制定过程中，儿童安全部会和该组织一起，同时邀请被寄养的孩子一起进行讨论。

非政府组织和伙伴关系：儿童安全部的大量工作由政府出资，但实际工作由非政府组织承担，如拯救澳大利亚儿童组织、宗教团体以及其他一些家庭治疗机构。为了确保儿童安全部与上述各非政府机构保持联系，需要与之建立伙伴关系，每月举行相关的工作会议，检查工作进展和进行政策评估，儿童安全部工作的很大部分是改善与非政府组织之间的关系。

政府的工作重点：有动议认为儿童保护必须成为政府工作的一项工作重点，因此政府 10 个工作部门中都会有资深官员负责儿童保护工作，他们每年必须报告在儿童保护工作中所取得的进展，使得儿童工作在政府工作中的重要性提高。

儿童安全部还设有一个分支机构：社区部。他们的主要工作任务是采取一些预防和早期干预措施。社区部的重要战略之一是与非政府组织之间的合作，该部门主要是资助非政府组织，自己直接从事的救助工作并不多，他们直接从事的工作主要是针对那些涉嫌违法犯罪的青少年即青少年法律项目。该部门拥有两个监禁中心，并有一定的能力针对违法儿童采取非监禁措施，如社区监督以及安排违法的青少年与受害人见面等方法，帮助他们减轻罪恶。该部门还有针对流浪儿童的项目，SAAP 项目就是其中一种，为流浪人员提供住宿救助。

3. 昆士兰儿童和青少年委员会

昆士兰是澳大利亚第一个建立儿童委员会的州，虽然随后新南威尔士和塔斯马尼亚也建立了同样的委员会，但是在职能方面远不如昆士兰州委员会广泛，其他州委员会的职能主要是进行宣传，而昆士兰的委员会还承担一定的研究和提供审查的职能。1996 年昆士兰建立青少年和儿童委员会的原因主要有以下两方面：应对昆士兰虐待儿童现象和对有组织的恋童现象进行研究。但是自从该委员会成立以后，政府要求委员会承担更多的职能，包括，继续接受和处理投诉；继续进行研究，不仅研究恋童问题，还应该包括对其他问题的研究;对那些欲从事儿童工作的社会工作者以及儿童保育工作者进行审查;同时还承担监督政府法律和政策制定的角色。为了保证委员会的独立和承担监督职能,委员会的设立由具体的法律规定,保障其独立行使职能。委员会的资金来源是州政府,但是它独立于政府部门,就其监督的角色,相关的立法赋予了其更大的行动能力。委员会主要承担以下方面的职能。

监控:委员会负责监督与儿童和青少年相关的立法和实践,如果发现虐待儿童和忽视儿童现象,则负责告知儿童安全部;委员会还负责监督儿童安全部的工作,保证儿童得到恰当的救助;委员会还负责受理投诉,如寄宿家庭家长不能照顾儿童、儿童不能获得所需要的教育、不能获得衣物等问题。

随访寄养家庭项目:大部分得到救助的孩子生活在寄养家庭中,委员会有一项随访项目,因此每一名生活在寄养家庭的儿童每月都会有人去至少探视一次。他们主要考察儿童是否快乐,是否受到学校教育,是否拥有自己的卧室,拥有隐私和获得补贴。如果儿童的日常生活中上述方面出现问题,随访者需要与寄养家庭的父母进行交流,并努力解决存在的问题。在全州范围内大约有 170 名随访者,他们一周约 10—15 小时为委员会工作,随访约 4000 名生活在寄养家庭中的儿童。

儿童死亡:委员会有责任就儿童的死亡情况进行调查,同时听取验尸官的报告。所有死亡儿童的情况都要求有记录,通过对记录的研究寻求改善照顾儿童的途径。如果有儿童在死亡之前曾经与安全部门有过联系,则儿童安全部门应该成立委员会复核案件,委员会的成员包括医生、教育专家、自杀问题专家、警察和验尸官,目的是调查死因。委员会的作用是建议对过失行为实施处罚。每年,委员会都会公布死亡儿童报告。

投诉和呼吁:邻居、儿童本人以及社区内的其他人群都可以向委员会就受救助儿童所得到的服务进行投诉。依据法律规定,委员会必须在 28 天之内进行调查,并公开结果。委员会必须为一部分儿童或一类儿童的权利进行呼吁,如呼吁对儿童在校园内受到歧视以及儿童忽视问题的解决。2004 年委员会的工作人员已经在整个昆士兰州训练人们为儿童的权利进行呼吁,志愿者们在校园以及一些运动俱乐部进行相关培训工作,包括帮助人们了解儿童权利公约的内容、提高沟通技巧、进行小组工作以及个案研究等。

参与:委员会努力使儿童本身参与各种各样的活动。除了让儿童参与志愿者的挑选,还让儿童参与社区寄养家庭随访者的招募工作。

研究:委员会目前研究的问题包括土著儿童的父爱问题、早期照顾问题以及劳工问题等。

父爱问题主要是针对那些父亲在监狱中的土著儿童,委员会通过研究论坛和孩子共同面对。早期照顾主要是研究 0—8 岁期间照顾的重要性,制定早期照顾战略同时呼吁政府加大对早期照顾的投资力度。在昆士兰，童工问题已经显现。委员会经常会收到投诉，如儿童经常被迫参加工作，被克扣工资，工作条件恶劣等问题，约一半的15—17岁的儿童从事兼职，主要集中在快餐和零售业。这些兼职工作都存在问题，例如很多儿童虽然知道他们在连续工作5小时后，应该有10分钟的休息时间，但是他们的雇主会让他们将上述的休息时间安排在工作开始之前；还有一些雇主让他们连续上夜班，还有一些儿童晚上工作至凌晨一点，而早晨还需要上学，这些儿童并不了解自己的权利，而只是将其理解为拥有工作而必须承担的压力。

审查工作：委员会并不是对所有从事儿童和青少年工作的人进行审查，审查的对象主要是那些发生伤害儿童现象或儿童没有受到合理对待的场所。例如，学校员工（不包括教师，教师有单独审查制度）、寄宿学校、运动俱乐部、一些救助机构、从事家教的人员、网球教练、游泳教练等。委员会进行全国性的审查，如果没有犯罪记录或犯罪历史，则委员会签发合格证，如果存在问题，将作出负面通告，迄今在昆士兰已经有250人被委员会取消了从事儿童和青少年工作的资格。如果发现曾经对儿童犯有严重罪行，包括暴力等行为，委员会有权决定其不能继续从事儿童工作。但不幸的是，这些人可能去别的州从事儿童工作，因此目前澳大利亚其他的州也在考虑实施类似的审查行动。进行这样的审查主要的理念是阻止那些有严重犯罪记录的人从事儿童工作。

委员会工作成员承认他们的工作并没有给他们带来很多的朋友，因为他们的工作总是在告诉那些社会工作者们工作过程中有失当的行为。但是他们强调他们工作的目标和动力是维护儿童和青少年群体最大的利益。委员会的工作人员拥有多元化的背景，多元化的背景为他们提供了多元化的视角看待儿童，集中起来有很好的关注点。

4. 预防及救助措施

一般认为，从出生之日起至18岁，儿童都需要照顾和保护，因此福利干预应该开始于怀孕的妇女。但通常说来，儿童至16—17岁就不再需要给予特殊保护了，原因是人们认为他们的年龄和能力已经达到了照顾自己的水平。对上述问题，政府和非政府组织有不同的认识，因为非政府组织主张只要是18岁以下的儿童都应得到相应法律的保护，理应得到救助。昆士兰所有为儿童和青少年提供保护和救助的都是非政府组织，不过非政府组织会得到州政府的资助，整个澳大利亚约21000名儿童得到帮助，昆士兰约有不足4000人，并且只有大约5%受救助的儿童生活在家居照顾中心（Residential Care Homes），在整个国家中处于最低水平。流浪儿童是澳大利亚青少年和儿童问题最严峻的问题，昆士兰拥有独立的儿童委员会可以调查政府和其他服务机构在儿童保护中存在的问题。

昆士兰州的流浪儿童预防及救助措施主要有：

监护：如果儿童正面临现实的伤害，应该对之采取监护措施。警察或得到授权的官员（如得到授权的社会工作者）可以充当他们的监护人，负责他们的日常生活，并承担责任。

照管：大部分目前受到相关组织照管的儿童都曾经受到不同的伤害，事实上在受到照管的儿童中孤儿并不多，大部分是因为州政府出于安全考虑将他们和父母分开，因为他们的父母不能正确和他们相处，虽然大部分父母并不愿意孩子和他们分开，但是分开最符合孩子的利益。当然也有一些父母因为孩子的举止行为而要求与孩子分开，但调查的结果往往是父母本身的行为失当，而并不是孩子的问题。通常由法院判决儿童安全部门负责照顾上述与父母分开的儿童，负责照顾儿童的一般是社会工作者，他们的工作是与孩子保持联系。

家庭寄养（Foster Care）：大部分孩子生活在寄养家庭，寄养家庭一般有一个或两个家长，他们自己的孩子可能也住在一起，或者他们自己的孩子离家出走也可能没有孩子。寄养家庭的资格标准是寄养人愿意学习、真正关爱儿童。寄养人可能有各种不同的背景，对寄养人的评估主要是评估他们的生活经验，一些寄养人可能自己在儿童或成人阶段曾经受到伤害，还有一些人的成长经历非常的幸福。需要多元化的为人父母之技能，因此寄养人应该能够与正常的家庭沟通和共处。在寄养评估过程中，不仅仅考虑父母的需求，同时还应考虑孩子的需求。寄养人不仅仅需要照顾孩子，还应该与政府以及非政府机构的工作人员，以及正常家庭打交道。他们并非是拿薪水的雇员，而是志愿者，不享受任何假期的福利，但却要求有很强的职业性，每周寄养人享有按照每个孩子150澳元的经济补偿，主要的医疗费用由州政府承担，但是从州政府获得经济补助的程序异常繁杂，因此一般小的医疗开支寄养人一般自己垫付。上述孩子的监护权在州政府，也可以由寄养人承担，但是被监管的孩子之监护权则属于州政府。对孩子寄养之决定主要由地方法官根据1999年儿童保护法案作出，程序通常也很复杂。上述儿童在寄养家庭生活的时间长短不一，短至一天、几周，长至数月或数年。经过寄养之后，首要的目标仍然是希望寄养的孩子能够回归自己的家庭，如果上述目标不能实现，则希望能够回到与之有血缘关系的家庭，至少应该回到了解孩子的家庭，如朋友的家庭中。

家居看护：在昆士兰，家居看护需要相应的执照，每年都会有外籍评委进行相关的文件检查，他们与孩子以及孩子的家庭交流，评估他们照顾孩子的状况，居所的情况。根据一定的标准对他们的设施和服务进行级别评定，评委还会具体指出需要改善的地方。

虽然对首都堪培拉以及昆士兰州儿童救助体系和法律规定的个案介绍，不能完全展示澳大利亚的流浪儿童预防及救助体系，但是如前所述，虽然各州和地方政府流浪救助制度具体内容不同，但是他们遵循着的一些共同原则，如儿童参与的原则、儿童救助的长期性原则以及不同层级政府之间，政府组织与非政府组织之间的协调原则、全社会参加的系统救助原则对于解决中国流浪儿童问题有重要的借鉴意义。

第十一章 美国社会街头儿童状况及法律保护措施

街头儿童的概念一般是指那些无家可归在街头流浪的儿童或青少年,特别是指那些没有父母或其他成年人照顾的儿童及青少年。学术界关于街头儿童的定义也是名目繁多,各有其解。联合国儿童基金会的救助儿童项目将街头儿童大致分为两组:第一组是指那些在街头从事经济活动的儿童,例如乞讨或叫卖小贩。他们多为白天在街头流浪、工作,晚间回家将他们一天的工作收获带回家中以填补家中的经济和钱财不足。虽然这类街头儿童似有家可归,但许多这类儿童终究可能会因家中的极度贫困而最终成为彻底的无家可归的街头儿童。第二组街头儿童指那些百分之百时间流浪住宿街头的儿童,虽然有些儿童与青少年偶尔或定期的可能与父母或监护人保持联系,他们是属于那种纯粹的无家可归的流浪儿童与青少年。①

根据联合国的资料统计估计,全世界大约有 1 亿—1.5 亿的儿童及青少年流浪街头无家可归,无人照管。他们风餐露宿,衣食无保。由于他们年幼,缺少自我保护能力,他们也经常成为被欺负、暴力伤害、性侵犯、剥削及虐待和社会歧视的对象。②

美国的街头儿童与青少年主要是指无家可归儿童。因为美国实行幼稚园至十二年级高中强制性义务教育。青少年基本上不可能白天在外从事销售,叫卖,修理制作等工作。如果学龄儿童与青少年在学校上课期间(周一至周五上午八点至下午三点之间)在街头或公共场所闲逛滞留,警察看到后会立即拘留他们,并传讯家长或监护人接收孩子回家并在少年法庭立案审理此未成年人逃学行为的原因与处罚。③ 因此要想在美国成为街头流浪儿童也并不是容易的事。从美国社会服务的角度来讲,街头儿童与青少年主要包括以下两种:

---

① http:/www. Unicef. org/evaldatabase/files/ZAM _ 01 _ 009. PDF, p. 7。

② http:/en. wikipedia. org/wiki/street _ children。

③ Andreana Reeves,美国被遗忘的儿童,2003. www. Stanford. edu/group/nightoutreach。

第一种为无家可归青少年。1987 年美国国会通过了斯提渥特·麦肯尼提议的无家可归公民的援助法案。此项法案定义无家可归公民为:(1)那些缺乏固定、正常和充足的晚间可居住的住所的人;或(2)住在收容所,临时设施(不包括监狱等设施),或那些留宿于那些建于不是为人留宿休息睡觉为目的的设施场所。① 这部分人成为无家可归者并非出于个人的选择,而是由于种种个人、家庭或社会的因素被迫而流落街头,比如被父母遗弃,父母离异,任何一方却不愿或无能收留的青少年,父母被判刑入狱,父母双亡,等等。贫困是使青少年无家可归的主要原因之一。特别是父母由于失业或久病不能工作的家庭,全家就可能成为无家可归一贫如洗的流浪家庭。

第二种无家可归的儿童与青少年指那些自我选择离家出走而成为流浪街头的人群,这些孩子多因不堪父母或监护人的暴力虐待而出逃,或因不良行为遭受父母批评指责甚至惩罚而出走,或因吸毒不能抑制毒瘾而被赶出家门。这些自我选择性的无家可归青少年多有犯罪记录或不良行为前科。根据美国青少年犯罪与保护法,未成年人离家出走本身既可定义为青少年"身份犯罪"之一。②

根据最近美国警方公布的少年犯罪记录,在 2002 年间警方共拘留 90349 名离家出走的青少年犯。其中 1126 人是 10 岁以下的(见表 11—1)。其中 13—16 岁青少年占 79.7%的比例。另外一项与街头流浪儿童相关的犯罪统计是街头流浪(见表 11—2)。与离家出走少年相比街头流浪少年主要是集中于 16—17 岁的大龄青少年。

表 11—1　因离家出走被警方拘留的未成年人年龄分布(2002 年)

犯罪	10 岁以下	10—12 岁	13—14 岁	15 岁	16 岁	17 岁	18 岁以下总共
离家出走	1124	5470	26556	22721	22896	11580	90349
比例(%)	1.2%	6.1%	29.3%	25.1%	25.3%	12.8%	100%

---

① James H. stong, "The Education of Homeless Children and Youth in the United States: A progress Report" in Roselyn Arlin Mickelson ed. *Chlidren on the streets of the America*. New York: Routhledge, p. 67.

② Joseph B. Sanborn Jr. and Anthony W. Salerno: *The Juvenile Justice System*, 2005, Los Angelse, CA: Roxbun/Publishing. 青少年身份犯罪指那些只有是未成年人从事才定义为违法犯罪的行为。比如逃学、离家出走、禁令违章、非合法年龄饮酒等。

表 11—2 因流浪街头被警方拘留的未成年人的年龄分布(2002)

犯罪	10 岁以下	10—12 岁	13—14 岁	15 岁	16 岁	17 岁	18 岁以下总共
街头流浪	10	62	330	297	369	451	1519
百分比(%)	0.65%	4.1%	21.7%	19.6%	24.3%	29.7%	100%

一、美国街头儿童的概况

贫困及无家可归在美国这一世界上屈指可数的工业现代化及经济实力雄厚及富有的国家来说是件非常令人烦恼及窘迫的事。然而更令人沮丧和悲哀的是很大一部分的无家可归的人群当中是儿童和青少年,据统计每四个无家可归的人当中就有一个是儿童或不满十八岁的未成年人。据美国全国无家可归者联盟会统计估算,美国大约有 300 万无家可归的人。在一年中的任何一天里,都有至少 76 万人属于无家可归。① 至于有多少无家可归的儿童与未成年人,联邦政府没有具体的数字统计。据美国教育部 1998 年的统计,大致有 27 万多学龄儿童无家可归。1999 年美国教育统计表明有 63 万多未满 18 岁的人属于无家可归。② 美国教育部的统计不包括学龄前的儿童也不包括乡村人口中无家可归的人群。虽然公众普遍认为无家可归仅仅是大都市的社会现象,其实乡村人口中的无家可归人比例要比都市高。比如乡村人口中女性单身并有孩子的人口比例是都市的二倍。③ 据美国全国 1997 年调查揭露,25% 的美国无家可归人口是有儿童或未成年人的家庭。另有 4% 的无家可归人口是没有成年人陪同的青少年。④ 3/4 的无家可归人口是有孩子的未婚女性为主的家庭。儿童与妇女更容易成为无家可归的人。⑤

虽然美国大众传播媒体给公众印象中的无家可归的人都是老年人,但据美国儿童及贫困研究所资料报告,美国无家可归人口的平均年龄仅为 9 岁。⑥

---

① 参见 Naxcual Coalitian for the Homeless: Homeless in America: A summanry. ,1990, Washington, D. C: Author。

② 参见 U. S. Department of Education: Report to the congress for the stewart B. Mckinnney Homeless Assistance Act. ,1999, Washington, DC。

③ 参见 Bassuk, E. and L. Rosenberg: "why does Family Homeless Ocar?" *American Journal of Public Health*. ,1988, pp. 783—788。

④ 参见《儿童少年卖淫》, www. gvnet. com/child prostution /USA. htm。

⑤ 参见《贩卖人口卖淫出现于美国国内》, www. gvnet. com/child prostution /USA. htm。

⑥ 参见《美国司法、联邦调查局公布逮捕少年卖淫有组织犯罪团伙》, www. gvnet. com/child prostution/USA. htm。

虽然媒体大量报道美国校园枪击暴力事件，但却很少报道美国每天平均有至少13名儿童及青少年死于街头。① 特别是那些流落街头的青少年，因为他们不愿被强制送回家庭，他们更是想方设法不让媒体及官方发现他们。这些青少年或者可能来自极贫困家庭，或来自严重暴力虐待家庭。据家庭改善基金会报道，90%的流落街头青少年都来自于暴力虐待或性虐待家庭。被暴力及性虐待是他们选择离家出走，流落街头的主要原因之一。② 然而离家出走，流落街头虽然使他们能从被虐待的家庭环境中逃脱出来，浪迹街头又常常使他们步入更悲惨的境地。他们出去要奔波寻找可以赖以充饥的食物及晚间可以栖身的住所之地，他们还常常躲避警察的骚扰和街头地痞的要挟，以及被其他的成年人暴力殴打及强奸。据研究报道，60%的街头流浪青少年都曾有被强奸及遭受性暴力攻击的经历。

许多离家出走的青少年以为从父母或监护人的管制下解放出来成为一个100%的自由人是一种梦寐以求的浪漫人生，他们常常以为浪迹街头，卖唱乞讨就是能维持他们生活的所需，浪迹街头，走街串巷又能使他们既可免去学校功课的压力又可广交朋友，过着一种潇洒浪漫的街头骑士生活。然而，现实却是常常缺少仁慈甚至残酷无情的。根据全国离家出走少年热线电话援助中心的统计，75%以上的离家出走青少年都会或迟或早地参与盗窃、吸毒及为色情出卖身体。每三个街头流浪少年中就会有一人在离家出走的48小时之内被各种各样的人用各种各样的手段引诱他们卖淫而最终成为未成年职业妓女妓男。这些青少年便从此以此为生用自己年轻未完全发育的身体及人格甚至生命去挣取那一点点微薄的收入。这些青少年也会使自己陷于传染上性病及艾滋病的危险当中。为了能减轻或忘掉每日生活在痛苦、悲哀及恐惧当中，许多流浪少年用那一点点微薄的收入去购买毒品及烈酒以麻醉自己，这样他们才不会被他们的悲惨生活及可怕的痛苦折磨得夜夜不眠。更令这种悲惨人生雪上加霜的是，许多街头的地痞流氓及无赖也看中了这些离家出走的青少年，把他们当作猎取剥削的对象，美国卖淫业及性工作者调查也显示，少年性工作者比成年妓女妓男更容易被拉皮条客控制。更容易被黑社会人贩子及皮条客利用以攫取利润。特别是这些离家出走的青少年不会有成年人的呼吁、监护和保护。无论多可怕悲惨的命运降落在他们的身上，他们都是社会中最无助无声的一群受害者。人贩子及皮条客常常用三种手段来控制这些被迫卖淫的街头流浪青少年：一是用暴力威胁，如果他们不听话，稍有反抗之意，皮条客就会让淫客用暴力手段强奸甚至轮奸殴打被害人；二是用中断提供毒品来威胁。

① 参见《离家出走及少年卖淫者》，www. gvnet. com/child prostution /USA. htm。

② 参见《专题报告摘要》，www. gvnet. com/child prostution /USA. htm。

大多数被黑社会人贩子及皮条客控制的青少年都依赖毒品麻醉自己而能在悲惨及痛苦中每天每日地活下去。失去毒品，他们的出路就是或者痛苦而死或者自杀以结束令人无法忍受的凌辱和痛苦；三是威胁将受害青少年从地盘上赶出去让他（她）失去唯一在街头的栖身之地。人贩子及皮条客多设立定额要求每个在他控制下的青少年受害人做到每天500—1800美元不等的生意。每和一个客人卖淫，他们可赚到50—150美元不等。除去上交的定额外的收入才是这些流浪儿童少年的收入。完不成定额就可能挨打、受骂、饿饭或中断提供毒品以示惩罚。选择离家出走并被迫卖淫常常使这些街头少年走上了一条不归之路。他们很惧怕被遣送回家。因为他们很清楚地知道，他们选择出走及出走后的遭遇会使他们的父母及家庭蒙羞，也常常为家人和社区所不容。

美国中央情报局资料报告指出，美国每年大约有5万多妇女、儿童被贩运被逼迫卖淫。联合国报告指出卖淫者人数大约在24万—32万之间，仅次于印度的40万卖淫者而屈居世界第二。那些被人贩子初次引诱参与卖淫少年的平均年龄仅为13岁。虽然大多数街头卖淫少年多出生于贫困家庭或来自都市贫民窟，出生于中产阶级及富有家庭的街头卖淫青少年也有逐年增加的趋势。

更令人啼笑皆非的是，这些卖淫的街头青少年比控制剥削他们的人贩子及皮条客更容易被警察逮捕。美国50个州都有法律规定，未成年人（14—16岁之间）卖淫为违法犯罪行为，如果被少年法庭起诉，未成年人将被判刑监禁。而法律也规定对人贩子及皮条客，至少要有一个证人（受害人）愿意出庭作证。否则贩卖人口及迫人卖淫者就很难被判刑关押。然而在现实中99%被逮捕扣压的卖淫少年都拒绝为警方及检察院的迫人卖淫案件出庭作证。

至于如何帮助这些被迫离家出走或被遗弃的街头少年儿童，是一项艰巨而复杂的挑战性任务。特别是帮助那些被迫卖淫少年走出他们悲惨的痛苦生活更不是件容易的事。美国联邦调查局刑侦局主任助理理克瑞斯·斯威克尔曾指出解救街头卖淫少年出苦海是一件面临无穷无尽困难的任务，除去要帮助这些少年安置基本的安全住所、学校、生活补贴外，还要为他们提供戒毒治疗、医疗检查与治疗及心理精神咨询。因为他们在出走流落街头之前大多已有被暴力虐待及强奸的悲惨经历，因此政府不可能将他们再送回他们的家庭，因此这些少年还需要政府及社工人员帮助训练他们直到他们能完全独立生活为止。也有很多被解救的街头少年成为政府永远需要负担照顾抚养的对象。

二、救助街头流浪儿童的政策及实施

（一）立法救助街头儿童

2003年4月，美国国会就保护儿童及未成年人，及严惩迫害儿童少年的罪犯通过了《以诉及其他措施为手段终止对儿童剥削迫害的新法令》。根据新立法，联邦及州立法院都相应采取措施通过立法手段重新定义对儿童的盘剥及迫害而加大起诉及惩罚的力度。

美国通过立法救助被虐待、遗弃、流浪和犯罪少年儿童起源于1935年的社会安全法，此项立法要求联邦及地方政府提供有限的儿童福利资金以救助那些无家可归，被遗弃、虐待和处于可能成为少年罪犯的儿童与少年。1962年联邦立法两院再次完善建立救助福利制度的法令。新法令规定儿童福利制度主要是为四项目标而设立的政府服务职能机构。

第一，要对可能造成虐待、遗弃、忽略或少年犯罪的危险及问题家庭提供预防及援助措施。

第二，要为那些被忽视、遗弃、剥削、虐待和犯罪的儿童少年提供保护及照顾。

第三，要为那些有工作的母亲的孩子们提供应有的保护及鼓励措施。

第四，要为儿童提供保护及应有的福利，包括那些不在自己家庭里生活的儿童，比如由寄养家庭暂时监护照顾的儿童，由幼儿园照顾的儿童，等等。

因大量的案件及社会工作人员的研究都指出家长或监护人对少年儿童的遗弃和虐待，特别是暴力及性虐待是造成儿童离家出走的重要原因之一，美国保护儿童立法重点打击和监督社会中对儿童的虐待。同年，四个全国性组织：美国儿童福利局、美国人道主义协会、美国医生协会、州政府联席会共同起草《强制性报告被虐待儿童案》的法令。1963年十个州立法院率先立法，至1967年全美50个州都通过了此项立法。立法要求公民有责任报告可疑的虐待儿童案。特别是那些照顾和教育儿童的职业人员，比如幼稚园老师、医生护士、学校老师及保姆等等。

由于此项法律的生效，公众也因此有机会了解到底美国的虐待儿童问题有多严重，都涉及哪些家庭。1974年有约6万件虐待儿童案被有关人员报告给警方，1980年被告案件上升到100万，1990年增加到200万，到2000年，报告的案件增长至300万。

1974年，美国国会通过了《预防和处理虐待儿童案》的法令。要求社工人员定期访问，监督和评估那些有虐待和忽略历史的家庭以便保证虐待儿童事件不再发生。后来国会也对如何对待印第安家庭被虐待儿童和将少数民族裔儿童安置在白人及族裔交叉安置的实践作出了法律限制。1997年,国会对哪些家庭适合儿童和如何审理儿童领养申请程序以保护被领养儿童安全作出了法律明文规定。①

为特别保护、收容及预防少年儿童离家出走,1974年国会通过《青少年司法与犯罪法案》时就已包括了"离家出走无家可归少年法定。"②这一法令详细规定了政府与社区组织及整个社会对离家出走的救助系统与措施。

在20世纪80、90年代,美国联邦及各州都建立救助流浪少年儿童的社会政府联席制度。在全国,走失及被剥削儿童全国中心建立了数据库及电脑网络追踪那些由家长报失的少年儿童。在全国范围内,免费24小时热线电话为离家出走少年儿童提供心理咨询及提供少年儿童庇护所的信息及服务。这一热线电话号码发放于中心小学生当中,也发放给少年儿童工作者,比如学校老师,社会工作者等等。③

2003年4月,美国国会通过《以起诉及其他手段结束对儿童盘剥犯罪行为法案》,以加大对盘剥虐待儿童的打击力度。

(二)建立预防及救援街头流浪少年儿童的具体项目

1. 安伯尔预警系统(AMBER Alert Program)

安伯尔预警系统起源1996年得克萨斯州阿灵顿市一名九岁女童,名叫安伯尔·黑格尔门,在家附近骑自行车时被绑架杀害事件。事件发生后,让当地居民都感到震惊同时也引起人们对安伯尔被绑架丢失的几小时之内警方不能有效救援的问题感到不满,民众纷纷要求当地广播电台能在家长报失的第一小时内能发出预警通知全社会全民能帮助寻找,截获绑架犯。很快达拉斯福德·沃兹地区广播电台主持人协会决定与当地警方联手建立安伯尔预警系统,即通过广播电台告知全市居民被绑架或被报失儿童的紧急寻找信息。安伯尔预警系统名称是为纪念被绑架杀害的安伯尔·黑格尔门的名字而建立的美国遗失儿童紧急广播通报系统的英文缩写(America's Missing: Broadcast Emergency Response)。

2002年10月在美国白宫第一次"遗失,被剥削及离家出走少年儿童"会议上,布什总统责成美国最高检察长,由美国司法部领导统筹建立全国性安伯尔预警系统。自从1996年得克萨斯州建立第一个安伯尔有线广播预警系统以来,共有265名儿童被及时发现救助。其中88%的被救助儿童都是在全国

① 参见约翰·麦尔:《美国的儿童保护》,牛津大学出版社2006年版,第86页。

② 参见马克·波斯耐尔:《饥饿的心:美国的离家出走与无家可归的少年》,茹特莱出版社2000年版,第247页。

③ 参见《美国流浪儿童的被虐待、被剥削状况》,www. gvnet. com/street childldren /USA. htm。

安伯尔系统建立以后被成功救助的。在2001年年底,只有4个全州范围内的安伯尔预警系统。到2006年全美50州都建立此预警系统并与全国系统联网。

美国司法部与全国丢失及被剥削儿童全国中心合作(National Center for Missing and Exploited Children,NCMEC)建立第二安伯尔预警系统。第二安伯尔预警系统主要是通过无线广播,电子网络系统广播丢失儿童信息。2006年美国邮局也以发行安伯尔预警系统邮票而参与全国安伯尔联网活动。美司法部同时也建立全美高速公路系统的安伯尔预警广播系统。利用高速路上的电子显示牌及时向高速路上的驾车人发出广播预警。①

2. 建立社会经济资源标图定位系统(SMART-Socioeconomic Mapping and Resource Topography Syotem)

建立社会经济资源标图定位系统,也称标志系统。此系统是运用地理信息系统(GIS)和电子网络地理标图定位技术来确认(1)青少年犯罪的地理位置;(2)就近的政府地区预防控制青少年犯罪的人及社区资源。此信息系统有利于联邦、州及地方政府及时调动,调配资源,比如社会经济状况、人口分布、健康、房屋犯罪及死亡率等信息来有效地控制和减少犯罪,预防少年儿童离家出走。

自2005年建立标志系统以来,联邦少年司法工作人员也迅速确认联邦资助的少年司法项目的分布及覆盖面及社区现有服务设施而快速决策是否需要其他服务项目与设施。地方警察也可利用此系统来尽快了解犯罪集中社区与当地居民的社会经济状况的联系,从而及时确认犯罪集中的热点地区。也可帮助他们寻找确认出走儿童常聚集地点。公众也可利用此系统确认这一社区的社会经济、治安人口及健康指标而决定是否入住或在此区投资投产。②

3. 社区对街头流浪儿童的援助项目

以上两项对策对那些家长报失的少年儿童的寻找和救助是有效的,但对那些被赶出家门或遗弃的少年儿童就没什么用处。因此社区建立了许多伸出援助之手的项目。比如加州圣地亚哥市的捍卫儿童组织是专门为寻找街头儿童而建立的非官方社区组织,他们的工作人员及义工不光是积极寻找那些需要有临时住所的少年儿童,同时也提供服务给那些:(1)因各种原因必须继续流落街头;(2)那些暂时没有想好去接受比较稳定的服务援助;(3)那些惧怕去收容所;(4)和那些有警方记录或惧怕被关押;(5)及那些害怕被遣送回家

---

① 参见美国司法部:《全美安伯尔广播预警系统的进度报告》,2003年5月。

② 参见美国司法部少年司法与犯罪预防办公室:《标智系统更聪明使用现有资源》,2007年5/6月通讯。

的少年儿童。①

旧金山的拉肯街青年服务中心每年服务于4000多名流落街头的青少年，社工及义工人员经常走访那些流浪街头青少年聚集的街头巷尾、楼角桥下，送去食品、药品及寻求救援庇护所的电话号码、信息。鉴于许多流浪儿童少年兼有吸毒和使用毒品的问题，义工人员也赠送干净注射针头以防止和减少海洛因使用者之间因共用针头注射而引起的艾滋病传播。对于街头少年中的卖淫问题，义工人员也免费赠送避孕套并发放如何使用避孕套以减少被感染性病及艾滋病的机会的说明材料。②

2007年3月美国总统责成司法部总检察长办公室建立全国打击以强迫卖淫为目的的跨州拐卖未成年人的犯罪活动资料库，这一资料库全面收集各州及联邦起诉、立案侦查、起诉以及判刑拐卖未成年人卖淫的综合资料以加大打击力度。这一措施也为追踪、预防和保护未成年人，特别是那些离家出走或流浪街头的儿童青少年提供了进一步保护、监护和追踪、解救保证。

虽然美国常常被人们称作儿童的天堂，它也确实有着世界上令人羡慕的各种各样保护儿童福利的政策、立法及大大小小的儿童保护工作机构与项目。但如同其他工业化及发展国家一样，政府、社区、家庭每年仍要花费巨额费用去追踪、寻找和援助那些流浪街头的少年儿童，以最大限度地减少社会不良因素对这些少年的人为伤害，使他们能回归社会主流，度过青春期危机，脱离暴力虐待家庭，能够有一个健康、发展的未来。

---

① 参见《捍卫儿童组织：街头援助》，http://www. standupforkids. org/streetoutrerch. htm。

② 参见《美国流浪儿童的被虐待、被剥削状况》，www. gvnet. com/street children/USA. htm。

第十二章　日本的儿童养护问题及其对策

到过日本的人都会发现，在城市的街头，虽然偶尔会看到几个肮脏不堪的成年流浪者，但绝对看不到流浪儿童的身影。从表面看，日本似乎没有流浪儿童。但是，这并不说明日本不存在儿童问题。实际上，在历史上，流浪儿童问题也一度成为重大的社会问题。并且，即使在当今的日本，有关儿童养护也是问题重重，不容忽视，尤其是虐待儿童问题。在家庭中儿童遭受虐待的现象愈演愈烈，与此同时，儿童因受虐致死的案件也屡有发生。但是，即便如此，却没有儿童流出家庭。之所以能杜绝流浪儿童现象，是因为日本政府充分认识儿童养护问题，制定一系列相关的法律与制度，设置相关的专门机构，动员全社会的力量，有效地进行预防与救助，保护儿童的权利与利益，从而保障儿童走向自立。因此，从单纯的收容保护走向社会性养护体系的日本经验，必然可以给迫切需要解决此类问题的我国一些启示。由于日本的流浪儿童问题不具连贯性，因此为使论述更有条理，先就第二次世界大战后日本的流浪儿童问题及其对策进行说明，再论述现代日本的儿童养护问题及其理念与实践，最后分析其中所存在的问题并提出对策。

一、第二次世界大战后的日本流浪儿童现象以及对策

（一）第二次世界大战后流浪儿童问题

第二次世界大战后流浪儿童大量出现的主要原因是，家庭环境的崩溃与生活混乱的问题。① 第二次世界大战结束后的数年间，日本的社会与经济陷入混乱状态。无论是城市还是农村，因战争与空袭变得千疮百孔，民不聊生。国民的衣食住都极端匮乏。就连本来是作为家畜饲料的豆饼以及路旁的杂草，也作为食物，成了人们争夺的对象。

在这样的生活危机中，儿童首当其冲，成为最直接的受害人。家园被烧

---

① 参见[日]内阁府编：《青少年白皮书 2001 年版》，财务省印刷局 2001 年版。

毁、失去了父母的战争孤儿、撤退孤儿、战亡军人的孤儿等，都处在极端严酷的状态。他们卖报、贩卖黑市香烟、乞讨、行窃、偷盗、抢劫，为了生存无所不为。甚至还有人被迫在黑市为黑社会组织的暴力团做工。这就是当时的少年犯罪呈现出“生存型”与“生活型”特征的原因所在，主要表现为盗窃案件多发。① 据推测，当时全国需要紧急保护的孤儿，约有12700人。② 在儿童陷入危机的状态下，儿童保护对策成为最紧急的政策性课题。

（二）应急的解决对策

第二次世界大战后日本的儿童福利，首先作为战后处理的一环，始于战灾孤儿、流浪儿童对策。③ 1945年9月，政府在副部长会议上，确定“战灾孤儿等保护对策纲要”，其中对策之一就是由设施进行收容保护。同年12月，内阁会议确定“生活贫困者紧急生活救护纲要”。1946年4月，发布厚生省社会局长通令“关于实施流浪儿童及其他儿童保护等的应急措施”。该通令要求采取，(1)发现与收容流浪儿童等；(2)设置儿童保护咨询所；(3)进行流浪儿童的总账记录及保护指导等各种措施。同年9月，因为“衣食住等社会生活窘迫，受战后激变社会状况影响，战灾孤儿、撤退孤儿及其他丧失家庭生活环境的儿童等流浪在街头，需要紧急对策”，厚生省副部长发布通令“主要地区（东京横滨、京都大阪神户、名古屋、北九州）流浪儿童等保护纲要”。鼓励在流浪儿童特别集中的地区同时发现流浪儿童，将其作为“流浪者”送至“临时保护所”，进行“检疫、防疫、医疗、卫生（洗澡、理发等）处置”，与此同时发放衣服以及食品，在此基础上进行有关身世调查与生活咨询。年幼的被送至“儿童鉴别所”。

当时统治日本的联合国军总司令部（GHQ）非常重视占领业绩，通过GHQ的指导，日本政府加大对这些儿童进行搜捕的力度，然而流浪儿童虽因每月二、三次的定期统一保护而被收容，但实际上其中大部分还是很快逃亡。另外，在儿童福利法制定后的1948年9月，“在战争结束三年后的今天，街头的流浪儿童还不能绝迹，真是非常遗憾的事情。因此为了使这些儿童能回归健康正常的生活，同时根除促使儿童流浪的社会原因”，内阁发布“流浪儿童根绝紧急对策纲要”，加强取缔流浪儿童。④

---

① 详细参见尹琳：《日本少年法研究》，中国公安大学出版社2005年版，第64页。

② 参见儿童福利法研究会编：《需保护儿童数调（儿童局养护科）——1947年6月30日》，载《儿童福利法成立资料集成（上卷）》，Domes社1978年版，第851页。

③ 参见［日］许斐有：《儿童的权利与儿童福利法——社会性育儿体制的思考》，信山社1996年版，第15页。

④ 参见［日］儿童福利法研究会编：《儿童福利法成立资料集成》（上卷），Domes社1978年版，第353页。

上述儿童对策，并没有超出针对需保护儿童的应急措施的范围，即这只不过是伴随着所谓"诱捕流浪儿童"的强制性措施采取的一种治安对策而已。① 因此，日本学者认为，政府的这些措施使儿童问题没有得到根本解决，致使问题残留于后世的原因所在。②

（三）儿童福利法的制定与对流浪儿童的保护

1. 儿童福利法的特色

1947 年，日本制定儿童福利法。在国会上，儿童福利法的提案理由中具体涉及流浪儿童问题。"就我国目前的情势而言，从战时延续至战后的社会混乱，重重压迫没有任何罪孽的儿童，战灾孤儿、撤退孤儿、流浪儿童等大量增多，并且一般青少年在恶劣的环境下也明显呈现不良化。这种状况非常值得忧虑。……为了增进全体儿童的福利，需要综合性的法律制度，并且为了使日本作为未来的民主主义文化国家，迈出强有力的一步，我们痛感大力解决儿童福利问题的必要性。"③

儿童福利法作为针对儿童制定的最初单独立法，主要特色有两点。其一，其理念对象不只限于问题表面化的流浪儿童等，而且通过使用"健康成长"一词，将未满 18 周岁的儿童全部囊括其中。即该法第 1 条规定，全体国民，都必须致力于儿童身心健康出生、成长；所有儿童的生活都必须平等地受到保障与爱护。其二，改变一直以来的以家长制为中心的养育观，认为国家以及地方政府，与儿童的保护人共同负有使儿童健康成长的责任（第 2 条）。

2. 儿童福利法下的流浪儿童保护措施

除上述理念外，在儿童福利的实务方面，儿童福利法规定，新设"儿童审议会"、"儿童咨询所"、"儿童福利司"以及儿童福利设施、费用等事项。并且 1948 年，儿童福利设施最低基准以厚生省省令的形式颁布，规定属于儿童福利法中心的儿童福利设施的运营基准与服务内容等。

实际上，日本的儿童福利法并没有具体使用流浪儿童一词，取而代之的是"需养护儿童"。所谓需养护儿童，是指没有保护人（乳儿除外）或者认为不适合由保护人进行监护的儿童（即被虐待的儿童等）（第 25 条）。无论何人，只有发现需养护儿童存在，都必须通过福利事务所或者儿童咨询所或者儿童委员，向福利事务所或者儿童咨询所通告（第 25 条）。对于这样的需养护儿童，

---

① 参见［日］赤羽忠之：《思考非行与教育》，北树出版社 1984 年版，第 27 页。

② 参见［日］许斐有：《儿童的权利与儿童福利法——社会性育儿体制的思考》，信山社 1996 年版，第 17 页。

③ ［日］田泽明美等：《新儿童福祉论》（改订版），法律文化社 2006 年版，第 41 页。

由儿童养护设施收容,进行养育保护,并支援其自立(第41条)。① 也就是说,生活在儿童养护设施内的人,都是无法在原有的家庭生活环境下生活的儿童。

3. 儿童养护设施

在儿童福利法制定以前,儿童养护设施被称为“孤儿院”。其对象不仅包括孤儿,还包含“没有保护人的儿童、被虐待的儿童及其他在环境上需要养护的儿童”。在全国约有550家,除公立的66家外,其余均为民间社会福利法人与宗教法人设置的私立设施。设施规模不一,但规模大的占多数。流浪儿童生活在儿童养护设施里,接受养育与保护。

就这样,通过儿童福利法以及儿童福利设施最低基准的制定与实施,儿童咨询所等相关机构各自发挥作用,多方面处理流浪儿童问题,利用儿童养护设施保护流浪儿童,从而解决了第二次世界大战后严重的流浪儿童问题。

二、日本的儿童养护问题的现状

父母是养育儿童的第一责任人,这是不容置疑的。但是,在任何时代,儿童的养护都不只是靠家庭来完成的。迄今为止,除父母以外的亲族、近邻、设施与机构等齐心协力,支持着儿童的养护工作。但是随着城市化、工业化的发展,家庭小型化,地域关系淡薄,支援儿童养育的设施与机构不健全等原因,儿童养育完全集中在父母身上。在地域的养育机能低下之中,家庭面临危机,无法有效应对时,很多时候就会发生养育上的问题。这种养育上的问题,就是养护问题。②

儿童养护问题,与社会经济状况密切相关,其内容随时代变化而变化。在战后儿童福利法制定时的养护问题中,因战争失去父母和家园即所谓的战灾孤儿与流浪儿童问题占主要地位。20世纪50年代中期开始,日本进入经济高度增长期,产业结构发生变化,带来人口城市化与核式家庭化,从而导致养护机能下降。其结果是,在今天的城市里,养护问题非常普遍化。③

① 1947年制定的《儿童福利法》只规定了儿童养护设施对需养护儿童进行养护的内容,1997年修改后的《儿童福利法》增加了支援儿童自立的内容。根据2004年修改的《儿童福利法》,针对需养护儿童的社会性养护,除设施收容养护外,还可以利用收养的形式,进行家庭式养护。相关内容将在本书的第三章阐述。

② 参见[日]田泽明美等:《新儿童福祉论》(改订版),法律文化社2006年版,第76页。

③ 在日本,有关儿童养护问题包括很多种方面(如儿童福利、教育、少年犯罪、青少年的成长发育等),但此处既然是针对流浪儿童而论,所以主要限于儿童贫困、单亲家庭、青少年无家可归者以及儿童虐待等有可能导致儿童流出家庭的方面进行阐述。

（一）儿童贫困

儿童贫困不但包括儿童本身，而且对于其今后人生生存中的身体、情绪、社会、文化、经济等各种条件的基础构建有很大的影响，这就需要讨论包括高龄期在内的儿童的全部生活过程。同时，对于儿童而言，在现实中，如果生活的基本部分不依赖大人，就很难维持生存与生活，因此不得不受父母等监护人的生活、经济、文化、情绪等条件所限制。在《没有父母的孩子》中，针对“社会事业代替父母进行养育的对象儿童”的内容，大致分五类。即遗弃儿、迷失儿童、流浪儿童、遗孤、贫困儿童。贫困儿童自古就被认为是慈善事业与社会事业的象征性救济对象。①

在养护设施生活的需养护儿童的背后，贫困问题根深蒂固。贫困问题可分为经济上的贫困与精神上的贫困。从前者来看，多数父母学历低，因为经常改行辞职等处于不安定的就业状态，多属于生活保护家庭、非征税对象家庭以及低收入家庭，父母双方多从事单纯体力劳动、服务行业等。就后者而言，家庭中的协助关系与爱情关系淡薄，家庭机能显著低下，很多家庭甚至连基本的生活状态都无法形成。在家庭关系不和、有犯罪、赌博、酒精中毒等恶习的父母身边生活，多数儿童无法获得基本生活习惯，也是低学历。在很多情况下，经济上、精神上的贫困是世代相继的，所以从社会的角度切断其循环尤为重要，这是养护实践所要追求的机能。②

（二）单亲家庭的儿童养护问题

“男主外，女主内”，以性别作用为基础的分工是日本的基本社会体系。在这样的体系下，“父亲不在（母子家庭）”与“母亲不在（父子家庭）”的家庭状态，都会给儿童的成长与生活，带来各种各样的影响。尤其是在以经济高度增长期为界限，产业结构的飞速变化与家庭、地域社会的变化中，这种单亲家庭，在量与质两方面，都作为社会性存在所认识。因此，人们认识到，与健全家庭相比，无论是社会性还是经济性，单亲家庭都需要得到更多的社会性支援。从经济收入水平看，母子家庭的年均收入为212万日元，约占一般健全家庭年均收入589.3万日元的36%。父子家庭的年均收入为390万日元，虽比母子家庭略高，但与一般健全家庭相比，仍属较低水平。

从近二十年儿童养护设施入所理由看养护问题，可以发现入所理由呈多样化趋势。大部分儿童是父母中有一方存在，但却无法受到适当的养育。每年度“父母下落不明”都作为理由被列举，以母亲下落不明者居多。另外，“母亲死亡”、“母亲被拘禁”、“母亲住院”的情况比父亲多，可以理解父子家庭在

---

① 参见［日］田泽明美等：《新儿童福祉论》（改订版），法律文化社2006年版，第108页。

② 参见上书，第78页。

地域生活的困难状况。1992年度,父母的就业作为极端增加的理由被列举。①

以儿童养护设施入所的比率为例,看单亲家庭的问题时,依然是单亲家庭的儿童占很高比率。根据东京都社会福利协议会儿童分会的调查,20世纪90年代,入所儿童中,出生于“父子家庭”的占33.6%,“母子家庭”的占31.0%,在东京都内儿童养护设施生活的儿童约65%出于单亲家庭。②

作为理解和把握单亲家庭中儿童护理问题的视点的前提,不仅有家庭收入上的贫困问题,或者并不是仅起因于收入贫困,还要认识到单亲家庭中常见的儿童期的特征与儿童养育的问题,性别歧视问题,社会性不利等其他要素。

(三)无家可归者问题与儿童青少年

日本,很少从正面提及关于青少年无家可归者的课题。但是,义务教育过程中的“被淘汰者”,即使毕业却不就职的年轻人、自由劳动者、不定期回家的年轻人、偶尔离家出走者、就职困难与失业的年轻人等要因,如果默认、放任这种状况发展,就具备“青少年无家可归者”预备军的条件。

在日本,虽然无家可归者中的绝大多数是男性,女性无家可归者相对较少,从直接的、可视的意义看,家庭式的、拖儿带女的无家可归者问题,远没有像欧美国家那样表面化。③ 但是,在历史上由女性的社会问题积累而来的母子生活设施与妇人保护设施,特别是在都市里,包含着作为潜在要素的母子无家可归的问题。另外,即使在儿童福利设施里,属于过去实践经验范畴外的,尤其是以青春期为界限超越控制时,作为“难以处理儿童”、“有病的儿童”,被推向社会福利的领域之外,或者以自立为由放置不理,结果可能因为其中的某个原因,积极助长无家可归的要素。

三、解决儿童养护问题的理念、预防和救助措施

(一)理 念

儿童是未来社会的担负者,就如同儿童权利公约所显示的那样,必须保障儿童的身心健康成长的权利。

---

① 参见厚生劳动省雇用均等·儿童家庭局:《儿童养护设施入所儿童等调查结果的概要》(各年度)。

② 参见[日]东京都社会福利协议会儿童分会设施养护研究会:《关于大都市中设施养护模式的研究》,东京都社会福利协议会1996年版,第32页。

③ 2001年3月,东京都首次对都内23区的“路上生存者”的实际状态进行总结,归纳为《无家可归者白皮书》。在这里,无家可归者被认为是,“在道路、公园、河岸等地进行野宿生活的人”。白皮书指出,他们以50岁左右的男性居多,其不安定的就业与居住形态具有因果关系,有接受生活保护经验者只占极少的5%。《周刊·福祉新闻》(第2051号)2001年3月26日。

儿童通过适当的养育，获得生存所必要的信念与构筑良好的人际关系的社会性，作为社会的一员拥有责任与自觉，通过以父母为首可以信赖的人的存在，获得适当的自我印象与生存所要的自信。

这种养育，本来以家庭为中心进行，但对于因为以虐待为首的各种理由，无法接受适当养育的儿童，在维护儿童权利的同时，从支援下一代培养的观点看，在“儿童不仅在家庭，也在地域社会中成长”这一认识下，地域社会在补充家庭机能的同时，协助支持保护儿童的养育，并支援家庭。有人指出，受到虐待的儿童在没有接受充分的支援就成为父母时，存在着虐待自己的孩子的危险性，因此为了切断这种世代间的连锁，使儿童从受伤中恢复，开始良好的人生起点，社会性养护有必要发挥充分的机能。①

社会性养护，是为在家庭无法接受良好的养育的儿童所提供的。在此基础上，从本来的提供者主体的观点，转换为构筑儿童主体的支援体制。根据保护人的状况，国家、都道府县、儿童咨询所、市镇村、养父母以及设施、相关团体等关系机构，在切实发挥自身责任的同时，有必要紧密加强协助与合作。

（二）目　标

社会性养护，通过提供保障儿童身心健康成长，安定的人格形成的场所，使其能作为自立的社会人生活是最大的目标。由此，在走向社会之际，社会性养护下成长的儿童，与其他儿童一起开始公平的出发。

社会性养护所应向儿童提供的支援有以下两种机能。(1)保障儿童成长的养育机能。即基本上进行每个儿童都必须的生活支援、自立支援的机能，对所有的儿童都加以保障。根据前述的“养育”的意义，在家庭的养育环境中与特定的支援者之间有着持续性的安定感情关系，根据年龄尊重儿童的自我决定权，考虑因亲子分离所带来的不安等各个儿童的状态，同时进行生活支援、自立支援很重要。(2)恢复因没有提供适当养育等所受伤害的心理上护理等机能。在虐待等各种背景下，对因没有受到适当养育，儿童的身心所遭受的打击进行治疗的机能，根据以成长障碍为首的身心有残障的儿童的状态进行必要的专门照顾的机能。

需要社会性养护的儿童，通常各自存在感情问题与心灵的创伤。为了使儿童能基于适当的感情关系获得对他人的信任，保障安定人格的形成，需要由专门知识与技术的人进行照顾。因为近年来的虐待的增加等，提供这种照顾的必要性越发增大。并且，尽管因为在家庭里没有受到适当的养育，需要心理的照顾等，或者存在需要一定的专门照顾的障碍，因为没有提供相应的照顾，

---

① 参见厚生劳动省雇用均等・儿童家庭局：《有关今后应当作为目标的儿童的社会性养护体制构想研究会的中间归纳》，2007 年 5 月 29 日。

其结果是，考虑在家庭中没有很好形成感情关系，没有进行适当的养育等事宜，都与这个机能密切相关。

因此，对于需要社会性养护的儿童，有必要将(1)的机能作为基本，根据每个儿童的状态与(2)的机能进行适当的组合，两者合一地进行提供。在提供之际，有必要对需要社会性养护的儿童所存在的感情问题与心灵创伤进行照顾，因此对于提供者要求具备能应对每个儿童状态的专门性。为此，需要进行研究与教育。

（三）预防和救助措施

1. 儿童福利制度、服务与社会福利改革

(1)社会福利改革

20世纪末，日本进行社会福利改革，主要涉及四点内容：第一，在利用人的立场上构筑社会福利制度；第二，服务质量的提高；第三，充实并灵活利用社会福利事业；第四，推进地域间的福利等。其中最大的特征，是在社会福利服务中引入市场经济原理，将一直作为社会福利制度原则的“措施”变更为“契约”。同时，引入评价服务质量的第三者评价机构等制度。但是，在对虐待儿童问题的关心日益高涨，事件数量倍增，儿童本身具有独特性的背景下，关于需养护儿童等的措施制度，依然存续。因为有关包含儿童的民法上亲权的监护制度不完备，还有亲自申请入所(进入养护设施生活)的父母很少，在行政与设施的职员艰难说服下，总算使父母同意儿童入所，如果在儿童养护设施引入根据保护人的自由意志选择契约方式，可能招致需养护儿童被置之不理的结果。①

(2)儿童福利服务的第三者评价

在社会福利事业中，行政监察是为了检查社会福利设施是否符合最低基准。相对于此，第三者评价事业，是为了提高社会设施的服务质量，需要采用更高水平的基准。作为儿童福利独自的评价基准，设置作为儿童家庭局局长的咨询机构的“儿童福利设施等评价基准研究委员会”。

(3)《儿童福利法》的一部分修改

修改后的《儿童福利法》，针对需养护儿童，改变本来以保护为中心的观念，附加“自立支援”。即，儿童养护设施，对于没有保护人的儿童或者被虐待的儿童，不仅要进行养育与保护，还要对退所后的儿童进行自立的支援。

(4)儿童福利行政

儿童福利的中心、专门行政结构，除厚生劳动省雇用均等·儿童家庭

---

① 参见[日]谷松丰繁：《针对儿童养护设施的结构改革》，《季刊儿童养护》1999年第29卷第4号。

局——各都道府县的管辖部局——各区市镇村的管辖部课组以外，还有作为专门实行儿童福利服务的专门行政机构，儿童咨询所、福利事务所、保健所、各类残障人士更生咨询所。

2004年修改后的《儿童福利法》规定，地方政府可以设置需养护儿童对策地域协议会，由相关机构、相关团体以及从事有关儿童福利的职务的人及其他的有关人员构成。协议会就有关需养护儿童与保护人的信息及其他为适当保护要养护儿童的信息进行交换，还进行有关需养护儿童保护内容的协议。同时，把握儿童保护的状况，根据需要与儿童咨询所等相关机构进行联络（第25条之二）。

在制度上，儿童咨询所处于儿童福利服务的中枢地位，每50万人口的地区至少要设置一家，都道府县（包括政令指定城市）有设置义务。儿童咨询所，关于儿童的所有问题，应对来自家庭及其他的咨询，确实捕捉儿童所抱有的问题或者儿童真正的需求、儿童所处环境状况等，对每个儿童以及家庭进行最有效的处理，以增进儿童的福利，同时保护儿童的权利。① 具体工作以儿童福利司为中心，咨询援助，对所咨询事宜的调查、心理判定等心理诊断、医学诊断、判定，在临时保护所进行的临时保护，采取设施收容、养父母收养等措施，对应所内社会工作的问题解决进行个别的援助，都由专门职员进行。

福利事务所是以家庭儿童咨询室为中心对儿童和家庭进行援助干涉。保健所负责育儿医疗以及母亲乳幼儿的保健卫生。

2. 有关儿童的社会保障

（1）儿童津贴制度

1971年，制定《儿童津贴法》，规定对所有的儿童平等支付儿童津贴。儿童津贴制度的目的是，“在有助于家庭生活安定的同时，以有利于将来社会的担负者——儿童的健康成长以及资质的提高”。该津贴的支付到儿童年满6周岁为止。与此同时，父亲的抚养义务依然存在。

（2）儿童抚养津贴制度

在经济高速成长期家庭发生变化、离婚增多等的背景下，日本政府于1961年制定了《儿童抚养津贴法》。这是因为离婚后的女性，要抚养孩子，在社会、经济、文化皆处于不利的状态。在支援母子家庭的生活安定与自立的同时，也力求增进儿童的福利。支付对象是未满18周岁的儿童，或者未满20周岁有政令规定程度残障的人。

（3）特别儿童抚养津贴制度

---

① 参见［日］厚生省儿童家庭局企划课监修：《儿童咨询所运营指针》（改订版），日本儿童福利协会1998年版，第10页。

这是向抚养残障儿童的父母等支付津贴的制度(1964年制定)。在这里的残障儿童是指未满20周岁,由都道府县知事所认定的儿童。

3. 社会性养护

儿童的养育由家庭以外各种资源支持下完成。在因核式家庭化与地域关系日益淡薄而导致养育机能低下的环境下,社会性养护所发挥的作用越发显得重要。很多儿童是以家庭的养育为基础,同时接受具有补充性的各种社会性养护的支援。但是,由于现代社会的各种要因,在家庭里无法接受持续性的养育,被迫在社会性养护下生活的儿童也有不少。儿童养护,就是为了实现儿童健康成长的权利,儿童在能够安心生活的环境中,以与父母为中心的大人的感情关系的形成为基本,根据年龄尊重儿童的自我觉得,考虑每个儿童的状态,进行生活支援、自立支援。

社会性养护分为两种:一种是家庭型养护;另一种是设施型养护。家庭型养护有养父母制度。设施型养护中有乳儿院、儿童养护设施,还有作为设施分院存在的团体之家。作为社会性养育类型,家庭型养护只有一小部分,设施型养护占绝大多数。2006年3月底,在所有需要社会性养护的儿童(被委托给儿童养护设施、乳儿院、养父母的儿童)中,接受养父母养育的只占9.1%,与欧美国家相比极其低下。①

(1)家庭型养护

家庭型养护的核心是养父母制度。2004年修改的《儿童福利法》,在第6条之3新设关于养父母制度的独立条款。养父母是指,"希望养育没有保护人的儿童或者被认为不适合由保护人进行监护的儿童,并由都道府县知事认定为适当的人"。

2003年,采取养父母养护措施的途径,最多的是经过家庭(34.7%),其次是经过乳儿院(32.6%),儿童养护设施(23.7%)。采取措施时,儿童的平均年龄是3.9周岁,说明该措施集中于乳幼儿。这些儿童的父母中有一方存在的占67.8%,但采取措施后与父母的交流儿童只占其中的17.2%。将来,绝大多数儿童是在养父母的养育下自立,或者作为结成养子组合生活。

(2)设施型养护

A 入所儿童的状况

在原则上,儿童养护设施是《儿童福利法》上幼儿以及少年生活的设施。1998年,随着儿童福利法修改,虚弱儿童设施也转变为儿童养护设施。现在,入所儿童数量以被虐待儿童为中心呈增加趋势。

---

① 参见厚生劳动省雇用均等·儿童家庭局:《有关今后应当作为目标的儿童的社会性养护体制构想研究会的中间归纳》,2007年5月29日。

从1998年的调查看入所儿童的状况，入所儿童的平均年龄是10.2周岁，入所平均期间为4.4年，但入所10年以上的儿童占5.2%。入所途径最多的是经过家庭占74.1%。父母中有一方存在的占91.5%，入所后82.6%的儿童与保护人保持某种联系。但是，今后有回归家庭可能的儿童只不过是32.8%，56.5%的儿童将直接走向社会。

B　设施环境

儿童养护设施的职员配置有，直接负责照顾儿童的儿童指导员与保育员。根据最低配置基准，设施职员在照顾儿童与事务工作中需要超负荷劳动，其工作年数有短期化倾向。

(3)家庭支援与自立支援

家庭支援，是具有临时性替代性作用的儿童养护设施的主要机能，应该与儿童家庭支援中心以及儿童咨询所共同协助下进行。从广义看，自立支援包括了设施养护整体，但作为社会工作实践的自立支援，包括制定针对退所计划与独居生活的支援计划，为使儿童的自立过程拥有整合性与一贯性的所有支援体制。在设施内生活的儿童的多数，没有接受充分的自立支援与家庭支援，无法回归家庭就走向社会。因此，必须考虑家庭支援与自立支援的应有存在形式。

A　家庭支援

在设施内生活的儿童即使父母中的一方存在，但却难以回归家庭。本来，可以期望，儿童咨询所与设施在互相协助下，充分利用社会资源，进行家庭援助，使亲子关系再统合。但是，儿童咨询所中儿童福利司担当事件数量众多，根据地区不同担当区域广泛，或者因采用与调动问题，无法养成专门能力。鉴于这种状况，2004年度，厚生劳动省以早期的家庭回归为目的，在儿童养护设施内专门配置家庭支援专门咨询员(family social worker)。

理解出生家庭的情况，面对过去与现在，切实保持过去所有的重要人际关系，对于儿童的自我认知与自我肯定感的形成，具有重要的意义。因此，处理好儿童与家庭的关系，在支援儿童自立的过程中不可或缺。基于这样的认识，可以将家庭支援定位于支援儿童自立的一环。

B　自立支援

1997年，在《儿童福利法》修改过程中，围绕儿童养护设施措施的关键词是“自立支援”。第41条关于儿童养护设施的规定，新加入“自立支援”一文。2004年该法修改规定自立支援计划的制定为义务。

狭义的自立支援可以理解为，离开设施前或者离开设施后，为使离开设施后生活的安定所获得的必要的社会生活机能的保护，以及在自立过程中回答生活上的咨询。但是，要使离开设施后的生活安定，在每天的日常生活中的积累很重要。因此,自立支援可以广义地理解为设施保护的全部。

要做到自立生活必须有,基于将来希望的主体性与自尊感情的回复,日常生活中必要技能与知识的获得,经济上独立生活,以自身的意志决定生活的精神上的自立。实际的支援内容尚处于摸索阶段。生活技能与知识体系化比较容易,通过教育儿童就可以获得,但自立绝不仅仅意味着生活技能与知识的获得,精神侧面也很重要。① 精神面的自立,是在长期的家庭与设施的生活中养成的。近年来增加的受到亲生父母虐待的儿童,如果心灵的创伤没有得到治疗,就难以自立。许多被迫在设施中生活的儿童,家庭成立阻碍其自立的要素,设施环境与职员帮助儿童尤为重要。

另外,需要考虑作为自立要件的升学保障。长期以来,儿童养护设施只负担到义务教育阶段。而调查表明,与初中毕业相比,高中毕业生离开设施的生活更为安定。

四、现在的社会性养护中存在的问题与对策

(一)问 题

近年,儿童咨询所中虐待咨询对应件数与需要临时保护的儿童增加表明,在家庭中没能受到适当养育的儿童数量增多,可以认为其背景是,对于需要进行成长障碍的援助的儿童,社会性的支援不足等各种要因。②

关于社会性养护,当然应该在家庭环境里进行养育,但是近年来因增加的虐待(不仅是肉体上的虐待还包含保护放弃与性虐待)等,对在心理、情绪、行动上有问题的儿童的支援、对有疾病与残障的儿童的支援,都强烈要求具有一定专门性,支援必须对应的问题多样化、复杂化。对有此需求的儿童,社会性养护在妥当评价每个儿童存在的多种问题的基础上,利用各种手段进行与之相应的支援,直到儿童自立于社会。

现在的社会性养护体制,存在很多问题。因为与在家庭的环境下进行养护的最接近的是向养父母的委托型社会性养护,但是该项事业没有进展,设施养护的单位规模过大等,针对儿童无法充分提供个别对应,尤其是在对被虐待儿童的养护中,虽然感情关系的形成非常重要,但难以进行保障信赖关系的照顾,委托养父母、设施、儿童咨询所、市镇村及其他相关机构等的合作不充分,对于因成长障碍与性虐待等需要特殊心理照顾与治疗的儿童进行专门的照顾

---

① 参见[日]田泽明美等:《新儿童福祉论》(改订版),法律文化社 2006 年版,第 88 页。

② 参见厚生劳动省雇用均等·儿童家庭局:《有关今后应当作为目标的儿童的社会性养护体制构想研究会的中间归纳》,2007 年 5 月 29 日。

与自立支援,设施没有充分努力实施,设施职员的专门性无法充分应对儿童多样且复杂的需求。

并且,最近相继发生儿童养护设施的职员虐待儿童事件,对此可以指出的要因包括,无法应对儿童所抱有问题的复杂性的职员的教育、设施中照顾体制的问题、地方政府的监察体制问题,设施运营不透明性等。这说明现在的社会性养护没有形成能充分保障儿童权利的体制。①

在此基础上,关于最近的虐待事例增多,可以认为是对早期发现、早期应对的虐待预防的咨询支援以及对家庭的支援不充分所致。

另外,考虑到在家庭中无法得到适当养育的儿童不断增多,有关社会性养护资源的提供分量并不充分,可以认为儿童处于危机的状态。

(二)对　策

根据前述的问题,作为今后充实社会性养护体制的基本问题,有必要采取一下的对策。迄今为止,在针对儿童的活动中,都是以"为儿童着想"实施的,但实际上那只是根据支援实施者自身的情况进行的,儿童自我选择与自我决定的机会被剥夺,阻碍了他们的自律性发展。因此,今后在谈论具体的措施时,以儿童为中心,拥有"坚决维护作为人的儿童的权利"的视点尤为重要。②

1. 儿童的养育是在家庭的环境下,在地域社会中确保其个别性的同时,实施支援以使儿童自立于社会。

(1)促进养父母委托制度,并且推进小规模团体形态的居住、设施,在儿童养护设施里推进照顾单位的小规模化与地域社会化。

在社会性养护体制中,最有效的手段是家庭型的养父母委托制度。关于促进养父母委托制度,今后要将养父母委托制度的普及启发作为国民活动推进,减轻养父母的精神负担,活用各种养护模式例如"周末养父母制度"。增加养父母制度的津贴,通过研修咨询等扩大对养父母制度的支援。

儿童养护设施的小规模化,有助于提高对儿童的个别对应,容易把握儿童的具体情况,在浓厚的人际关系中,儿童更容易表达自我。

(2)明确有关社会性养护的各相关机构的责任分工与机能强化,确立儿童养护的地域网络。

以虐待为例,考虑需要社会性养护的儿童在接受保护的程序。第一,致力于虐待预防等,实施由市镇村与儿童咨询所、儿童家庭支援中心、民间团体等进行的育儿支援与咨询(市镇村)。第二,儿童无法接受适当养育时向儿童咨询所进行专门的咨询、通告、调查,在对儿童进行临时保护以及保护后,儿童咨

---

① 参见[日]平汤真人编:《在设施里生活的孩子们》,明石书店1997年版,第47—88页。

② 参见[日]田泽明美等:《新儿童福祉论》(改订版),法律文化社2006年版,第91页。

询所要确实把握儿童的问题，做成进行必要支援的评价计划（儿童咨询所）。第三，根据评价计划实施养父母委托或者设施养护措施，由养父母或者设施进行养育保护（养父母、设施）。第四，为切实把握措施适合儿童，对措施补充、评价与保护内容进行再研究（儿童咨询所、市镇村）。第五，儿童离开社会后或者独立后，在社会自立继续生活进行支援（市镇村等）。这样，在各自的支援过程中，各个相关机构等在互相牵涉的同时对儿童进行支援，明确儿童咨询所、设施、市镇村、儿童家庭支援中心、民间团体等有关社会性养护的相关机构等的责任分工。在充实加强各自的机能的同时，有必要针对儿童的自立支援，根据其需求，加强相互间的协助合作。

2. 根据儿童所存在的问题与支援体制的形象，研究符合儿童状态的支援体系。为了确实把握儿童的状态，实施符合儿童状态的支援，儿童咨询所要充实加强评价机能，即使在养父母委托措施与设施措施结束后，也要为加强提供持续性的评价以及基于此的照顾的体制，采取根本的对策。

（1）为切实应对呈多样化复杂化的儿童问题，加强治疗、专门照顾机能，以及加强作为支援家庭等的地域社会的据点的机能，充实设施的机能。

在儿童养护设施、乳儿院等，推进在家庭环境下的养护，为了应对呈多样化复杂化的儿童问题，将养护单位小规模化。与此同时，为使生活在设施里的儿童与家庭的关系得到再构筑，提高儿童回归家庭生活的可能性，解决家庭存在的问题等，加强对家庭的支援。① 另外，积极进行以对家庭与养父母等提供支援为目的的网络建设。

（2）在提高社会性养护的质量之际，推进确保担当职员及其专门性的对策措施。

国立儿童自立支援设施，要致力于有关社会性养护的方式的研究以及先进事例的普及，不仅限于儿童自立支援设施，在加强职员培养研修机能方面，可以作为社会性养护的研修中心发挥作用。

（3）社会性养护的最终目的是，支援儿童能够自立走向社会，因此需要致力于扩大就业以及升学的支援等对年长儿童的自立支援。

首先，需要充实设施的自立支援计划。在儿童为自立选择升学等时，学校与设施等要紧密协助，在就职之际，设施等要与职业培训机构等相关机构加强协助，充实就业支援，以使儿童从相关机构得到适当的支援。在确保保证人对策以及就职升学时的资金等、充实开始自立生活之际必需的支援措施，还有灵活利用奖学金制度。自立支援之家可以为离开设施的儿童提供住所，以及其他的咨询支援、生活支援。儿童养护设施等对于离开设施的儿童，要发挥娘家

---

① 参见［日］吉田恒雄等：《儿童的福利》，花传社 1999 年版，第 141—145 页。

的作用。

(4)确立关于儿童所需要支援的评价手法与支援的实际方法。通过提高设施的支援的质量,提高职员的素质及其专门性,通过有关支援的外部评价监察等增加设施的透明化,预防设施内虐待等,加强儿童的权利保护。

在提高社会性养护质量方面,最为重要的是,确保能够与儿童形成感情关系、信赖关系,将儿童将来的自立也放入视野进行养护的人才,更加提高其素质。因此,明确儿童福利设施的设施长与职员等的资格要件。并且,为提高职员的素质,需要研究有关社会性养护的专门职务与资格等。都道府县应该对确保必要的社会性养护方面的人才负有责任,并完善研修等体制。在进行福利领域教育的大学等的课程里,增加有关社会工作、养护工作等内容,实施有益于担当社会性养护人才培养的教育。完善职员长期工作的设施环境。①

(5)在由委托养父母与设施组成的社会性养护的提供上,除各地方之间的差距很大以外,今后,考虑到通过虐待的早期发现、早期对应,极有可能发现迄今遗漏的虐待,但社会性养护体制却无法确保能够进行适当支援的提供量。因此,需要探讨有计划地完善社会性养护体制结构的构筑。

由国家制定基本的方针,基于基本方针,都道府县等制定完善社会性养护的提供体制的计划,根据需要有计划地完善体制。

---

① 参见[日]“儿童权利公约市民·NGO 报告书编写会”编:《富裕国度日本社会中儿童期的丧失》,花传社 1997 年版,第 216—217 页。

后　记

“红皮书”课题组 2006—2007 年度最新研究成果——《中国流浪儿童研究报告》与读者见面了。

从 2001—2005 年,中央综治委预防青少年违法犯罪工作领导小组办公室(以下简称“中央社会治安综合治理委员会预防办”)与中国青少年研究中心(以下简称“中国青研中心”)联合设立的“预防青少年违法犯罪课题组”(简称“红皮书”课题组),已经先后开展了“闲散未成年人违法犯罪的现状、原因和预防”、“家庭抚养和监护责任履行的社会干预”、“城市社区预防青少年违法犯罪工作模式”、“中国工读教育”四项课题研究。2006 年,针对未成年人犯罪形势日益严峻,尤其是流动人口中的青少年犯罪问题更加突出,“红皮书”课题组启动了“中国流浪儿童问题研究”年度课题项目。

经过了一年多的调查和研究,我们完成了这份《中国流浪儿童研究报告》。在它即将付梓印刷之际,我们课题组的全体成员向支持和参与本项课题研究的单位和个人致以谢意。

此次调研覆盖全国九个中心城市,跨公安、司法、民政等部门,客观地说调研难度非常大,但是由于相关部门和领导同志的关心与支持,课题得以顺利进展,因此,我们首先要对各位领导表示诚挚的谢意。他们是:

团中央书记处书记、中央综治委预防办主任卢雍政;

中央综治办督导室主任、中央综治委预防办副主任胡增印;

最高人民检察院司法体制改革办公室副主任胡尹庐;

团中央权益部部长李小豹;

中国青研中心主任郗杰英;

团中央少年部副部长王路;

国家行政学院调研室综合处处长张小亮;

中央综治委预防办主任助理王永峰。

同时,我们由衷感谢民政部社会福利司社会救济处和英国救助儿童会。课题组的此次调研借助了这两个系统的资源,使我们很快了解了全国流浪儿童救助站的基本情况,确定了抽样城市和救助站,并将这两个系统内卓有造诣的专业人士请到课题组参与调研,而且在问卷的发放和回收方面,他们也给予

了本课题组大力的支持。在此,我们也要对各地救助站表示由衷地感谢,特别是安排我们深入调研的九个救助站。他们是:

北京未成年人救助保护中心;

上海嘉定工读学校;

广东省少年儿童救助保护中心;

成都市流浪儿童救助保护中心;

长沙市流浪儿童保护教育中心;

大连市流浪儿童救助保护中心;

郑州市救助保护流浪少年儿童中心;

新疆维吾尔自治区流浪少年儿童救助保护中心;

昆明市救助管理站流浪儿童救助与保护中心。

很多专家学者参与了本课题的前期论证和规划,还有很多同志在中期论证过程中,就流浪儿童的救助与保护以及完善我国的儿童福利制度提出了很好的建议,这里向他们表示谢意。他们是:

陈涛(中国青年政治学院教授);

刘继同(北京大学卫生政策与管理系副教授);

向荣(云南大学社会工作专业负责人);

张明锁(郑州大学社会学教授);

Irene Rizzini(巴西里约热内卢大学教授);

Andy west(英国救助儿童会聘请专家);

张春娜(英国救助儿童会项目官员);

周晔(英国救助儿童会项目官员);

张齐安(民政部社会福利司社会救济处副处长);

孙志祥(北京市救助管理事务中心副主任);

王万民(郑州救助站站长)。

我们还要感谢一年来默默从事课题研究、深入各地调查体验、对大量资料进行整理和录入统计、执笔撰写课题报告的课题组一线研究人员。他们是:

北京:刘畅(中国青年政治学院副教授),赵莉(中国青年政治学院讲师);

广东:刘燕(中国教育学会工读教育专业委员会副秘书长、海淀寄读学校心理中心主任);

上海:李伟(中国人民公安大学副教授);

郑州:鞠青(原中国青研中心法律所所长,现英国基尔大学访问学者);

大连:鞠青;

乌鲁木齐:陈晨(中国青研中心法律所助理研究员);

长沙:刘东根(中国人民公安大学副教授);

成都：张荆（北京工业大学教授）；

昆明：姚建平（华北电力大学副教授）。

课题组资料整理主要由姜甜甜（中国政法大学硕士研究生）负责，录入统计由李广文（中国青研中心研究会办公室副主任）负责。

参与报告撰写的作者有：

前言：鞠　青

第一章：关　颖（天津社会科学院研究员）

第二章：姚建平

第三章：陈卫东（中国青研中心法律所助理研究员）

　　　　鞠　青

第四章：陈　晨

第五章：鞠　青

第六章：陈　晨

第七章：姚建平

第八章：李　伟

第九章：刘东根

第十章：刘东根

第十一章：任昕（美国加州州立大学教授）

第十二章：尹琳（上海社会科学院研究员）

参与本书个案撰写的作者有：赵莉、张璟雯、刘燕、鞠青、陈晨、李伟、张荆、姚建平。

本报告由鞠青、陈晨统稿，中国青研中心主任郗杰英研究员审定，现任法律所所长孙宏艳副研究员对本书的出版做了大量工作，在此一并感谢。

课题组在研究中参考了部分专家学者的著作和文章，摘录了一些作者的文章，在此，对他们表示敬意和感谢，并将按照国家有关规定，对专栏摘录文章的作者给予一定的报酬，请有关作者同"红皮书"课题组联系。

最后，我们要感谢各位读者对我们的支持。我们衷心希望，这份研究成果能够成为各地开展救助与保护流浪儿童、预防青少年违法犯罪工作的参考资料，希望读者能从中获得一些启发，找到一些思路；同时也希望能听到反馈意见，读者如果有好的想法、经验或意见、建议，请与我们沟通。我们的联系方式是：北京市西三环北路25号中国青少年研究中心法律所（邮编：100089），联系电话：010—88567558（陈晨），电子信箱：fls2002@hotmail.com。

"红皮书"课题组

2007年10月